바이블
쿠킹미팅

바이블 쿠킹미팅

B I B L E　C O O K I N G　M E E T I N G

초판발행	2014년 9월 19일
개정판발행	2024년 12월 20일
지은이	조다윗
발행처	비전출판사
등록번호	제312-2013-000011호
주소	서울특별시 서대문구 가재울로 2안길 33 | 남가좌동 330-9번지
전화	02-6414-7864
이메일	visionpd2@hanmail.net
홈페이지	www.wmuv.net

책 가격은 뒤표지에 있습니다. ISBN 979-11-87120-15-5 (04230)

2nd 바이블 쿠킹미팅

조다윗 선교사

차례
CONTENTS

머리말
INTRODUCTION

사도 요한이 보았던 바 '그 말씀이 입에서는 꿀같이 다나 배에서는 쓰게 되었더라'라는 말씀이 생각난다.

이 말씀과 같이 한편 현장에 들어가는 선교 사역자와 국내외 사역자들, 말씀을 사모하는 모든 성도와 다음 세대 모두 기쁨과 즐거움으로 말씀을 대할 수 있기를 원한다. 그러나 또 한편 그들이 살게 될 생애는 말씀으로 압도되어 이 땅에서 십자가 지고 하늘에 천국이 영원히 새겨져 퍼져나가는 심각하고 깊이 있는 삶이 되길 간절히 소망한다.

최소 한 해 매일 365일 묵상할 수 있고 7년 이상 한 주에 한 번 말씀을 나눌 수 있는 분량이 될 때까지 책을 쓰고자 한다. 계속 열방의 크리스천들이 접할 수 있도록 SNS 상에 올려 상호 작용할 생각이다.

말씀 묵상을 비롯한 선교 콘텐츠가 SNS 상에서 짧은 시간 동안에 수십만 건씩 퍼져나간다는 것을 알게 되었다. 미전도 종족과 현장을 향한 하나님의 선교 열정이 드러나는 일에 SNS가 효과적으로 활용될 수 있음을 확인했다.

더불어 1권에 실렸던 바이블 쿠킹 미팅 묵상 내용에 대해서도 격려가 되는 피드백을 많이 받았다. 과분할 정도로 많은 여러 목회자분들, 선교사님들, 선교단체 간사님들, 성도님들, 청년 세대들로부터 책 내용을 통해 말씀을 읽거나 전하는 데 도움을 얻었다는 피드백을 들었다. 감사한 일이었다.

SNS상 누구나 읽을 수 있게 저변 확산력에 기대면서도 그럼에도 불구하고 오프라인상에 책으로 내는 일을 멈추지 않는 이유는 말씀의 인스턴트성 소비를 경계하기 때문이다. SNS가 세계 확산력이 좋고 상호 작용과 피드백에 능할 수 있는 플랫폼이 맞지만, 말씀은 읽고 소비되는 게 아니라 묵상 되고 새겨져 삶과 열방을 압도해야하기 때문이다.

살아계신 말씀이신 예수님을 사랑하여 기쁨으로 자신의 모든 것을 예수님께 내던질 수 있는, 말씀으로 압도된 세대를 보길 원한다.

2014. 9. 선교캠프를 마치고 공동체에서 어느 날

조다윗 선교사

1권 머리말
INTRODUCTION

고속철을 타고 대전에서 서울로 올라가는 길에 쓴다. 속도전의 시대다. SNS가 빠르고 광범위한 의사소통의 접속으로 가히 세계를 작게 축소하여 접근하게 한다. 하나님은 선지자의 말대로 모든 세계와 열방을 통 안의 한 방울, 물방울처럼 다루시는 분이시다. 그분의 말씀이 어두운 시대와 세계를 압도하여 밝히리라는 믿음을 가진 사람들이 곧 그리스도인이다.

선교 운동가의 삶을 살지 않았다면, 시골에서 글이나 쓰면서 살았을 볼품없는 인생을 주님은 부르셨다. 집단 지성이 곧 세계를 압도하는 시대에 선교 공동체를 개척하였고 그야말로 작은 공동체 단위를 이루어 집단 영성으로 상호 작용하며 말씀에 순종한 작은 결과물, 아니 전환점 즈음에 놓인 작은 책이다.

10년 가까이 말씀을 공동체 식구들과 같이 요리하여 먹다시피 했다. 그 치열한 시간이 바탕이 되어 쓰기는 넉 달 만에 쉽게 썼다. 말씀을 대함에 온 마음과 삶을 다 했기에 이 묵상을 함께 먹고 나눈 자들이 대부분 열방을 꿈꾸었고 선교지에 갔거나 곧 가게되는 여정에 있다. 고육지책으로 열방까지 흩어진 식구들과 가족들을 위해 매주 서너 번SNS에 새로운 묵상들을 올리고 있다.

책은 쉽게 읽혀지길 원하지만 그분의 말씀은 결코 가볍지 않다. 귀납적 설계를 꼼꼼히 따라가다 보면 묵상 기초부터, 다른 이들에게 나누는 말씀까지 압축적이나 도움이 되도록 쓰려했다. 부족한 표현과 압축의 미흡함은 순전히 저자인 내 탓이다.

책이 나오기까지 많은 영감에 자양분이 되어 준 믿음의 선진들과 더불어, 교정과 편집 작업을 도와준 강민정 간사, 박혜지 간사, 안성희 간사, 이동호 간사, 고상한 북디자인을 해 준 국미나 간사, 장하정 간사, 영문 번역을 맡아준 성아비가일 선교사, 온지훈 간사, 박시원 간사, 김주영 자매, 영문 감수해 준 강희선 자매, 장은진 자매, 황현숙 자매, 비전 선교공동체와 함께하는 200여명의 선교 사역자들 모두 감사하다.

말씀과 함께 살기 위해 공동체의 삶을 마다않고 더불어 함께 하는 아내와 은빛, 시후를 비롯한 가족들은 내 보석들이다. 우리가 아니더라도 누군가를 통해 주님이 어두운 시대를 밝힐 말씀의 횃불을 드실 것이나 말씀이 우리와 함께 하심에, 그래서 감사하다.

2013. 9. 조다윗 선교사

바이블
쿠킹미팅

1. 그물이 더 이상 찢어지지 않는 역사

1. THE NET THAT WAS NOT BROKEN

JOHN 21:1-12

1 After these things Jesus shewed himself
again to the disciples at the sea of Tibe-
rias; and on this wise shewed he himself.
2 There were together Simon Peter, and
Thomas called Didymus, and Nathanael
of Cana in Galilee, and the sons of Zebe-
dee, and two other of his disciples. 3 Si-
mon Peter saith unto them, I go a fishing.
They say unto him, We also go with thee.
They went forth, and entered into a ship
immediately; and that night they caught
nothing. 4 But when the morning was
now come, Jesus stood on the shore: but
the disciples knew not that it was Jesus.
5 Then Jesus saith unto them, Children,
have ye any meat? They answered him, No.
6 And he said unto them, Cast the net on
the right side of the ship, and ye shall find.
They cast therefore, and now they were not
able to draw it for the multitude of fishes. 7
Therefore that disciple whom Jesus loved

요한복음 21:1-12

1 그 후에 예수께서 디베랴 바다에서 또 제자
들에게 자기를 나타내셨으니 나타내신 일이
이러하니라 2시몬 베드로와 디두모라 하는 도
마와 갈릴리 가나 사람 나다나엘과 세베대의
아들들과 또 다른 제자 둘이 함께 있더니 3시
몬 베드로가 나는 물고기 잡으러 가노라 하매
저희가 우리도 함께 가겠다 하고 나가서 배에
올랐으나 이 밤에 아무 것도 잡지 못하였더
니 4 날이 새어갈 때에 예수께서 바닷가에 서
셨으나 제자들이 예수신줄 알지 못하는지라
5예수께서 이르시되 얘들아 너희에게 고기가
있느냐 대답하되 없나이다 6가라사대 그물을
배 오른편에 던지라 그리하면 얻으리라 하신
대 이에 던졌더니 고기가 많아 그물을 들 수
없더라 7 예수의 사랑하시는 그 제자가 베드
로에게 이르되 주시라 하니 시몬 베드로가 벗
고 있다가 주라 하는 말을 듣고 겉옷을 두른
후에 바다로 뛰어 내리더라 8다른 제자들은
육지에서 상거가 불과 한 오십 간쯤 되므로
작은 배를 타고 고기든 그물을 끌고 와서 9육
지에 올라보니 숯불이 있는데 그 위에 생선이

saith unto Peter, It is the Lord. Now when
Simon Peter heard that it was the Lord, he
girt his fisher's coat unto him, (for he was
naked,) and did cast himself into the sea.
8 And the other disciples came in a little
ship; (for they were not far from land, but
as it were two hundred cubits,) dragging
the net with fishes. 9 As soon then as they
were come to land, they saw a fire of coals
there, and fish laid thereon, and bread. 10
Jesus saith unto them, Bring of the fish
which ye have now caught. 11 Simon
Peter went up, and drew the net to land
full of great fishes, an hundred and fifty
and three: and for all there were so many,
yet was not the net broken. 12 Jesus saith
unto them, Come and dine. And none of
the disciples durst ask him, Who art thou?
knowing that it was the Lord.

놓였고 떡도 있더라 10예수께서 가라사대 지
금 잡은 생선을 좀 가져오라 하신대 11시몬 베
드로가 올라가서 그물을 육지에 끌어 올리니
가득히 찬 큰 고기가 일백 쉰 세 마리라 이같
이 많으나 그물이 찢어지지 아니하였더라 12
예수께서 가라사대 와서 조반을 먹으라 하시
니 제자들이 주신줄 아는 고로 당신이 누구냐
감히 묻는 자가 없더라

Even after having witnessed the resurrection of Christ, with the exception of Peter, the disciples were busy merely catching fish(8). Shouldn't't they have met the resurrected Jesus first? How is it that they put catching fish as their first priority?

The answer is no. The disciples were maturing as they made one mistake after another. When they had received their first callings, they were nothing but immature broken nets. But, now, everything was different. They had become nets worthy to withstand the weights of broken lives and humanity into salvation.

Wouldn't other disciples have wanted to jump towards and greet Jesus, just as Peter had done? But, they were being considerate to Peter who had experienced the greatest failure. In the past, Peter had denied Jesus three times, and even cursed Him, and later, even at the news that Jesus had resurrected he hid himself in Galilee, completely disheartened filled with self-criticism and guilt. Other disciples too must have wanted to swim towards Jesus and verify His resurrection and enjoy their reunification at the sight of him, however, they gave the first chance to do so to Peter who made the most decisive mistake in the past.

This is a completely different picture from when the disciples were fighting at the last supper over who would sit at the left and right hand of Jesus. There wasn't a single conflict among them about who led the repentance of thousands after the Pentecost.

베드로를 제외한 제자들은 왜 예수님의 부활을 보고도 고작 그물 속 미물에 불과한 물고기를 챙기기에 급급해하고 있는가(8)? 부활의 주님을 만나 뵙는 것이 먼저 아닌가? 제자들에게 있어 그물 속 물고기를 챙기는 것이 더 우선순위가 되었단 말인가?

아니다. 제자들은 실패를 거듭하고 성숙해져 가고 있다. 그들이 처음 예수님께 제자로 부름 받았을 때 이들은 아직 사람을 낚기에는 미숙하고, 터지고 찢어진 그물들이었다. 그러나 이제는 다르다. 찢어진 인생과 인류를 구원으로 가득 담기에 합당한, 찢어지지 않는 그물이 되어갔다.

예수님을 발견했을 때 다른 제자들도 베드로처럼 달려가 부활한 예수님을 확인하고 맞이하고 싶었을 것이다. 그러나 그들은 가장 큰 실패를 겪은 베드로를 먼저 배려하고 있다. 베드로는 십자가를 지신 예수님을 세 번이나 부인하며 욕하고 저주했고, 예수님이 부활했다는 소식에도 갈릴리로 도망하여 은둔하며 정죄감과 자격지심을 곱씹고 있다. 그래서 제사들은 자신들도 앞서가 예수님의 부활을 확인하고 사랑하는 그분과 해후하고 싶지만 가장 결정적인 실패를 한 베드로에게 시간을 양보한다.

이는 최후의 만찬 때 자신을 내세우며 누가 큰가, 누가 예수님 좌우편에 앉을까 다투던 제자들의 모습과는 확연히 달라진 모습이다. 보라 오순절 이후 열두 사도들은 수천 명을 회개시키는 역사에 쓰임을 받고도 누가 주도했는가에 대해 논쟁하고 싸우며 긴장하는 일이 없다.

나머지 제자들은 자신들과 똑같이 십자가를 부인하는 실패를

Other disciples, who had betrayed Jesus just as Peter, only in a less dramatic form, supported and took care of Peter's mess quietly without complaint. They allow Peter to take the main stage and meet Jesus first, and then they continue to obey the word of Christ which is to drag out the fish, having time later to greet Jesus themselves.

In fact, the disciples of the past would have given up on becoming Apostles and would have returned to Galilee to become fishermen and they would have hated to reveal themselves of their attempts in front of the resurrected Jesus. They could have tried to blame this on Peter that they went back to fishing. However, the disciples were now completely different from someone who would have quickly dropped the nets and pointed fingers to Peter saying 'he started it!'

Lives that turned away from God have transformed into the form of a beast, as described in the book of Romans. If one is to become capable of withstanding various sorts of people, then he must be able to withstand the sinful and wrongful personalities and characteristics of the people.

The disciples, in the past, have not been those nets that can hold in themselves the salvation of humanity, but instead, have been against each other. However, after they were faced with their sinfulness and had realized they would eventually fail, they held on to the net and continued to obey the word of Christ till

경험한 베드로를 위해 묵묵히 남겨진 일을 마무리한다. 중요한 해후의 순간에 예수님을 맞이하는 주인공의 자리를 베드로에게 내어 주고, 실패한 자신들에게 찾아오신 예수님의 말씀을 따라 물고기를 낚고 그물을 건진다.

사실 예전의 제자들이었다면, 사도가 되기를 포기하고 어부로 돌아가려 한 증거였던 그물을 잡고 있는 모습을 부활한 예수님께 보여드리기 꺼렸을 것이다. 베드로가 어부로 되돌아가자고 자신을 선동했다며 책임 전가하기 바빴을 것이다. 그물을 얼른 손에서 놓아버리고 '재가 어부가 되자고 그랬어요.'라고 했을 제자들이 이제는 완전히 바뀌었다.

하나님을 떠난 인생들은 로마서의 말씀대로 짐승의 형상으로 떨어졌다. 물고기 같은 인생들의 다양한 군상을 담자면 모난 성품과 죄의 영향으로 오류투성이인 인격의 실패를 담아낼 수 있어야 한다.

과거 제자들은 삼 년 반 동안 인류를 구원의 방주처럼 담아낼 그물이 되기는커녕 서로 물고 뜯느라 찢어지기 바빴다. 그러나 자신들의 모난 인격이 스스로는 장담할 수 없을 만큼 실패할 수 있다는 진실을 마주하게 되자, 수치 가운데에서도 그물을 잡고 예수님의 말씀대로 끝까지 순종한다.

또한, 실패한 동료에게서 자신들과 마찬가지로 실수투성이인 모습을 보고 그를 묵묵히 품는다. 갈릴리 어부가 되고자 했던 베드로의 오점의 결정적 증거인 그물을 끝까지 쥔 채, 자격지심에 어부로 돌아가려던 부끄러운 동료의 물러섬을 대신 부여잡는다.

the end.

And, even after seeing errors and flaws of others, they kept silence and took it as they were. They kept on holding the net instead of Peter, who they had intentions of going back to become a fisherman out of his own guilt. Now the disciples have become a net that would not break, and that is capable to withstand the flawed nature of humanity that had taken the form of a beast.

Forgiveness of the Gospel can be completed when failure is embraced. A weft can be formed when you admit your failure without God, and because of that you can depend on Him. Embracing others' failure, and knowing others are just as dependent on God as I am, and having an understanding heart and eyes can complete the net that will not break. This net that depends only on God, not on human lives, will not be broken. Do not beat yourself up too much over a mistake you made. Do not lean on others and be disappointed when something happens. Unbreakable nets that do not rip can only be made when you give up everything that the world can provide and depend on Jesus.

제자들은 진정한 사람 낚는 어부가 되어 인생 베드로를 받아내었다. 또한, 짐승의 형상으로 떨어진 실수투성이 인류를 받아내도 더는 찢어지지 않는 그물이 되었다.

실패를 포용할 때, 비로소 용서의 복음은 완성된다. 주님 없는 나의 실패를 인정하는 것, 그래서 주님만 의지하는 것, 그 순간 인류 구원의 그물에 씨줄이 지어진다. 그리고 실수투성이의 타인을 품고, 그 역시 나처럼 주님을 의지해야 할 연약한 존재라는 관대한 시선을 가질 때, 인류 구원의 그물에 날줄이 완성된다. 자신이 아닌 주님만 의지하며 인생을 받아내는 그물은 더 이상 찢어지지 않는다. 자신에게 좌절하여 자괴하지 말라. 타인에게 기대하거나 실망하지 말라. 주님의 한없는 포용력을 닮은 찢어지지 않는 그물은 인생의 모든 가능성을 접고 그분만 의지할 때 지어진다.

2. 베드로, 야고보, 요한에게만 영광을 보이신 이유
2. THE REASON WHY JESUS SHOWED GLORY ONLY TO PETER, JAMES AND JOHN

MARK 5:37-43

37 And he suffered no man to follow him, save Peter, and James, and John the brother of James. 38 And he cometh to the house of the ruler of the synagogue, and seeth the tumult, and them that wept and wailed greatly. 39 And when he was come in, he saith unto them, Why make ye this ado, and weep? the damsel is not dead, but sleepeth. 40 And they laughed him to scorn. But when he had put them all out, he taketh the father and the mother of the damsel, and them that were with him, and entereth in where the damsel was lying. 41 And he took the damsel by the hand, and said unto her, Talitha cumi; which is, being interpreted, Damsel, I say unto thee, arise. 42 And straightway the damsel arose, and walked; for she was of the age of twelve years. And they were astonished with a great astonishment. 43 And he charged them straitly that no man should know it; and commanded that something should be given her to eat.

마가복음 5:37-43

37 베드로와 야고보와 야고보의 형제 요한 외에 아무도 따라옴을 허치 아니하시고 38 회당장의 집에 함께 가사 훤화함과 사람들의 울며 심히 통곡함을 보시고 39 들어가서 저희에게 이르시되 너희가 어찌하여 훤화하며 우느냐 이 아이가 죽은 것이 아니라 잔다 하시니 40 저희가 비웃더라 예수께서 저희를 다 내어보내신 후에 아이의 부모와 또 자기와 함께한 자들을 데리시고 아이 있는 곳에 들어가사 41 그아이의 손을 잡고 가라사대 달리다굼 하시니 번역하면 곧 소녀야 내가 네게 말하노니 일어나라 하심이라 42 소녀가 곧 일어나서 걸으니 나이 열 두살이라 사람들이 곧 크게 놀라고 놀라거늘 43 예수께서 이 일을 아무도 알지 못하게 하라고 저희를 많이 경계하시고 이에 소녀에게 먹을 것을 주라 하시니라

Jesus didn't let anyone follow him except Peter, James and John the brother of James in the glorious event of resurrection of Jairus' daughter. How could Jesus leave other 9 disciples! They could think that Jesus favored three disciples and feel isolated. Also, the three could be arrogant. It is because that they saw the glory of resurrection with Jesus unlike others. Glory leads to the price of the cross. Later, apostle Andre became the seed for the early church and was martyred first. John was left alone as the last apostle and served churches until the end under the severe persecution by the Roman empire. And, Peter experienced first being jailed and persecuted to lay the foundation stone of the early church.

The weight of glory is surely proportional to the weight of the cross. Do you want to see more glory first? Then, you will have to take the cross first to see the glory to follow the Via Dolorosa that Jesus first went.

예수님은 베드로와 야고보, 요한 세 사도를 다른 제자들과 따로 구분하여 야이로의 딸을 부활하게 하는 영광의 사건을 보게 하신다. 나머지 아홉 제자는 밖에 내버려 두시고 말이다! 나머지 제자들의 입장에서는 편애로 느껴 소외감을 느낄 수 있을만한 사건이다. 또한, 베드로와 야고보, 요한은 교만해질 수도 있다. 죽은 자가 살아나는 영광을 예수님과 자신들만 봤으니 말이다.

영광에는 십자가의 대가가 따른다. 후에 사도 야고보는 초대교회의 씨앗이 되어 제일 먼저 순교했다. 사도 요한은 역사상 가장 핍박이 심했던 로마 시대에 마지막 사도로서 교회를 이끌며 고난을 당했다. 베드로는 최초의 투옥을 경험하며 초대 교회에 초석을 놓기 위해 쫓기기도 하며 핍박받았다. 영광의 무게는 반드시 십자가의 무게와 비례한다. 먼저 더 많은 영광을 보길 원하는가? 당신은 예수님이 먼저 걸어가신 고난의 길을 따라 그 영광을 보기 위해 먼지 십자가를 지게 될 것이다.

3. 하와의 실패와 좌절을 가져가신 주님
3. THE LORD WHO COVERED UP EVE'S FAILURE

GENESIS 4:1-16, 25, 26

1 And Adam knew Eve his wife; and she
conceived, and bare Cain, and said, I have
gotten a man from the LORD. 2 And she
again bare his brother Abel. And Abel was
a keeper of sheep, but Cain was a tiller of
the ground. 3 And in process of time it
came to pass, that Cain brought of the
fruit of the ground an offering unto the
LORD. 4 And Abel, he also brought of
the firstlings of his flock and of the fat
thereof. And the LORD had respect unto
Abel and to his offering: 5 But unto Cain
and to his offering he had not respect.
And Cain was very wroth, and his coun-
tenance fell. 6 And the LORD said unto
Cain, Why art thou wroth? and why is thy
countenance fallen? 7 If thou doest well,
shalt thou not be accepted? and if thou
doest not well, sin lieth at the door. And
unto thee shall be his desire, and thou
shalt rule over him. 8 And Cain talked

창세기 4:1-16, 25, 26

1 아담이 그 아내 하와와 동침하매 하와가 잉
태하여 가인을 낳고 이르되 내가 여호와로 말
미암아 득남하였다 하니라 2 그가 또 가인의
아우 아벨을 낳았는데 아벨은 양 치는 자이었
고 가인은 농사하는 자이었더라 3 세월이 지
난 후에 가인은 땅의 소산으로 제물을 삼아
여호와께 드렸고 4 아벨은 자기도 양의 첫 새
끼와 그 기름으로 드렸더니 여호와께서 아벨
과 그 제물은 열납하셨으나 5 가인과 그 제물
은 열납하지 아니하신지라 가인이 심히 분하
여 안색이 변하니 6 여호와께서 가인에게 이
르시되 네가 분하여 함은 어찜이며 안색이 변
함은 어찜이뇨 7 네가 선을 행하면 어찌 낯을
들지 못하겠느냐 선을 행치 아니하면 죄가 문
에 엎드리느니라 죄의 소원은 네게 있으나 너
는 죄를 다스릴찌니라 8 가인이 그 아우 아벨
에게 고하니라 그 후 그들이 들에 있을 때에
가인이 그 아우 아벨을 쳐 죽이니라 9 여호와
께서 가인에게 이르시되 네 아우 아벨이 어디
있느냐 그가 가로되 내가 알지 못하나이다 내
가 내 아우를 지키는 자니이까 10 가라사대

with Abel his brother: and it came to pass,
when they were in the field, that Cain rose
up against Abel his brother, and slew him.
9 And the LORD said unto Cain, Where
is Abel thy brother? And he said, I know
not: Am I my brother's keeper? 10 And
he said, What hast thou done? the voice
of thy brother's blood crieth unto me
from the ground. 11 And now art thou
cursed from the earth, which hath opened
her mouth to receive thy brother's blood
from thy hand; 12 When thou tillest the
ground, it shall not henceforth yield unto
thee her strength; a fugitive and a vaga-
bond shalt thou be in the earth. 13 And
Cain said unto the LORD, My punish-
ment is greater than I can bear. 14 Behold,
thou hast driven me out this day from the
face of the earth; and from thy face shall I
be hid; and I shall be a fugitive and a vaga-
bond in the earth; and it shall come to

네가 무엇을 하였느냐 네 아우의 핏소리가 땅
에서부터 내게 호소하느니라 11 땅이 그 입을
벌려 네 손에서부터 네 아우의 피를 받았은즉
네가 땅에서 저주를 받으리니 12 네가 밭 갈
아도 땅이 다시는 그 효력을 네게 주지 아니
할 것이요 너는 땅에서 피하며 유리하는 자가
되리라 13 가인이 여호와께 고하되 내 죄벌이
너무 중하여 견딜 수 없나이다 14 주께서 오
늘 이 지면에서 나를 쫓아 내시온즉 내가 주
의 낯을 뵈옵지 못하리니 내가 땅에서 피하며
유리하는 자가 될찌라 무릇 나를 만나는 자가
나를 죽이겠나이다 15 여호와께서 그에게 이
르시되 그렇지 않다 가인을 죽이는 자는 벌을
칠배나 받으리라 하시고 가인에게 표를 주사
만나는 누구에게든지 죽임을 면케 하시니라
16 가인이 여호와의 앞을 떠나 나가 에덴 동
편 놋 땅에 거하였더니

25 아담이 다시 아내와 동침하매 그가 아들을
낳아 그 이름을 셋이라 하였으니 이는 하나님
이 내게 가인의 죽인 아벨 대신에 다른 씨를

pass, that every one that findeth me shall
slay me. 15 And the LORD said unto him,
Therefore whosoever slayeth Cain, venge-
ance shall be taken on him sevenfold. And
the LORD set a mark upon Cain, lest any
finding him should kill him. 16 And Cain
went out from the presence of the LORD,
and dwelt in the land of Nod, on the east
of Eden.

25 And Adam knew his wife again; and
she bare a son, and called his name Seth:
For God, said she, hath appointed me
another seed instead of Abel, whom Cain
slew. 26And to Seth, to him also there was
born a son; and he called his name Enos:
then began men to call upon the name of
the LORD.

주셨다 함이며 26 셋도 아들을 낳고 그 이름
을 에노스라 하였으며 그 때에 사람들이 비로
소 여호와의 이름을 불렀더라

In the statement of Eve, we are able to see her big expectation for Cain. On verse 2, Eve said 'I have acquired a man from the Lord,' which is a similar expression God has used to express his expectation and excitement after creating Adam in the garden of Eden.

Surprisingly, however, contrary to such an active reaction towards Cain, Eve does not mention anything, neither birth nor the life, about her second son, Abel. Has she already gotten used to the idea of giving birth to men, and did not consider it as something new anymore?

Cain was a man who helped with the works that had to be done on the earth for harvest after Adam(man) committed sin. It seems clear that Cain, being a farmer that he is, was directly involved in helping Adam and Eve to produce fruits of the land for their survival.

However, the works of Abel as a shepherd was not much of a help for their survival. This was true as animals were thought of as food only after the flood of Noah, and therefore, shepherding had no help in the matter of eating and drinking. Looking at the fact that Eve had not had anything to say about her son Abel, it can be implied that her interests and expectations towards Abel was not so great contrary to a huge expectation that she had for Cain.

However, it has been revealed that God was more inter-

말씀의 압축적인 진술 가운데, 가인에 대한 하와의 기대가 매우 컸다는 것을 엿볼 수 있다. 가인을 낳은 후, 하와가 '내가 여호와로 말미암아 남자를 얻었다'고 말하는 모습은 마치 하나님께서 아담을 남자로 창조하시고 그를 에덴에 두시면서 가지셨던 기대감과 유사한 감탄을 느끼게 한다.

그러나 놀랍게도 가인의 잉태에 대한 이러한 적극적 반응과 다르게 아벨을 낳고서는 아벨의 태어남과 삶에 대해 아무런 언급도 하지 않았다. 이제 더 이상 남자를 낳는 일들이 하와에게 새로움이 되지 못했기 때문일까?

아담의 타락 이후 남자는 생존을 위해 땅에서 소산을 얻는 일을 해야만 했다. 가인도 아담과 마찬가지로 농부였기 때문에, 틀림없이 아담과 하와가 고통 중에라도 생존을 위해 소산을 얻어야 하는 일을 직접적으로 도와줬을 것이다.

그러나 아벨의 양 치는 일은 하와의 생존을 위해 별다른 도움이 되지 못했다. 인류가 짐승을 음식으로 취할 수 있었던 것은 노아의 홍수 이후에나 가능했기 때문에, 양을 치는 일은 아담과 하와가 생존을 위해 물리적으로 먹고 마시는 데 아무런 도움이 되지 않는 일이었던 것이다. 이러한 아벨의 생애에 대해 하와로부터 아무 언급이 없는 것으로 미루어 볼 때, 아벨의 생애에 대한 하와의 기대와 관심이 하와 본인이 직접 남자를 낳았다는 선언을 남긴 가인의 삶만큼 크지 않았다는 것을 알 수 있다.

그러나 결론적으로 하나님의 관심은 생존을 위해 땅을 가는 가인의 삶보다 아벨의 삶에 있었음이 드러났다. 왜냐하면, 아벨이

ested in what Abel had been doing than what Cain had been doing to help out with survival. This can be said because taking care of herds of sheep wasn't something that was done for personal survival, but it was something that was done to bring a sacrifice for God in order to meet Him. When Adam had committed sin, God allowed a way for Adam to meet Him by the method of animal skin. In other words, Adam was able to remain alive in the presence of the Lord despite of his sins because of the blood sacrifice that was made of an animal. It is highly probable that Abel shepherded the animals only for the sole purpose which was using them as sacrifice to God.

Eve has failed because she had her hopes in the son who had been more focused on his personal survival instead of the son who lived a priestly life in efforts to meet the Lord again. Eve's hopeful expectations for Cain shattered as he beat Abel to death, and the thought of Abel must have pierced deeply into her heart. Even though Cain lived on in the city of Enoch, during the same period of time as Eve, however, he became such sadness and despair to his mother that he no longer became bearable to be seen by her.

However, God gave Eve a new son, Seth, reversing the failure, the work of Abel that had not been expected much of and had been ignored. God allowed Eve to proclaim that He gave Seth in place of Abel, a new expectation of hope. Soon af-

선택한 양을 기르는 삶은 자기 생존을 위한 방편이 아니라, 짐승을 제물로 드림으로 하나님을 만나기 위한 방법이었기 때문이다. 아담이 죄를 범하였을 때, 하나님은 가죽옷을 통해 아담을 다시 만나주셨다. 아담에게 입혀질 가죽옷을 위해 에덴동산의 한 짐승이 대신 죽었고, 그 핏값으로 인해 아담은 죽음 없이 하나님 앞에 설 수 있었다. 이처럼 아벨이 양을 기른 것은 오직 짐승을 잡아 하나님께 드려 하나님을 만나는 제사를 드리기 위함이었을 것이다.

하와는 주님을 다시 만나기 위해 살았던 아벨의 제사장적인 삶에 관심을 가지기보다, 생존을 위해 몰두하는 가인의 삶에 더 큰 기대를 함으로 결국 좌절하고 실패했다. 가인이 아벨을 돌로 쳐 죽임으로 가인을 향한 하와의 기대가 산산이 부서졌고, 가인의 손에 죽어버린 아벨은 그녀 마음속에 깊은 사무침이 되었을 것이 분명하다. 그 후 하와는 에녹 성을 쌓고 고립된 삶을 사는 가인과 동시대를 살았지만, 그녀에게 남은 것은 더는 제 아들을 만날 수 없다는 절망과 슬픔일 뿐이었다.

그러나 하나님은 좌절 가운데 있던 하와에게 셋을 주심으로 그녀가 아벨을 낳고도 기대하지 않고 침묵하였던 실패를 돌이키게 하셨다. 셋을 낳아 아벨을 대신하게 하였다는 소망을 하와가 직접 선포하게 하시고, 새로 주어진 생명을 기대하게 하셨다. 그리고 셋은 에노스를 낳아 양육할 때, 에노스가 아벨처럼 사람들이 하나님의 이름을 찾고 기억하게 하는 제사장의 삶을 살도록 하였다.

아벨을 죽인 자신을 보호하기위해 성을 쌓은 가인과 이를 묵상하는 하와처럼, 대적은 그리스도인에게 실패를 영속적인 주제로

ter, Seth had a son named Enosh who lived a life of a priest, as once Abel had lived.

Just like Eve had persistently tried to hold on to the thought of Cain, who had killed Abel and tried to preserve himself in a fortified city, the enemy will continually try to infuse into the heads of Christians the idea of eternal failure. In the world of a Christian, failures have long been ceased to exist by everlasting work of our priest Jesus Christ. He had taken them away. Look at Eve, who proclaims out the name of Seth! You who sing the songs of hope are true sons and daughters of Jesus Christ!

각인시켜 길들이려 한다. 그러나 실패는 예수 그리스도라는 제사장의 영원한 사역으로 이미 그리스도인의 세계에 존재조차 하지 않는다. 이를 주님이 모두 가져가셨기 때문이다. 셋의 이름을 부르는 하와를 보라. 다시 소망의 노래를 부르는 당신이 예수 그리스도의 진정한 아들과 딸이다.

4. 무명의 용사들
4. NAMELESS WARRIORS

2 SAMUEL 23:8-23

8 These be the names of the mighty men
whom David had: The Tachmonite that
sat in the seat, chief among the captains;
the same was Adino the Eznite: he lift up
his spear against eight hundred, whom he
slew at one time. 9 And after him was El-
eazar the son of Dodo the Ahohite, one of
the three mighty men with David, when
they defied the Philistines that were there
gathered together to battle, and the men
of Israel were gone away: 10 He arose,
and smote the Philistines until his hand
was weary, and his hand clave unto the
sword: and the LORD wrought a great
victory that day; and the people returned
after him only to spoil. 11 And after him
was Shammah the son of Agee the Ha-
rarite. And the Philistines were gathered
together into a troop, where was a piece of
ground full of lentiles: and the people fled
from the Philistines. 12 But he stood in

사무엘하 23:8-23

8 다윗의 용사들의 이름이 이러하니라 다그
몬 사람 요셉밧세벳이라고도 하고 에센 사람
아디노라고도 하는 자는 군장의 두목이라 저
가 한때에 팔백인을 쳐죽였더라 9 그 다음은
아호아 사람 도대의 아들 엘르아살이니 다윗
과 함께한 세 용사 중에 하나이라 블레셋 사
람이 싸우려고 모이매 이스라엘 사람들이 물
러간지라 세 용사가 싸움을 돋우고 10 저가 나
가서 손이 피곤하여 칼에 붙기까지 블레셋 사
람을 치니라 그 날에 여호와께서 크게 이기게
하셨으므로 백성들은 돌아와서 저의 뒤를 따
라가며 노략할 뿐이었더라 11 그 다음은 하랄
사람 아게의 아들 삼마라 블레셋 사람이 떼를
지어 녹두나무가 가득한 밭에 모이매 백성들
은 블레셋 사람 앞에서 도망하되 12 저는 그
밭 가운데 서서 막아 블레셋 사람을 친지라
여호와께서 큰 구원을 이루시니라 13 또 삼십
두목 중 세 사람이 곡식 벨 때에 아둘람 굴에
이르러 다윗에게 나아갔는데 때에 블레셋 사
람의 떼가 르바임 골짜기에 진 쳤더라 14 그
때에 다윗은 산성에 있고 블레셋 사람의 영채

the midst of the ground, and defended it,
and slew the Philistines: and the LORD
wrought a great victory. 13 And three of
the thirty chief went down, and came to
David in the harvest time unto the cave
of Adullam: and the troop of the Philis-
tines pitched in the valley of Rephaim.
14 And David was then in an hold, and
the garrison of the Philistines was then
in Bethlehem. 15 And David longed, and
said, Oh that one would give me drink of
the water of the well of Bethlehem, which
is by the gate! 16 And the three mighty
men brake through the host of the Phil-
istines, and drew water out of the well of
Bethlehem, that was by the gate, and took
it, and brought it to David: nevertheless
he would not drink thereof, but poured
it out unto the LORD. 17 And he said,
Be it far from me, O LORD, that I should
do this: is not this the blood of the men

는 베들레헴에 있는지라 15 다윗이 사모하여
가로되 베들레헴 성문 곁 우물 물을 누가 나
로 마시게 할꼬 하매16 세 용사가 블레셋 사
람의 군대를 충돌하고 지나가서 베들레헴 성
문 곁 우물 물을 길어 가지고 다윗에게로 왔
으니 다윗이 마시기를 기뻐 아니하고 그 물
을 여호와께 부어드리며 17 가로되 여호와여
내가 결단코 이런 일을 하지 아니하리이다 이
는 생명을 돌아보지 아니하고 갔던 사람들의
피니이다 하고 마시기를 즐겨 아니하니라 세
용사가 이런 일을 행하였더라 18 또 스루야의
아들 요압의 아우 아비새니 저는 그 삼인의
두목이라 저가 창을 들어 삼백인을 죽이고 그
삼인 중에 이름을 얻었으니 19 저는 삼인 중
에 가장 존귀한 자가 아니냐 저가 저희의 두
목이 되었으나 그러나 첫 삼인에게는 미치지
못하였더라 20 또 갑스엘 용사의 손자 여호
야다의 아들 브나야니 저는 효용한 일을 행한
자라 일찌기 모압 아리엘의 아들 둘을 죽였
고 또 눈 올 때에 함정에 내려가서 한 사자를
죽였으며 21 또 장대한 애굽 사람을 죽였는

that went in jeopardy of their lives? therefore he would not drink it. These things did these three mighty men. 18 And Abishai, the brother of Joab, the son of Zeruiah, was chief among three. And he lifted up his spear against three hundred, and slew them, and had the name among three. 19 Was he not most honourable of three? therefore he was their captain: howbeit he attained not unto the first three. 20 And Benaiah the son of Jehoiada, the son of a valiant man, of Kabzeel, who had done many acts, he slew two lionlike men of Moab: he went down also and slew a lion in the midst of a pit in time of snow: 21 And he slew an Egyptian, a goodly man: and the Egyptian had a spear in his hand; but he went down to him with a staff, and plucked the spear out of the 22 Egyptian's hand, and slew him with his own spear. 22 These things did Benaiah the son of Jehoiada, and had the name among three

데 그의 손에 창이 있어도 저가 막대를 가지고 내려가서 그 애굽 사람의 손에서 창을 빼앗아 그 창으로 죽였더라 22 여호야다의 아들 브나야가 이런 일을 행하였으므로 세 용사 중에 이름을 얻고 23 삼십인보다 존귀하나 그러나 첫 삼인에게는 미치지 못하였더라 다윗이 저를 세워 시위대 장관을 삼았더라

mighty men. 23 He was more honourable
than the thirty, but he attained not to the
first three. And David set him over his
guard.

Among famous warriors of David's army, the mightiest were Joab, Benaiah, Abishai and a few more of others. These warriors held important positions in the army and were honored of commanding over numerous soldiers. It seems obvious that these men deserved the glory of heaven, as there are evidences to be found of their loyalty towards Israel and the kingdom of heaven. However, regardless of their unparalleled positions and ranks privileged to them in Israel, there were those nameless warriors who received even greater honor and glory, according to the Word.

While Joab made even David feel uncomfortable with his self-righteousness, putting his fame on top of others', the three nameless warriors Adino, Eleazar, and Shammah appear as the most honorable and glorious warriors in the scriptures. Although, we see that Joab have been appointed to many key positions in David's army, from the General to the captain of the king's bodyguards, and showed equally impressive careers as Abishai and Benaiah, the scriptures do not allow them to have greater honor than the nameless warriors Adino, Eleazar, and Shammah. The nameless warriors are always put before Joab, Abishai and Benaiah in the Holy Bible.

Then, why were these three warriors not given the appropriate ranks and positions in the army of David, accordingly as approved by the scriptures? Truly, these are warriors who

우리가 익히 알고 있는 다윗 왕국의 가장 유력한 장군들은 요압과 브나야, 아비새 등이 있다. 이들은 항상 다윗 군대에서도 요직을 맡아 전군을 통솔하는 영예를 누렸고, 이스라엘과 하나님 나라에 충성한 흔적이 있기에 그에 합당한 하늘에서의 영광을 얻었을 것이다. 그러나 이들이 평생 이스라엘에서 누린 최고의 지위와 독보적인 입지와는 상관없이, 말씀이 이들보다 더 큰 존귀와 영예를 주고 있는 무명의 용사들이 있다.

다윗조차 위화감을 느낄 만큼 남들보다 우위에 선 입지를 추구하고 자기 명예를 중시했던 요압보다, 무명의 세 용사 아디노, 엘르아살, 삼마는 다윗의 모든 용사 중 가장 앞선 영광과 영예로운 이름으로 성경에 등장한다. 군대장관과 호위대장의 요직을 거친 요압과 아비새, 브나야의 세 용사로서의 위용도 크지만, 성경은 무명의 용사 아디노, 엘르아살, 삼마보다 더 큰 명예와 존귀를 주기를 허락하지 않는다. 성경에서는 상대적으로 잘 알려지지 않은 이 무명의 세 용사를 요압과 아비새, 브나야보다 항상 앞세워 서술하고 있다.

그렇다면, 이들은 말씀이 다윗의 그 어떤 용사들보다 가장 큰 위용과 존귀를 공증하고 있음에도 왜 다윗의 군대에서 요직과 합당한 서열의 지위를 누리지 못한 것일까? 이들은 그야말로 알려지지 않은 용사로 군대 장관이나 호위대장은커녕 일반 대장으로도 임명된 적이 없어 보인다. 이들이 자기 입지에 민감했던 요압처럼 정치적이지 않았기 때문일까? 물론 그런 면도 있을 수 있겠지만, 이들의 충정이 너무 고결해 절대 열세의 전쟁도 마다하지 않았기

didn't receive any spotlights, nor seemed to be appointed as Generals, bodyguards, or even positions as commanding leaders. Was this because these warriors did not have the political mind sets that of Joab who was sensitive about his status? While this may be one possibility, there were greater chances that they might have been the firsts to be martyred in the fiercest battles, overturning all obstacles into victories despite the dire situations they might have undergone, as they were the most loyal of all the soldiers. The loyal ones are not afraid to lose their lives, and they are the firsts to die.

More than we wish for ranks, positions and honors this world can ever give, I hope that we are counted by God as the people who gave our lives for Him and His kingdom, so that we may have eternal glory and honor given by God Himself. Even though people do not recognize us for what we do for Jesus, as Maria who broke her alabaster and gave everything she had for Jesus, was not recognized by the people, we can be satisfied fully for we would receive the glory and honor of heaven as we enter His Kingdom.

때문은 아니었을까? 큰 용사의 위용으로 전쟁의 국면을 역전시켜 다윗의 군대를 승리로 이끈바, 가장 어려운 전쟁에서 가장 먼저 순교했을 가능성이 크다고 볼 수 있다. 충성스러운 사람은 목숨을 내어 놓기를 마다하지 않으며, 그렇기에 가장 먼저 죽는 법이다.

자기 입지보다도, 사람들이 부러워하는 명예보다도 하나님 나라와 주님을 위해 목숨까지 내어 놓는 하나님의 사람으로 드려져 하나님이 직접 주시는 영원한 천국의 존귀와 영예만을 얻기 원한다. 향유옥합을 깨뜨린 마리아처럼, 예수님께만 드리는 일이 심지어 모든 사람에게 인정받지 못한다 해도, 천국에서 하나님의 존귀와 영예만을 얻는다면 그것으로 이미 충분하다.

5. 기름부음 받은 다윗의 구걸과 미친 짓

5. ANOINTED DAVID'S BEGGING AND FEIGNED INSANITY

1 SAMUEL 21:1-15

1 Then came David to Nob to Ahimelech
the priest: and Ahimelech was afraid at
the meeting of David, and said unto him,
Why art thou alone, and no man with
thee? 2 And David said unto Ahimelech
the priest, The king hath commanded
me a business, and hath said unto me, Let
no man know any thing of the business
whereabout I send thee, and what I have
commanded thee: and I have appointed
my servants to such and such a place. 3
Now therefore what is under thine hand?
give me five loaves of bread in mine hand,
or what there is present. 4 And the priest
answered David, and said, There is no
common bread under mine hand, but
there is hallowed bread; if the young
men have kept themselves at least from
women. 5 And David answered the priest,
and said unto him, Of a truth women
have been kept from us about these three

사무엘상 21:1-15

1 다윗이 놉에 가서 제사장 아히멜렉에게 이
르니 아히멜렉이 떨며 다윗을 영접하며 그에
게 이르되 어찌하여 네가 홀로 있고 함께 하
는 자가 아무도 없느냐 2 다윗이 제사장 아히
멜렉에게 이르되 왕이 내게 일을 명하고 이르
시기를 내가 너를 보내는 바와 네게 명한바
일의 아무것이라도 사람에게 알게 하지 말라
하시기로 내가 나의 소년들을 여차 여차한 곳
으로 약정하였나이다 3 이제 당신의 수중에
무엇이 있나이까 떡 다섯 덩이나 무엇이든지
있는 대로 네 손에 주소서 4 제사장이 다윗에
게 대답하여 가로되 항용 떡은 내 수중에 없
으나 거룩한 떡은 있나니 그 소년들이 부녀를
가까이만 아니하였으면 주리라 5 다윗이 제
사장에게 대답하여 가로되 우리가 참으로 삼
일 동안이나 부녀를 가까이 하지 아니하였나
이다 나의 떠난 길이 보통 여행이라도 소년들
의 그릇이 성결하겠거든 하물며 오늘날 그들
의 그릇이 성결치 아니하겠나이까 하매 6 제
사장이 그 거룩한 떡을 주었으니 거기는 진설
병 곧 여호와 앞에서 물려낸 떡 밖에 없음이

days, since I came out, and the vessels of
the young men are holy, and the bread is
in a manner common, yea, though it were
sanctified this day in the vessel. 6 So the
priest gave him hallowed bread: for there
was no bread there but the shewbread,
that was taken from before the LORD, to
put hot bread in the day when it was taken
away. 7 Now a certain man of the servants
of Saul was there that day, detained before
the LORD; and his name was Doeg, an
Edomite, the chiefest of the herdmen that
belonged to Saul. 8 And David said unto
Ahimelech, And is there not here under
thine hand spear or sword? for I have
neither brought my sword nor my weap-
ons with me, because the king's business
required haste. 9 And the priest said, The
sword of Goliath the Philistine, whom
thou slewest in the valley of Elah, behold,
it is here wrapped in a cloth behind the

라 이 떡은 더운 떡을 드리는 날에 물려낸 것
이더라 7 그 날에 사울의 신하 한 사람이 여호
와 앞에 머물러 있었는데 그는 도엑이라 이름
하는 에돔 사람이요 사울의 목자장이었더라
8 다윗이 아히멜렉에게 이르되 여기 당신의
수중에 창이나 칼이 없나이까 왕의 일이 급히
므로 내가 내 칼과 병기를 가지지 못하였나이
다 9 사장이 가로되 네가 엘라 골짜기에서 죽
인 블레셋 사람 골리앗의 칼이 보자기에 싸여
에봇 뒤에 있으니 네가 그것을 가지려거든 가
지라 여기는 그 밖에 다른것이 없느니라 다윗
이 가로되 그같은 것이 또 없나니 내게 주소
서 10 그 날에 다윗이 사울을 두려워하여 일
어나 도망하여 가드 왕 아기스에게로 가니 11
아기스의 신하들이 아기스에게 고하되 이는
그 땅의 왕 다윗이 아니니이까 무리가 춤추며
이 사람의 일을 창화하여 가로되 사울의 죽인
자는 천천이요 다윗은 만만이로다 하지 아니
하였나이까 한지라 12 다윗이 이 말을 그 마
음에 두고 가드 왕 아기스를 심히 두려워하여
13 그들의 앞에서 그 행동을 변하여 미친 체

ephod: if thou wilt take that, take it: for
there is no other save that here. And Da-
vid said, There is none like that; give it me.
10 And David arose and fled that day for
fear of Saul, and went to Achish the king
of Gath. 11 And the servants of Achish
said unto him, Is not this David the king
of the land? did they not sing one to an-
other of him in dances, saying, Saul hath
slain his thousands, and David his ten
thousands? 12 And David laid up these
words in his heart, and was sore afraid
of Achish the king of Gath. 13 And he
changed his behaviour before them, and
feigned himself mad in their hands, and
scrabbled on the doors of the gate, and
let his spittle fall down upon his beard. 14
Then said Achish unto his servants, Lo, ye
see the man is mad: wherefore then have
ye brought him to me? 15 Have I need of
mad men, that ye have brought this fellow

하고 대문짝에 그적거리며 침을 수염에 흘리
매 14 아기스가 그 신하에게 이르되 너희도
보거니와 이 사람이 미치광이로다 어찌하여
그를 내게로 데려왔느냐 15 내게 미치광이가
부족하여서 너희가 이 자를 데려다가 내 앞에
서 미친짓을 하게 하느냐 이 자가 어찌 내 집
에 들어 오겠느냐 하니라

to play the mad man in my presence? shall
this fellow come into my house?

How could young adults trust and follow David's leadership though they knew that David fled from Saul and feigned himself mad in front of king Achish? It is because that with a sense of responsibility David did his best to feed them even in the dangerous situation. He got hallowed bread that the priests only can take though he seemed to be begging before Doeg, the chief of the herdsmen that belonged to Saul.

Of course, he feigned himself mad for fear of king Achish. But, if he had not done it, both he and his young adults would have lost their lives by the king and his servants. Who wants to keep the memory of the humiliation of feigning himself mad as a man? As a result of David's action, he was able to save the lives of the youth as well as his life. Who in Israel wants manage his life shamefully even by begging and breaking the laws to feed others? David took every shame and threat for those young adults. That is why they were not able to disown him albeit their disgraceful lives. The power of leadership doesn't come from by blustering attitude or coercive authority. If one wants to get the right leadership from God and people, he should serve others in a low place. As Jesus served his disciples by washing their feet by lowing himself for God and the body of Christ, we may learn

사울로부터 함께 도망쳐 나온 청년들은 어떻게 다윗이 아기스 왕 앞에서 미친 척하는 모습을 보고도 그의 리더십을 신뢰하고 따를 수 있었을까? 왜냐하면 다윗이 사울의 목자장 도엑이 지켜보는 위험 앞에서도 제사장밖에 먹을 수 없는 진설병을 구걸하다시피 하여 그를 따라 나온 청년들을 책임지고 먹였기 때문이다.

물론 아기스 왕 앞에서 죽음의 두려움 때문에 살기 위하여 미친 척했던 다윗이었지만, 다윗이 모든 자존심을 버리고 미친 짓을 하지 않았더라면, 아기스 왕과 그 신하들이 다윗에게 가진 위화감으로 인해 다윗뿐만 아니라 함께 나온 청년들의 목숨도 역시 빼앗았을 것이다.

어떤 사내대장부가 스스로 미친 척했던 수치스런 기억을 안고 살아가길 원하겠는가? 결과적으로 다윗의 미친 짓은 결국 다윗과 함께한 청년들의 목숨도 보존시킨 셈이다. 마찬가지로 이스라엘의 그 누가 율법을 범하는 것도 모자라 빌어먹는 구걸을 통해 치욕스럽게 생을 이어가길 원하겠는가? 이렇게 자신의 삶이 형편없이 추락하는 것에 연연하지 않고 자신들이 당해야 할 배고픔과 수치, 위협을 대신 당하며 자신들을 살린 다윗을 그들은 차마 저버릴 수 없었을 것이다.

리더십과 지도력의 권위는 위압적인 권력의 위조와 모방에서 비롯되는 것이 아니다. 하나님과 사람들 앞에 합당한 리더십을 얻기 원한다면, 위에서가 아니라 바닥까지 내려가 생명을 섬겨야 한다. 하나님과 그리스도의 몸을 위해 예수님이 바닥으로 내려가 제자들의 발을 씻기셨듯이 때로는 미치광이처럼, 때로는 비렁뱅이

what the real power of Christ is when we serve others in a shameful or humiliating place like an insane person and a beggar.

처럼 수치와 치욕으로 더럽혀진 자리부터 내려가 섬길 때, 그리스도의 진정한 권위의 능력이 무엇인지 깨닫게 된다.

6. 요한의 목숨을 건 증언
6. JOHN'S LIFE-RISKING TESTIMONY

REVELATION 1:1-9

1 The Revelation of Jesus Christ, which
God gave unto him, to shew unto his
servants things which must shortly come
to pass; and he sent and signified it by his
angel unto his servant John: 2 Who bare
record of the word of God, and of the tes-
timony of Jesus Christ, and of all things
that he saw. 3 Blessed is he that read-
eth, and they that hear the words of this
prophecy, and keep those things which
are written therein: for the time is at hand.
4 John to the seven churches which are in
Asia: Grace be unto you, and peace, from
him which is, and which was, and which
is to come; and from the seven Spirits
which are before his throne; 5 And from
Jesus Christ, who is the faithful witness,
and the first begotten of the dead, and
the prince of the kings of the earth. Unto
him that loved us, and washed us from
our sins in his own blood, 6 And hath

요한계시록 1:1-9

1 예수 그리스도의 계시라 이는 하나님이 그
에게 주사 반드시 속히 될 일을 그 종들에게
보이시려고 그 천사를 그 종 요한에게 보내어
지시하신 것이라 2 요한은 하나님의 말씀과
예수 그리스도의 증거 곧 자기의 본 것을 다
증거하였느니라 3 이 예언의 말씀을 읽는 자
와 듣는 자들과 그 가운데 기록한 것을 지키
는 자들이 복이 있나니 때가 가까움이라 4 요
한은 아시아에 있는 일곱 교회에 편지하노니
이제도 계시고 전에도 계시고 장차 오실 이와
그 보좌 앞에 일곱 영과 5 또 충성된 증인으
로 죽은 자들 가운데서 먼저 나시고 땅의 임
금들의 머리가 되신 예수 그리스도로 말미암
아 은혜와 평강이 너희에게 있기를 원하노라
우리를 사랑하사 그의 피로 우리 죄에서 우리
를 해방하시고 6 그 아버지 하나님을 위하여
우리를 나라와 제사장으로 삼으신 그에게 영
광과 능력이 세세토록 있기를 원하노라 아멘
7 볼찌어다 구름을 타고 오시리라 각인의 눈
이 그를 보겠고 그를 찌른 자들도 볼터이요
땅에 있는 모든 족속이 그를 인하여 애곡하

made us kings and priests unto God and
his Father; to him be glory and domin-
ion for ever and ever. Amen. 7 Behold,
he cometh with clouds; and every eye
shall see him, and they also which pierced
him: and all kindreds of the earth shall
wail because of him. Even so, Amen. 8 I
am Alpha and Omega, the beginning and
the ending, saith the Lord, which is, and
which was, and which is to come, the Al-
mighty. 9 I John, who also am your broth-
er, and companion in tribulation, and in
the kingdom and patience of Jesus Christ,
was in the isle that is called Patmos, for the
word of God, and for the testimony of Je-
sus Christ.

리니 그러하리라 아멘 8 주 하나님이 가라사
대 나는 알파와 오메가라 이제도 있고 전에도
있었고 장차 올 자요 전능한 자라 하시더라 9
나 요한은 너희 형제요 예수의 환난과 나라와
참음에 동참하는 자라 하나님의 말씀과 예수
의 증거를 인하여 밧모라 하는 섬에 있었더니

In the beginning of Revelations, John wrote his name so many times. This book is not to testify about him but about Jesus especially what will happen related to him. Nevertheless, why does he emphasize his name repeatedly? He's mentioning his name even four times in the short verse 9 of the text. Isn't it violating his role as an apostle and a servant who testifies only Jesus?

He is not repeating his own name to testify himself at all as the last disciple John. On the contrary, he is taking all the risk to testify Jesus because he was an exile to the isle of Patmos by the Roman Empire. This book is dangerous literature in the eyes of the empire and shouldn't be spread under the government system. Therefore, the empire should get rid of the insurgent who writes that kind of dangerous documents.

But the thing that John mentions his name, identity and his place of Patmos to write this book and testify evidence is like risking his own life under the empire. Imagine. He was already exiled in the isle of Patmos so that his identity was controlled. Therefore, there is a great possibility of being martyred when the government knows that John's book is spreading. Because, John is the respected apostle among Christians and his book carries evidence about their faith that the government wants to remove. So, he is under persecution by the Roman Empire as the last apostle. But, he is taking all the risk of being exposed

계시록 초반부를 보면 요한은 과하다 싶을 정도의 높은 빈도로 자기 이름을 표현하며 자신을 증명하고 있다. 이것은 요한 자신에 관한 책이 아니라 예수에 대하여 그리고 장차 이뤄질 일에 대한 증거를 적어야 할 책임에도 불구하고 왜 요한은 자꾸 자신의 이름을 반복적으로 언급하여 강조하고 있는가? 아홉 구절의 텍스트에서 무려 네 번에 걸쳐 자기 이름을 언급하는 행위는 오직 예수를 증거해야 하는 사도와 종의 정체성에 어긋나는 일이 아닐까?

사도 요한은 이 시대에 마지막 남은 사도로서, 절대로 자기 자랑이나 스스로를 증명할 요량으로 자기 이름을 반복적으로 나타내는 것이 아니다. 오히려 사도 요한은 예수의 증거를 위해 목숨을 걸고 자신을 내던지고 있다. 왜냐하면 그는 지금 로마 제국의 모진 핍박 속에 밧모 섬에 갇혀 있는 상태이기 때문이다. 이 책은 로마제국의 입장에서 보자면 정부가 유포를 금지하고 있는 불온 문서이다. 따라서 이런 불온한 금서를 써서 세상에 내어 놓고 있는 위험분자와 그 수괴를 파악해 없애려 할 것이다.

그런데 요한이 그의 증거가 틀림없음을 보장하기 위해 자신의 이름과 신변, 그리고 밧모섬이라는 소재까지 스스로 언급한다는 것은 로마 제국에 스스로 목숨을 앗아갈 빌미를 제공하는 일이나 다름없다.

생각해보라. 그리스도인들에게 사도로 추앙받는 인물인 요한이 밧모섬에 갇혀 로마에 신변이 구속된 상태에서 로마가 박멸하고자 하는 기독교 신앙에 관한 증거가 담긴 문서를 유포한 정황이 발견된다면, 요한은 로마제국의 추적을 받아 그대로 순교할 확률

of his identity to proclaim and keep the Word for other Christians in their faith. Christians under the Roman persecutions must have known that sharing John's name, identity and his place of Patmos means putting life on the line. Therefore, his life-risking testimony even in the fear of persecutions might be the most powerful and grateful message to them who should keep it in any circumstances.

His message was not showing off his superior spiritual power through which he knew the future. That was all about Jesus Christ, the only hope, before the darkness and hardships at the hazard of his own life. The evidence and words of Jesus Christ are not controlled by human beings but overwhelm people to the degree that one average fisherman decides to risk his life and touch persecuted Christians and save the world. This is the real stigma of the people who have the Word.

이 높아진다.

요한은 마지막 남은 사도로서 로마제국의 핍박으로 고난을 겪으면서도, 남아있는 성도들을 위해 자신의 신변 노출의 위험을 무릅쓰고 확고하게 말씀을 증거하며 보증하고 있다.

로마로부터 핍박받고 있는 성도들은 사도 요한이 밧모섬에 갇혀 자신의 이름과 신변, 소재까지 밝히고 있는 일이 목숨을 내놓아야 하는 위험천만한 일임을 잘 알았을 것이다. 따라서 목숨을 걸고 신변 노출하기를 마다하지 않는 사도 요한의 증거는 핍박의 두려움 가운데 그 어떤 가르침과 권면보다 더 강력한 메시지로, 고난 가운데서도 이 증거를 지켜야 할 성도들을 감동하게 하고 견고하게 했을 가능성이 농후하다.

사도 요한의 증거는 결코 미래를 집약해서 알고 있다는 우월한 영적 감각에 대한 자기 증거가 아니었다. 시대의 어둠과 다가올 환난을 바라보면서 유일한 소망, 예수 그리스도에 대하여 목숨을 비롯한 모든 것을 건 증거였다. 예수 그리스도의 말씀과 그 증거는 결코 인생이 지적인 향유로써 지배할 수 있는 것이 아니다. 도리어 말씀이 한 평범한 어부를 사로잡아 목숨을 걸게 할 만큼 인생을 압도하는 것이며, 환난 중에 있는 성도조차 감동하게 하고, 시대를 구원하는 살아있는 말씀 그 자체였다. 이것이 말씀의 증거를 가진 자들에! 대한 그리스도의 진정한 흔적이다.

7. 바람을 탄 다윗의 물맷돌

7. DAVID'S SLING STONE BY THE WIND

1 SAMUEL 17:40-49

40 And he took his staff in his hand, and
chose him five smooth stones out of the
brook, and put them in a shepherd's bag
which he had, even in a scrip; and his sling
was in his hand: and he drew near to the
Philistine. 41 And the Philistine came on
and drew near unto David; and the man
that bare the shield went before him. 42
And when the Philistine looked about, and
saw David, he disdained him: for he was
but a youth, and ruddy, and of a fair coun-
tenance. 43 And the Philistine said unto
David, Am I a dog, that thou comest to me
with staves? And the Philistine cursed Da-
vid by his gods. 44 And the Philistine said to
David, Come to me, and I will give thy flesh
unto the fowls of the air, and to the beasts of
the field. 45 Then said David to the Philis-
tine, Thou comest to me with a sword, and
with a spear, and with a shield: but I come
to thee in the name of the LORD of hosts,

사무엘상 17:40-49

40 손에 막대기를 가지고 시내에서 매끄러운
돌 다섯을 골라서 자기 목자의 제구 곧 주머
니에 넣고 손에 물매를 가지고 블레셋 사람에
게로 나아가니라 41 블레셋 사람이 점점 행하
여 다윗에게로 나아오는데 방패 든 자가 앞섰
더라 42 그 블레셋 사람이 둘러보다가 다윗을
보고 업신여기니 이는 그가 젊고 붉고 용모가
아름다움이라 43 블레셋 사람이 다윗에게 이
르되 네가 나를 개로 여기고 막대기를 가지고
내게 나아왔느냐 하고 그 신들의 이름으로 다
윗을 저주하고 44 또 이르되 내게로 오라 내
가 네 고기를 공중의 새들과 들짐승들에게 주
리라 45 다윗이 블레셋 사람에게 이르되 너
는 칼과 창과 단창으로 내게 오거니와 나는
만군의 여호와의 이름 곧 네가 모욕하는 이
스라엘 군대의 하나님의 이름으로 네게 가노
라 46 오늘 여호와께서 너를 내 손에 붙이시
리니 내가 너를 쳐서 네 머리를 베고 블레셋
군대의 시체로 오늘날 공중의 새와 땅의 들짐
승에게 주어 온 땅으로 이스라엘에 하나님이
계신줄 알게 하겠고 47 또 여호와의 구원하심

the God of the armies of Israel, whom thou hast defied. 46 This day will the LORD deliver thee into mine hand; and I will smite thee, and take thine head from thee; and I will give the carcases of the host of the Philistines this day unto the fowls of the air, and to the wild beasts of the earth; that all the earth may know that there is a God in Israel. 47 And all this assembly shall know that the LORD saveth not with sword and spear: for the battle is the LORD's, and he will give you into our hands. 48 And it came to pass, when the Philistine arose, and came, and drew nigh to meet David, that David hastened, and ran toward the army to meet the Philistine. 49 And David put his hand in his bag, and took thence a stone, and slang it, and smote the Philistine in his forehead, that the stone sunk into his forehead; and he fell upon his face to the earth.

이 칼과 창에 있지 아니함을 이 무리로 알게 하리라 전쟁은 여호와께 속한 것인즉 그가 너희를 우리 손에 붙이시리라 48 블레셋 사람이 일어나 다윗에게로 마주 가까이 올 때에 다윗이 블레셋 사람에게로 마주 그 항오를 향하여 빨리 달리며 49 손을 주머니에 넣어 돌을 취하여 물매로 던져 블레셋 사람의 이마를 치매 돌이 그 이마에 박히니 땅에 엎드러지니라

Do you think that David's sling stone smote and sunk into Goliath's forehead just thanks to human power? Goliath was putting a helmet of brass upon his head at the time. Therefore the more destructive power than a bullet was required to shoot his forehead and brass at once.

His stone was able to pierce Goliath's head because of the power of the Holy Spirit and David's faith from his heart. In a word, the Holy Spirit broke his head by putting accelerating force upon the stone like a sudden wind.

The smooth stones from a water stream was worn and cut by the water. If David chose a cornered and sharp stone instead of a smooth one, the stone wouldn't ride the wind and able to reach the range of the sling shot due to resistance or able to hit the target of Goliath's forehead because of a wrong direction.

The Holy Spirit sees and chooses the holy person washed and trained by the water of the Holy Spirit. The war belongs to the Lord. And, only the spirit of God controls the spirit of darkness and brings the victory from the war of God's kingdom. For we wrestle not against flesh and blood, but against principalities, against powers, against the rulers of the darkness of this world. Therefore, we can bring the victory of God's kingdom to this world only when we obey the Holy Spirit like a stone cut by the water.

Do you see God's people think their defeat normal and feel

다윗이 던진 물맷돌이 그저 사람의 힘으로 골리앗의 머리를 뚫고 이마에 박혔을 것으로 생각하는가? 골리앗은 놋 투구를 쓰고 있었고 놋과 이마를 동시에 뚫으려면, 총알 이상의 파괴력을 가져야 한다.

다윗의 물맷돌은 다윗의 중심에 있던 믿음을 통해 성령의 능력을 힘입어 골리앗의 머리를 꿰뚫었다. 즉 성령께서 급한 바람처럼 돌에 가속을 더 해 골리앗의 머리를 깨부수게 하신 것이다.

그가 시냇가에서 고른 물맷돌은 물살에 길들어져 깎인 돌이었다. 다윗이 만약 매끄러운 물맷돌이 아니라 이리저리 날카롭게 모난 돌을 택했다면, 돌이 성령의 바람을 타지 못하고 바람에 거슬리면서 저항으로 인해 골리앗에게까지 미치지 못하거나, 엉뚱한 방향으로 치우쳐 골리앗의 이마에 명중하지 못했을 것이다.

성령은 그분의 물에 씻기고 깎인 거룩한 사람을 알아보고 택하신다. 전쟁은 주께 속했고 주님의 영만이 어둠의 영을 제압하고 하나님 나라의 전쟁을 승리로 이끄실 수 있다. 우리의 싸움은 혈과 육에 속한 것이 아니요, 정사와 권세와 어둠의 주관자들과의 싸움이기에 시냇가 물결에 깎인 돌처럼 성령에 순복하는 뜻으로 서야만 하나님 나라의 승리를 이 땅에 가져올 수 있다.

전 국가적으로 압도당하며 골리앗의 참소에 질린 이스라엘처럼 하나님 나라의 백성들이 패배를 당연시하며 두려워하고 있음을 보고 있는가? 이미 굳어진 패배를 그대로 인정하지 않고 의분을 가지고 일어나 저항하는 한 당신은 이미 주님의 전사다.

모든 이스라엘이 전사의 모양을 하고 군복과 갑옷을 주워 입었

fear like Israel scared of Goliath mocking the whole nation? If you have righteous indignation, don't agree on the prolonged defeat and resist from your heart and then you are already the Lord's warrior.

However, the Lord only chose David who had the stone cut by the wind and was able to throw it to ride the wind among any other Israelites who looked like warriors wearing a uniform and armor. Your life as a warrior will end up in righteous indignation if you don't have a mind to be tamed by the water of the Holy Spirit and a sudden wind. The real victory only comes from Him by obeying His will.

으나, 주님은 오직 물에 깎인 돌을 들고 그 돌이 바람을 타고 날아가도록 던질 수 있는 다윗을 택하셨다. 성령의 거룩한 물과 급한 바람에 길들어질 중심이 없다면 당신은 하나님의 전사로 거듭나지 못한 채 다만 의분으로 끝날 것이다. 주님이 주시는 진정한 승리는 오직 성령의 뜻에 순복한 자들을 통해서만 올 수 있다.

8. 푸른 초장과 주님의 지팡이 그리고 막대기

8. GREEN PASTURES, THE LORD'S ROD AND STAFF

PSALMS 23

1 The LORD is my shepherd; I shall
not want. 2 He maketh me to lie down
in green pastures: he leadeth me beside
the still waters. 3 He restoreth my soul:
he leadeth me in the paths of righteous-
ness for his name's sake. 4 Yea, though I
walk through the valley of the shadow of
death, I will fear no evil: for thou art with
me; thy rod and thy staff they comfort me.
5 Thou preparest a table before me in the
presence of mine enemies: thou anointest
my head with oil; my cup runneth over. 6
Surely goodness and mercy shall follow
me all the days of my life: and I will dwell
in the house of the LORD for ever.

시편 23

1 여호와는 나의 목자시니 내가 부족함이 없
으리로다 2 그가 나를 푸른 초장에 누이시며
쉴만한 물 가으로 인도하시는도다 3 내 영혼
을 소생시키시고 자기 이름을 위하여 의의 길
로 인도하시는도다 4 내가 사망의 음침한 골
짜기로 다닐찌라도 해를 두려워하지 않을 것
은 주께서 나와 함께 하심이라 주의 지팡이
와 막대기가 나를 안위하시나이다 5 주께서
내 원수의 목전에서 내게 상을 베푸시고 기름
으로 내 머리에 바르셨으니 내 잔이 넘치나
이다 6 나의 평생에 선하심과 인자하심이 정
녕 나를 따르리니 내가 여호와의 집에 영원
히 거하리로다

The Shepherd should hit the sheep's heap with his staff and a branch to guide them in the right way whenever the sheep goes out of their way. But why does David liken the Lord to the shepherd and himself to a sheep? How is he able to say that His staff comforts him? The staff is to cane a sheep for the shepherd to use when his sheep take the wrong way. Does the Lord's staff like the whip really comfort us in our life?

Surprisingly, the shepherd never hurts his sheep with his staff. It is not a thick rod but a thin staff like a branch to whip the sheep. He always finds and guides them to green pastures and the still waters. Sometimes, he whips their heaps with the thin branch to lead them in the right way when they go out of the way. But, this is not to hurt them at all.

Meanwhile, the shepherd uses the thick stick like a rod not to hurt his sheep but only to defend his sheep from wild beasts like wolves that come to hurt his sheep in the field.

Therefore, David doesn't praise the Lord who doesn't give us unconditional comforts that green pastures and still waters are suddenly given to him like a magic. He praises His hand that guides him in the right way by whipping him with a staff and his protection like a rod that goes ahead of him in the darkness of wilderness and defeats the enemies. And David experienced the real Shalom there.

If you are a shepherd, you should relentlessly fight with mighty rod against spiritual darkness and enemies that harm your sheep. Your sheep are not with you to be hurt with your stick like a staff but with you, their shepherd, to learn obedience to follow the Lord's way by your whipping their heap just a little bit.

If you are the Lord's sheep, don't follow Him for your comfort. But, learn the real comfort when you learn of His hand with a staff to obey His right way wholeheartedly.

If you are His real sheep, you should remember that the real shalom is in the Lord who fight for His sheep with His mighty rod against the wild beasts in the darkness of the wilderness. Furthermore, you can experience it when you follow Jesus who protected his sheep by being sacrificed on the cross.

다윗은 주님을 목자로, 자신을 양으로 비유하면서 주님의 막대기가 자신을 위로한다고 말하고 있다. 막대기는 목자가 양이 곁길로 벗어났을 때 양을 치는 회초리였다. 고대 중동의 목자에게는 회초리만한 나뭇가지로 만든 막대기가 있어서 양들이 어긋난 길로 갈 때마다 엉덩이를 쳐서 바른 길을 벗어나지 않게 하였다. 회초리 같은 주님의 막대기가 우리 인생을 매로 치는 경험이 과연 우리에게 위안이 될 수 있는가?

놀랍게도 목자는 결코 막대기를 가지고 양을 상하게 하지 않는다. 양을 때리는 도구인 막대기는 굵은 지팡이가 아니고 얇은 나뭇가지일 뿐이다. 목자는 언제나 푸른 초장과 마실 물가를 찾아 양을 평안히 쉴만한 곳으로 인도한다. 간혹 몇몇 양들이 이런 길을 벗어나려 할 때 얇은 나뭇가지를 막대기 삼아 양의 엉덩이를 쳐서 바른 길로 몰아가는 것이지, 결코 양을 상하게 만드는 몽둥이를 대는 것이 아니다.

한편 목자가 막대기와 함께 가지고 다니는 굵은 몽둥이인 지팡이로 짐승을 칠 때가 있는데, 이는 오직 양을 상하게 하고자 다가오는 들판의 늑대나 이리, 맹수 등을 대항할 때만 행하는 일이다.

다윗은 그저 푸른 초장과 물가가 마치 마법처럼 일순간 등장하여, 자신에게 아무런 조건 없이 안위를 안겨주는 것을 찬미하는 것이 아니었다. 자신을 주님의 방향에 순종시키기 위해, 막대기로 쳐서 교정하는 주님의 손길과, 지팡이로 광야의 어둠 속에서 적들을 앞서 파하며 보호하시는 주님의 권능의 홀을 찬양한 것이다. 그곳에서 다윗은 진정한 샬롬을 경험했다.

당신이 목자라면 양을 해하는 영적 어둠과 적들 앞에서 타협 없이 권능의 지팡이를 들어 싸워야 할 것이다. 그렇지만 당신의 양들은 지팡이 같은 몽둥이로 해를 입으려 당신 곁에 있는 것이 아니다. 당신은 그들 곁에서 그들이 주님의 길을 따라 순종하도록 단지 얇은 막대기로 살짝 엉덩이를 찌를 뿐이라는 것을 유념하라.

당신이 주님의 양이라면 막대기를 통한 교정의 손길이 있을 때, 그 속에 주님의 바른길을 전적으로 따를 때 오는 진정한 평안함이 있음을 배우라.

당신이 그분의 진정한 양이라면, 자신의 양들을 위해 어둠 속 광야의 맹수로부터 권능의 지팡이를 들어 싸우시는 주님, 더 나아가 십자가에 자신의 생명을 못 박아 양들을 지키신 예수님을 좇는 삶에 진정한 샬롬이 있음을 잊지 말아야 한다.

9. 하나님의 영광 VS 자기 영광
9. GOD'S GLORY VS SELF GLORY

2 KINGS 20:11-21

11 And Isaiah the prophet cried unto the
LORD: and he brought the shadow ten
degrees backward, by which it had gone
down in the dial of Ahaz. 12 At that time
Berodachbaladan, the son of Baladan,
king of Babylon, sent letters and a pre-
sent unto Hezekiah: for he had heard that
Hezekiah had been sick. 13 And Heze-
kiah hearkened unto them, and shewed
them all the house of his precious things,
the silver, and the gold, and the spices, and
the precious ointment, and all the house
of his armour, and all that was found in his
treasures: there was nothing in his house,
nor in all his dominion, that Hezekiah
shewed them not. 14 Then came Isaiah
the prophet unto king Hezekiah, and
said unto him, What said these men? and
from whence came they unto thee? And
Hezekiah said, They are come from a far
country, even from Babylon. 15 And he

열왕기하 20:11-21

11 선지자 이사야가 여호와께 간구하매 아하
스의 일영표 위에 나아갔던 해 그림자로 십도
를 물러가게 하셨더라 12 그 때에 발라단의
아들 바벨론 왕 부로닥발라단이 히스기야가
병 들었다 함을 듣고 편지와 예물을 저에게
보낸지라 13 히스기야가 사자의 말을 듣고 자
기 보물고의 금은과 향품과 보배로운 기름과
그 군기고와 내탕고의 모든 것을 다 사자에
게 보였는데 무릇 왕궁과 그 나라 안에 있는
것을 저에게 보이지 아니한 것이 없으니라 14
선지자 이사야가 히스기야왕에게 나아와서
이르되 이 사람들이 무슨 말을 하였으며 어디
서부터 왕에게 왔나이까 히스기야가 가로되
먼 지방 바벨론에서 왔나이다 15 이사야가 가
로되 저희가 왕궁에서 무엇을 보았나이까 히
스기야가 대답하되 내 궁에 있는 것을 저희가
다 보았나니 나의 내탕고에서 하나도 보이지
아니한 것이 없나이다 16 이사야가 히스기야
에게 이르되 여호와의 말씀을 들으소서 17 여
호와의 말씀이 날이 이르리니 무릇 왕궁의 모
든 것과 왕의 열조가 오늘까지 쌓아 두었던

said, What have they seen in thine house?
And Hezekiah answered, All the things
that are in mine house have they seen:
there is nothing among my treasures that
I have not shewed them. 16 And Isaiah
said unto Hezekiah, Hear the word of the
LORD. 17 Behold, the days come, that all
that is in thine house, and that which thy
fathers have laid up in store unto this day,
shall be carried into Babylon: nothing
shall be left, saith the LORD. 18 And of
thy sons that shall issue from thee, which
thou shalt beget, shall they take away;
and they shall be eunuchs in the palace of
the king of Babylon. 19 Then said Heze-
kiah unto Isaiah, Good is the word of the
LORD which thou hast spoken. And he
said, Is it not good, if peace and truth be
in my days? 20 And the rest of the acts of
Hezekiah, and all his might, and how he
made a pool, and a conduit, and brought

것을 바벨론으로 옮긴바 되고 하나도 남지 아
니할 것이요 18 또 왕의 몸에서 날 아들 중에
서 사로잡혀 바벨론 왕궁의 환관이 되리라 하
셨나이다 19 히스기야가 이사야에게 이르되
당신의 전한바 여호와의 말씀이 선하니이다
하고 또 가로되 만일 나의 사는 날에 태평과
진실이 있을찐대 어찌 선하지 아니하리요 하
니라 20 히스기야의 남은 사적과 그 모든 권
력과 못과 수도를 만들어 물을 성중으로 인도
하여 들인 일은 유다 왕 역대지략에 기록되지
아니하였느냐 21 히스기야가 그 열조와 함께
자고 그 아들 므낫세가 대신하여 왕이 되니라

water into the city, are they not written in
the book of the chronicles of the kings of
Judah? 21 And Hezekiah slept with his
fathers: and Manasseh his son reigned in
his stead.

What would have been like if Hezekiah had shown the delegation of Babylon the supernatural dial sign that the Lord had brought the shadow ten degrees backward? The Babylonian people worshipped the sun god. Therefore the miracle is an absolute and a powerful sign for Babylon as they are able to be overwhelmed by the only God who creates the sun, makes its track move and even brings the track of the sun and the earth backward. There is God who can bring it backward! This is impossible for the sun god of Babylon. So, it was the great chance to proclaim overwhelming one God to them. However, he just boasted of his precious things. It is not much impressive for the empire Babylon to see those stuff as it gets all kinds of precious things including treasures and wheats around the whole world. It is like teaching a fish how to swim resulting in being mocked by them.

Then why didn't the king share the strong and merciful wonder that brought the dial's shadow backward and even added unto his days and was enough to testify God's mighty power that the empire's god never can do? Because the dial was an invention by Babylon. So, just showing it is like taking a shame for him as he can feel that his power seems to be under their hi-tech power. For example, how ridiculous it will be if Korea shows MacBook Air laptop as Seoul's national treasure invented by Apple company in the U.S. to the American special en-

히스기야 왕이 그림자가 십도 뒤로 물러간 초자연적인 해시계의 증거를 바벨론에서 온 사절에게 보여줬더라면 어떠했을까? 바벨론은 태양신을 숭배하는 나라이기 때문에 해시계가 뒤로 물러난 그림자의 증거는 유일신 여호와 하나님께서 태양을 창조하실 뿐 아니라, 심지어 그 태양과 지구의 궤적을 뒤로 물러나게 하실 수 있는 압도적 능력을 가지신 분이라는 강력한 증거요, 절대적인 표적이 된다. 해가 본래 움직이는 질서를 깨고 그 궤적을 거꾸로 돌릴 수 있는 신이 있다니! 이것은 바벨론의 태양신으로서는 절대로 불가능한 일이기에 이로써 가히 압도적인 유일신 여호와 하나님을 바벨론에 증명할 절호의 기회였다.

그럼에도 히스기야는 고작 곳간의 각양 물질들을 바벨론 사절에게 자랑한다. 이 곳간의 물질들은 전 세계에서 엄청난 보물과 곡식들을 조공으로 받는 제국 바벨론의 입장에서는 전혀 감탄할 만한 모양이 아니다. 오히려 번데기 앞에서 주름 잡는 격으로 비웃음을 살 일이다.

그렇다면 왜 히스기야는 자신의 생명을 연장 받기까지 한 강력한 은혜의 기적이자, 제국의 신조차 할 수 없는 세계와 천체를 압도할만한 여호와의 능력을 증거할 표적, 해시계의 그림자가 뒤로 십도 물러난 역사를 바벨론 사절에게 나타내지 않았을까?

그 이유는 해시계가 바벨론에서 발명된 문물이기 때문이다. 해시계를 보여주는 것은 바벨론의 첨단 문명에 종속당해 있는 듯 한 수치심으로 인해 자긍심에 금이 갈 수 있는 일이었다. 만약 오늘날 우리나라에 미국의 특사가 방문했는데, 미국 애플사가 개발

voy?

In a word, he lost a great chance to proclaim God just because he wanted to enjoy his self-glory of pride, self-esteem and to minimize its risk. Furthermore, he also lost the only chance of protecting and saving the country from Babylonia. In ancient times, wars on earth were regarded as wars of gods. Therefore, this miracle makes Babylon unable to harm Israel, God's country easily as God can move the trace of sun and definitely control the sun god as he wishes. One's serving and devotion for God shouldn't be his glory on earth and his contribution. The devoted Christians should learn more about glorifying God. If one is God' servant, he should not satisfy himself with his pride or self-esteem about his ministry but should learn that glorifying God is a kind of spiritual safety net. The goal becomes unclear when he is obsessed with his previous devotion for God and his ministry becomes his achievement and glory. Because he comforts himself by considering his former deeds and works as his accomplishment and identity.. That is why some prominent works supporting high self-esteem don't last even 10 years like a trend in the world and fade away easily. Other ministries sometimes stop as one generation was built up but can't be imparted to the next generation. Self glory is exactly in inverse proportion of God's glory. Those who ceaselessly seek only for God's glory

한 노트북을 대한민국 국보로 내보여준다면 얼마나 우스꽝스러운 일이 되겠는가?

히스기야는 자부심과 자긍심의 자기 영광에 심취하여 그것에 대한 손상을 최소화하려다 하나님을 증명할 강력한 기회를 놓쳤다. 아울러 나라를 바벨론으로부터 보호하고 구원할 유일한 기회도 잃었다.

고대의 전쟁은 신들의 대리전 양상으로 땅의 전쟁 양상을 가늠하였다. 따라서 태양의 궤적을 마음대로 움직일 수 있는 여호와 하나님은 태양신을 압도하는 신임이 분명하고, 이 해시계의 증거는 곧 바벨론으로 하여금 여호와를 섬기는 유대 하나님의 나라를 함부로 넘볼 수 없게 만든다.

세상의 영광은 물론이거니와 심지어 하나님을 향한 섬김과 헌신조차 자기 업적이 되어서는 안 된다. 헌신한 그리스도인일수록 하나님께 영광 돌리는 법을 절실히 배워야한다. 사역자라면 자존심이나 자기 사역에 대한 자긍심으로 만족하는 것이 아니라, 주님께 영광 돌리는 삶을 사는 것이 영적인 안전장치임을 인지해야 한다. 하나님을 향한 과거의 헌신에 집착하여 지난 사역이 업적이 되고 자기 영광이 되는 순간, 사역자의 달려갈 푯대는 불확실해진다. 왜냐하면, 지나간 과거의 사역을 업적과 자기 정체로 삼아 그것에 안주하기 때문이다.

그래서 자부심이 높은 어떤 사역이 세상 트렌드처럼 십 년을 채가지 못하고 쉽게 사그라지는 안타까움을 종종 느낀다. 한 세대를 세웠으나 다음 세대로 새롭게 영광을 이식하지 못하고 단종 되

establish the everlasting heritage in heaven. Because human's self glory is short-lived and easily stop but His glory is forever. Those who have lived for the for the God's kingdom! Those who are the servant of Christ as a minister! You are honored. You should press toward the mark like Paul forevermore by not focusing on the previous deeds and scale. You are the one who connect the earth to the eternity! The servant of Christ! You!

는 사역의 경우도 종종 본다. 자기 영광과 하나님의 영광은 정확히 반비례한다. 끊임없이 하나님의 영광만을 추구하는 자는 하늘에 영원히 남을 유업의 영역을 연다. 사람의 자기 영광은 유효기간이 명백하고 쉽게 단종 되지만 하나님의 영광은 끝이 없기 때문이다. 하나님 나라를 위해 살아온 그대여, 사역자의 이름을 가진 그리스도의 종이여, 존귀한 당신이여! 영광이 계속 지속되기 위하여 바울처럼 과거의 업적과 규모에 집착하지 말고 앞에 있는 푯대를 향해 영원히 달려갈 일이다. 땅과 영원을 잇는 자여! 그리스도의 사역자여! 그대여!

10. 모조된 어미의 비극
10. THE TRAGEDY OF AN IMITATED MOTHER

1 KINGS 3:16-28

16 Then came there two women, that
were harlots, unto the king, and stood
before him. 17 And the one woman said,
O my lord, I and this woman dwell in one
house; and I was delivered of a child with
her in the house. 18 And it came to pass
the third day after that I was delivered,
that this woman was delivered also: and
we were together; there was no stranger
with us in the house, save we two in the
house. 19 And this woman's child died in
the night; because she overlaid it. 20 And
she arose at midnight, and took my son
from beside me, while thine handmaid
slept, and laid it in her bosom, and laid her
dead child in my bosom. 21 And when I
rose in the morning to give my child suck,
behold, it was dead: but when I had con-
sidered it in the morning, behold, it was
not my son, which I did bear. 22 And the
other woman said, Nay; but the living is

열왕기상 3:16-28

16 때에 창기 두 계집이 왕에게 와서 그 앞에
서며 17 한 계집은 말하되 내 주여 나와 이 계
집이 한 집에서 사는데 내가 저와 함께 집에
있으며 아이를 낳았더니 18 나의 해산한지 삼
일에 이 계집도 해산하고 우리가 함께 있었고
우리 둘 외에는 집에 다른 사람이 없었나이다
19 그런데 밤에 저 계집이 그 아들 위에 누우
므로 그 아들이 죽으니 20 저가 밤중에 일어
나서 계집종 나의 잠든 사이에 내 아들을 내
곁에서 가져다가 자기의 품에 누이고 자기의
죽은 아들을 내 품에 뉘었나이다 21 미명에
내가 내 아들을 젖 먹이려고 일어나 본즉 죽
었기로 내가 아침에 자세히 보니 내가 낳은
아들이 아니더이다 하매 22 다른 계집은 이르
되 아니라 산 것은 내 아들이요 죽은 것은 네
아들이라 하고 이 계집은 이르되 아니라 죽
은 것이 네 아들이요 산 것이 내 아들이라 하
며 왕 앞에서 그와 같이 쟁론하는지라 23 왕
이 가로되 이는 말하기를 산 것은 내 아들이
요 죽은 것은 네 아들이라 하고 저는 말하기
를 아니라 죽은 것이 네 아들이요 산 것이 내

my son, and the dead is thy son. And this said, No; but the dead is thy son, and the living is my son. Thus they spake before the king. 23 Then said the king, The one saith, This is my son that liveth, and thy son is the dead: and the other saith, Nay; but thy son is the dead, and my son is the living. 24 And the king said, Bring me a sword. And they brought a sword before the king. 25 And the king said, Divide the living child in two, and give half to the one, and half to the other. 26 Then spake the woman whose the living child was unto the king, for her bowels yearned upon her son, and she said, O my lord, give her the living child, and in no wise slay it. But the other said, Let it be neither mine nor thine, but divide it. 27 Then the king answered and said, Give her the living child, and in no wise slay it: she is the mother thereof. 28 And all Israel heard of

아들이라 하는도다 하고 24 또 가로되 칼을 내게로 가져오라 하니 칼을 왕의 앞으로 가져온지라 25 왕이 이르되 산 아들을 둘에 나눠 반은 이에게 주고 반은 저에게 주라 26 그 산 아들의 어미되는 계집이 그 아들을 위하여 마음이 불붙는것 같아서 왕께 아뢰어 가로되 청컨대 내 주여 산 아들을 저에게 주시고 아무쪼록 죽이지 마옵소서 하되 한 계집은 말하기를 내 것도 되게 말고 네 것도 되게 말고 나누게 하라 하는지라 27 왕이 대답하여 가로되 산 아들을 저 계집에게 주고 결코 죽이지 말라 저가 그 어미니라 하매 28 온 이스라엘이 왕의 심리하여 판결함을 듣고 왕을 두려워하였으니 이는 하나님의 지혜가 저의 속에 있어 판결함을 봄이더라

the judgment which the king had judged; and they feared the king: for they saw that the wisdom of God was in him, to do judgment.

Who is the real mother between the two harlots who came unto the Solomon's judge of the well-known story? The accuser harlot? Or the accused? Conventional wisdom is that the harlot who appeals actively would be the true mother.

Take a close look at the bible and then you will find the accused woman is the real mother. It is because the argument of the accuser is not logical at all. She affirms that her baby was changed by the other woman while sleeping as if she were watching the situation clearly. How does she know the whole process although she wasn't able to realize that her baby was changed? She is trying to put her own crime on the other woman.

How insensitive she is! It is so terrible to kill one's own baby by overlaying it. This woman wasn't prepared to nurture a baby as a mother but she was obsessed with having a baby even by taking other's baby. It is hard to think that this harlot has a mere maternal obsession when she said, "Let it be neither mine nor yours, but divide it." Wasn't she obsessed with the baby just for her satisfaction and pleasure? When harlots conceived a baby, they were allowed to take a legal break as they belonged to their pimps from the ancient times. Therefore, there is a great possibility that she didn't treat the baby with her maternity as a mother, but used it for her comfort and instrument.

If pure passion for a life is perverted, planting becomes career and a big ministry can be a hype to show off the ego. Breast-feeding, the basic of nursing a baby is a medical wonder that the mother's blood turns into milk and a baby grows absorbing the mother's life. This means giving part of life is nurturing and the basic mission of a shepherd. Other ways are just imitations and counterfeits of the cross.

성경 속 유명한 예화 중 하나인, 솔로몬의 재판에 나아왔던 두 창녀 중에 누가 진짜 아이의 어미일까? 고발한 창녀일까? 아니면 피고인으로 선 창녀일까? 우리는 당연히 주도적으로 자신의 억울함을 호소하는 창녀가 어미일 것으로 짐작하지만, 성경의 흐름을 내밀히 살펴보면 놀랍게도 묵묵히 고발을 당하고 있는 여인이 진짜 어미라는 것을 알 수 있다.

먼저, 고소하고 있는 여인의 주장은 전혀 앞뒤가 맞지 않다. 자신이 잠을 자는 중에 다른 창녀가 아이를 바꿔치기한 정황을 직접 목격한 것처럼 단정 지어 말하고 있는데, 자는 동안 아이가 몰래 바꿔치기 당하는 줄도 몰랐던 여인이 어떻게 바꿔치기한 과정을 꿰뚫어보듯 알 수 있을까? 그것은 그녀 자신이 직접 아이를 훔쳐오면서 벌였던 행적을 다른 창녀에게 고스란히 덮어씌우고 있는 것이기 때문이다.

어미가 아무리 둔감해도 유분수지, 자기 아이를 자면서 자신의 몸으로 깔아뭉개서 죽이다니. 이는 매우 참혹한 모습이 아닐 수 없다. 이 창녀는 아기를 양육할만한 어미의 모양은 갖추지 못했으면서, 남의 아기를 빼앗아서라도 소유하는 것에는 집착했다. 살아있는 아기를 반으로 갈라 죽게 하여 결국 누구의 것도 되지 못하게 해달라는 모습은 단순히 모성적 집착으로만 치부하기엔 어려운 섬뜩함이 있다. 이 창녀는 아기를 그저 자기만족과 편의의 대상으로서 집착하는 것으로 보인다. 왜냐하면 고대로부터 포주에게 신변이 구속되어 있던 창녀들에게 유일하게 쉼이 주어지는 때는 아기를 가졌을 경우뿐이었기 때문이다. 따라서 이 창녀는 모성으로 아이를 대한 것이 아니라, 그저 자기 신변에 대한 자기 안정과 자기 방편으로써 아기를 이용하고자 했을 가능성이 크다.

생명에 대한 순수한 열정의 본말이 전도된다면, 개척은 경력이 되고, 규모 있는 사역은 자기 과시를 위한 비대함이 될 수 있다. 양육의 기초인 수유의 과정은 의학적으로 어미의 피가 변하여 모유가 생성되는, 곧 아기가 이 어미의 생명을 먹고 자라는 경이로움이다. 생명을 잘라 내어주는 것이 양육이요, 목자의 근본이다. 다른 방법은 아류요, 십자가에 대한 모조품일 뿐이다.

11. 십자가 고난의 남은 자리를 묵묵히 감당하는 비결

11. THE SECRET WAY TO BEAR THE PAINS OF THE CROSS

REVELATION 6:9-11

9 And when he had opened the fifth seal, I
saw under the altar the souls of them that
were slain for the word of God, and for
the testimony which they held: 10 And
they cried with a loud voice, saying, How
long, O Lord, holy and true, dost thou not
judge and avenge our blood on them that
dwell on the earth? 11 And white robes
were given unto every one of them; and
it was said unto them, that they should
rest yet for a little season, until their fel-
lowservants also and their brethren, that
should be killed as they were, should be
fulfilled.

요한계시록 6:9-11

9 다섯째 인을 떼실 때에 내가 보니 하나님의
말씀과 저희의 가진 증거를 인하여 죽임을 당
한 영혼들이 제단 아래 있어 10 큰 소리로 불
러 가로되 거룩하고 참되신 대주재여 땅에 거
하는 자들을 심판하여 우리 피를 신원하여 주
지 아니하시기를 어느 때까지 하시려나이까
하니 11 각각 저희에게 흰 두루마기를 주시며
가라사대 아직 잠시 동안 쉬되 저희 동무 종
들과 형제들도 자기처럼 죽임을 받아 그 수가
차기까지 하라 하시더라

Throughout all the books of the Bible, those martyred protecting their faiths made voices of appeal to God only once. Imagine the denial, persecution, isolation, and the pain they would have experienced over many years, surely, there would have been countless times they appealed to the Lord. However, the martyred made appeals to the faithful Lord only once without complaining a second time, nor did they feel that they were treated unfairly. Moreover, at the revelation of God's will(11) to fill the complete number of fellow servants and brethren killed, the martyred did not react with feelings of hatred, but obediently positioned themselves at the altar of sacrifice, obeying till the last moment in His plan of the cross. How was it possible that they obeyed before His will, even in a position full of pain? This was possible because this altar was the altar where Jesus Christ our lamb had given himself as a sacrifice on the cross prior to them, and it is also the place closest to the throne of our Lord in heaven. The bearing of the cross, as Paul has once confessed, is not merely having to bear being in a tragic place filled with screams of agony. As someone who had once been up in all three stages of the Heavens, Paul describes this place as the place where even death can be faced with agreement and overcome, the place closest from His throne, the act of stepping closer to His presence. Have a look at the book of Revelation. The altar and the Lord's throne are places closest to heaven. Keeping a close rela-

성경 전체를 통틀어 단 한 번 순교자들이 주님께 호소하는 장면이 나온다. 거절과 핍박, 고립, 고난의 세월을 살았을 그들이 주님께 호소하고 싶은 말이 얼마나 많았겠는가! 그러나 그들은 신실하신 주님 앞에 신원의 호소를 단 한 번만 아뢸 뿐 두 번 호소하거나 억울해하지 않는다.

또한, 주님이 그들의 호소에 오히려 그들과 똑같은 상함과 죽임을 당하는 형제들이 더 일어나야 한다고 응답하시자, 자기 상함에 대한 피해의식이나 연민을 근거로 그런 일이 다시 일어나서는 안 된다고 하소연하기는커녕 더 채워야 할 십자가 제단 아래에서 탄원이나 원망 없이 동의한다.

어떻게 이미 겪은 큰 상함에 오히려 상함을 더하는 자리를 받아들이는 순종이 가능한가? 그것은 이 제단이 어린 양 예수님이 십자가의 제사로 드려졌던 본보기의 자리이며, 이들이 있는 제단 아래는 천국에서 주님이 계신 보좌와 가장 가까운 자리 중 하나이기 때문이다.

바울의 고백과 같이 남은 십자가 고난을 채우는 자리는 결코 상함을 견디지 못한 비명만이 가득한 비극적인 자리가 아니다. 그것은 주님의 보좌 앞까지 다녀왔던 바울처럼 주님과 가장 가까운 자리로의 초대이며, 친밀함에 다가가는 일이기에 죽음의 상함을 이길 수 있는 자리가 된다. 계시록을 보라, 천국에서 주님의 보좌에 가장 가까운 곳은 바로 제단이다. 항상 주님의 보좌와 가장 가까운 곳, 친밀함의 자리, 바로 제단이 복음의 증거로 인해 반복되는 세상이 주는 상함을 이기는 비결과 능력의 처소가 된다. 상함까지 이기게 하는 주님의 보좌로 지금 나아가라!

tionship with the Lord and continuously going to him for intimate fellowship is the way to overcome this world and its pains. So let us go up to Him who allows us to overcome the pains of this world!

12. 바위와 산을 스스로 부수시는 하나님
12. GOD DESTROYS THE MOUNTAIN AND THE ROCK

1 KINGS 19:9-21

9 And he came thither unto a cave, and
lodged there; and, behold, the word of
the LORD came to him, and he said
unto him, What doest thou here, Elijah?
10 And he said, I have been very jealous
for the LORD God of hosts: for the chil-
dren of Israel have forsaken thy covenant,
thrown down thine altars, and slain thy
prophets with the sword; and I, even I
only, am left; and they seek my life, to
take it away. 11 And he said, Go forth, and
stand upon the mount before the LORD.
And, behold, the LORD passed by, and a
great and strong wind rent the mountains,
and brake in pieces the rocks before the
LORD; but the LORD was not in the
wind: and after the wind an earthquake;
but the LORD was not in the earthquake:
12 And after the earthquake a fire; but
the LORD was not in the fire: and after
the fire a still small voice. 13 And it was

열왕기상 19:9-21

9 엘리야가 그곳 굴에 들어가 거기서 유하더
니 여호와의 말씀이 저에게 임하여 이르시되
엘리야야 네가 어찌하여 여기 있느냐 10 저가
대답하되 내가 만군의 하나님 여호와를 위하
여 열심이 특심하오니 이는 이스라엘 자손이
주의 언약을 버리고 주의 단을 헐며 칼로 주
의 선지자들을 죽였음이오며 오직 나만 남았
거늘 저희가 내 생명을 찾아 취하려 하나이다
11 여호와께서 가라사대 너는 나가서 여호와
의 앞에서 산에 섰으라 하시더니 여호와께서
지나가시는데 여호와의 앞에 크고 강한 바람
이 산을 가르고 바위를 부수나 바람 가운데
여호와께서 계시지 아니하며 바람 후에 지진
이 있으나 지진 가운데도 여호와께서 계시지
아니하며 12 또 지진 후에 불이 있으나 불 가
운데도 여호와께서 계시지 아니하더니 불 후
에 세미한 소리가 있는지라 13 엘리야가 듣
고 겉옷으로 얼굴을 가리우고 나가 굴 어귀
에 서매 소리가 있어 저에게 임하여 가라사대
엘리야야 네가 어찌하여 여기 있느냐 14 저가
대답하되 내가 만군의 하나님 여호와를 위하

so, when Elijah heard it, that he wrapped
his face in his mantle, and went out, and
stood in the entering in of the cave. And,
behold, there came a voice unto him,
and said, What doest thou here, Elijah?
14 And he said, I have been very jealous
for the LORD God of hosts: because the
children of Israel have forsaken thy cov-
enant, thrown down thine altars, and slain
thy prophets with the sword; and I, even I
only, am left; and they seek my life, to take
it away. 15 And the LORD said unto him,
Go, return on thy way to the wilderness
of Damascus: and when thou comest,
anoint Hazael to be king over Syria: 16
And Jehu the son of Nimshi shalt thou
anoint to be king over Israel: and Elisha
the son of Shaphat of Abelmeholah shalt
thou anoint to be prophet in thy room.
17 And it shall come to pass, that him
that escapeth the sword of Hazael shall

여 열심이 특심하오니 이는 이스라엘 자손이
주의 언약을 버리고 주의 단을 헐며 칼로 주
의 선지자들을 죽였음이오며 오직 나만 남았
거늘 저희가 내 생명을 찾아 취하려 하나이다
15 여호와께서 저에게 이르시되 너는 네 길을
돌이켜 광야로 말미암아 다메섹에 가서 이르
거든 하사엘에게 기름을 부어 아람 왕이 되게
하고 16 너는 또 님시의 아들 예후에게 기름
을 부어 이스라엘 왕이 되게 하고 또 아벨므
홀라 사밧의 아들 엘리사에게 기름을 부어 너
를 대신하여 선지자가 되게 하라 17 하사엘의
칼을 피하는 자를 예후가 죽일 것이요 예후의
칼을 피하는 자를 엘리사가 죽이리라 18 그러
나 내가 이스라엘 가운데 칠천인을 남기리니
다 무릎을 바알에게 꿇지 아니하고 다 그 입
을 바알에게 맞추지 아니한 자니라 19 엘리야
가 거기서 떠나 사밧의 아들 엘리사를 만나니
저가 열 두 겨리 소를 앞세우고 밭을 가는데
자기는 열둘째 겨리와 함께 있더라 엘리야가
그리로 건너가서 겉옷을 그의 위에 던졌더니
20 저가 소를 버리고 엘리야에게로 달려가서

Jehu slay: and him that escapeth from the sword of Jehu shall Elisha slay. 18 Yet I have left me seven thousand in Israel, all the knees which have not bowed unto Baal, and every mouth which hath not kissed him. 19 So he departed thence, and found Elisha the son of Shaphat, who was plowing with twelve yoke of oxen before him, and he with the twelfth: and Elijah passed by him, and cast his mantle upon him. 20 And he left the oxen, and ran after Elijah, and said, Let me, I pray thee, kiss my father and my mother, and then I will follow thee. And he said unto him, Go back again: for what have I done to thee? 21 And he returned back from him, and took a yoke of oxen, and slew them, and boiled their flesh with the instruments of the oxen, and gave unto the people, and they did eat. Then he arose, and went after Elijah, and ministered unto him.

이르되 청컨대 나로 내 부모와 입맞추게 하소서 그리한 후에 내가 당신을 따르리이다 엘리야가 저에게 이르되 돌아가라 내가 네게 어떻게 행하였느냐 하니라 21 엘리사가 저를 떠나 돌아가서 소 한 겨리를 취하여 잡고 소의 기구를 불살라 그 고기를 삶아 백성에게 주어 먹게 하고 일어나 가서 엘리야를 좇으며 수종 들었더라

Why is it that God thought all He needed in order to deliver a message to Elijah and touch his heart, was a small whispering voice? Had God been trying to tell Elijah that He was not in the midst of some grand spectacle, such as amidst the breaking of mountains and rocks, fire and earthquakes? Certainly, distinguishing the will of God by the message's solemnness or its tininess can be an ambiguous job. Let us assume that God's destroying of the mountains and the rocks, burning of the forests and the fields with fire(11), and destroying His own work of creation was accepted as signs of His will. Does it not seem strange that God would try to destroy His own works of creation and erase them out, just so He can reveal His will? What had God been expecting Elijah to realize out of this destruction of mountain and rocks? Had God been intending to make Elijah feel persuaded, or inspired by this great spectacle, and make him realize the will of God? The fact is, God had been bearing the pains of having to destroy His own creations for a long time. He had created the Garden of Eden and given it to Adam. However, after watching it destroyed by sin, He had to send Adam out of the garden and close it down, blocking its entrance. On another occasion, in the time of Noah, God had even tried to wipe out humanity itself. So God, coming back to our original story, after being betrayed by His own promised people, still planned to save the few of those that remained

하나님께서는 좌절한 엘리야에게 세미한 음성을 통해 나타나시는 것이 그에게 주지시켜야 할 교훈이나 감동을 줄 수 있다고 생각하시는 것일까? 결국 산을 가르고 바위를 산산조각 내는 바람이나 요동하는 지진, 강렬하게 타오르는 불과 같은 엄청난 능력에는 하나님의 뜻이 없었다고 말씀하시려는 것일까? 아무리 생각해도 장엄한 것과 세미한 것의 차이로 하나님의 뜻이 있고 없고를 구분하는 것은 애매하다.

창조주 하나님이 스스로 창조한 산을 깨어 부수시고 바위를 산산조각 내시며 땅을 쪼개시고 불을 보내 임야를 태우신 것이 표적이 될 수 있다고 하자(11). 창조주 하나님이 스스로 창조한 세계를 스스로 부수시고 망가트리셔서야 되겠는가? 하나님은 엘리야가 산과 바위와 땅이 망가지는 역사를 먼저 보며 무슨 설득이 되고 감동함이 있어 하나님의 뜻을 발견하리라고 기대하신 걸까? 그러나 하나님은 오래도록 그런 아픔을 간직해 오셨다. 아담에게 에덴을 창조해 모든 것을 주고도 에덴이 망가진 것을 목도하시고, 결국 아담을 퇴출시킨 후 에덴의 문을 닫으셨다. 그뿐만 아니라 노아의 때에는 노아의 가족을 제외한 모든 인류를 다 멸하셔야 했다. 그리고 약속을 맺어 얻은 이스라엘에게조차 배신을 당하셨으며, 남은 자들 몇몇을 구원하시고 당분간 폐하실 예정이시다.

주님은 자신의 뜻을 이루는 과정에서 자꾸 일어나는 인류의 반역을 오래도록 견디어 오셨다. 주님은 인류와 그들을 둘러싼 세계가 죄로 인해 자꾸 무너져 내리고 자신의 손으로 지은 세계를 처음부터 시작해야하는 한이 있더라도 인류 구원의 뜻을 절대로 포

faithful, and, for the time being, dispose of all the rest. God has been enduring the betrayals of humanity for a long period of time in order to fulfill His will. Having to watch humanity and the world continually fail before sin, He never gave up His will towards the salvation of humanity, even if it meant He had to destroy His own creation. When Elijah had been disappointed that Ahab had not turned back from his sins despite experiencing the famine and fire, God wanted to teach Elijah His vision of salvation towards mankind, a one that does not wane with time, but is ever-resilient even in the midst of failure. God intends to reveal His will, resilient and persevering, through whispers of His voice. It is very difficult to understand God's command to anoint a ruthless foreigner such as Hazael to be the king. Hazael would try to slaughter and erase Ahab's dynasty. However, God's such command was not intended so to abandon Israel, but indicates a transition into a new era, where kings, priests and prophets are no longer the only ones used as His tools, but the beginning of times where He will look for anyone that remains to obey! God's purpose for anointing Elisha was in bringing forth a new prophet who would perform miracles and signs, to deliver the same messages Elijah used to preach. It was also God's expression of His unceasing passion to raise more of those who remain faithful to Him. Elijah wished to impel contrition to Ahab's dynasty, its priests and

기하지 않으시는 분이시다.

그렇다. 엘리야가 기근과 불이 내리는 역사에도 아합 왕조가 회개하지 않는 현실에 절망했을 때에도, 하나님이 가르치기 원하셨던 것은 모든 것이 무너져 내릴 때에도 미세하지만 끈질기게 이어져 절대 사그라지지 않는 인류 구원이라는 하나님의 꿈이었다.

하나님은 거대한 능력을 나타내신 후, 이제 세미한 음성으로 잠잠히 인내하시며 포기하지 않는 자신의 뜻을 드러내신다. 잔인한 이방인 하사엘에게 기름 부으라는 말은 절대 이해할 수 없는 말이다. 그는 아합 왕조를 멸망으로 이끌며 이스라엘을 끝까지 학대한다. 그러나 이는 이스라엘을 포기하는 것이 아니었다. 왕과 제사장, 선지자라는 특권적인 모양으로 삼중 통루를 통해 역사해오던 이스라엘 흐름을 바꾸어 이제 순종하는 자라면 누구라도 쓰임받는 시대로 넘어가게 하시는 것이다! 엘리사에게 기름부음은 엘리야와 대동소이한 기적의 역사, 동일한 메시지의 예언자를 세우는 일이지만, 남은 자를 더 많이 일으키기 위한 하나님의 끈질긴 의지의 표현이다.

엘리야는 아합 왕조와 그를 둘러싼 제사장, 선지자들을 회개시키길 원했지만 엘리사는 농민, 목자, 깡패 등 이스라엘에 순종할 누구라도 찾아다니며 능력을 보인다. 이것은 왕, 제사장, 선지자의 삼중 직임이 아닌 이스라엘 백성 중 누구라도 순종할 자를 일으키기 위해서이다. 하사엘은 완고한 아합 왕조를 징계하고 이스라엘이 심판 중에 하나님을 더 의지하게 하기 위한 도구에 지나지 않는다.

prophets, while, Elisha was looking for anyone who would obey the will of Israel, revealing the work of God. Regardless of whether if a person may be one of the three (king, prophet, or priest), or whether he may be an ordinary farmer, shepherd, or even a gangster, the purpose of His will, in this case, lies in rousing those who have been obedient. Hazael was merely being used as a tool for destroying the obstinate Ahab dynasty and making the people of Israel come closer to God, trusting His will in times of tribulation. Elijah may find answers, of his hopes and disappointments regarding the rise of the Davidic empire and Ahab's impenitence, in God's undying and calm perseverance toward Israel. While it may appear that God was trying to raise Hazael against Israel and completely destroy it, He is actually preparing His will to be revealed through not just those who hold the positions of kings, priests, and the prophets, but through a much larger crowd of people. This is the reason we are able to wait for God's faithfulness, in His subtle voice, and in His undying perseverance.

아합 왕조가 회개하여야만 다윗의 왕조가 다시 서리라고 생각했던 엘리야의 기대와 절망은 하나님의 이스라엘을 향한 크시고 끈질기게 잠잠히 기다리시는 인내 앞에 답을 얻을 수 있다. 이스라엘의 아합 왕조를 하사엘이라는 채찍을 들어 심판하는 것처럼 보이지만, 이스라엘의 많은 백성 가운데 남은 자들이 일어나 환난의 시대를 통과하며 하나님의 뜻을 예비하게 한다.

이것이 우리가 그분의 세미한 음성처럼 잠잠하고, 보이진 않지만 끈질기게 인내하며 이루시는 그분의 뜻을 기다릴 수 있는 좋은 이유다.

13. 70년과 70이레
13. 70 YEARS 7 WEEKS

DANIEL 9

1 In the first year of Darius the son of
Ahasuerus, of the seed of the Medes,
which was made king over the realm of
the Chaldeans; 2 In the first year of his
reign I Daniel understood by books the
number of the years, whereof the word of
the LORD came to Jeremiah the prophet,
that he would accomplish seventy years
in the desolations of Jerusalem. 3 And I
set my face unto the Lord God, to seek
by prayer and supplications, with fasting,
and sackcloth, and ashes: 4 And I prayed
unto the LORD my God, and made my
confession, and said, O Lord, the great and
dreadful God, keeping the covenant and
mercy to them that love him, and to them
that keep his commandments; 5 We have
sinned, and have committed iniquity, and
have done wickedly, and have rebelled,
even by departing from thy precepts and
from thy judgments: 6 Neither have we

다니엘 9

1 메대 족속 아하수에로의 아들 다리오가 갈
대아 나라 왕으로 세움을 입던 원년 2 곧 그
통치 원년에 나 다니엘이 서책으로 말미암아
여호와의 말씀이 선지자 예레미야에게 임하
여 고하신 그 년수를 깨달았나니 곧 예루살렘
의 황무함이 칠십년만에 마치리라 하신 것이
니라 3 내가 금식하며 베옷을 입고 재를 무릅
쓰고 주 하나님께 기도하며 간구하기를 결심
하고 4 내 하나님 여호와께 기도하며 자복하
여 이르기를 크시고 두려워할 주 하나님, 주
를 사랑하고 주의 계명을 지키는 자를 위하여
언약을 지키시고 그에게 인자를 베푸시는 자
시여 5 우리는 이미 범죄하여 패역하며 행악
하며 반역하여 주의 법도와 규례를 떠났사오
며 6 우리가 또 주의 종 선지자들이 주의 이
름으로 우리의 열왕과 우리의 방백과 열조와
온 국민에게 말씀한 것을 듣지 아니하였나이
다 7 주여 공의는 주께로 돌아가고 수욕은 우
리 얼굴로 돌아옴이 오늘날과 같아서 유다 사
람들과 예루살렘 거민들과 이스라엘이 가까
운데 있는 자나 먼데 있는 자가 다 주께서 쫓

hearkened unto thy servants the prophets,
which spake in thy name to our kings, our
princes, and our fathers, and to all the peo-
ple of the land. 7 O LORD, righteousness
belongeth unto thee, but unto us confu-
sion of faces, as at this day; to the men of
Judah, and to the inhabitants of Jerusalem,
and unto all Israel, that are near, and that
are far off, through all the countries whith-
er thou hast driven them, because of their
trespass that they have trespassed against
thee. 8 O Lord, to us belongeth confu-
sion of face, to our kings, to our princes,
and to our fathers, because we have sinned
against thee. 9 To the Lord our God be-
long mercies and forgivenesses, though
we have rebelled against him; 10 Neither
have we obeyed the voice of the LORD
our God, to walk in his laws, which he set
before us by his servants the prophets.
11 Yea, all Israel have transgressed thy

아 보내신 각국에서 수욕을 입었사오니 이는
그들이 주께 죄를 범하였음이니이다 8 주여
수욕이 우리에게 돌아오고 우리의 열왕과 우
리의 방백과 열조에게 돌아온 것은 우리가 주
께 범죄하였음이니이다 마는 9 주 우리 하나
님께는 긍휼과 사유하심이 있사오니 이는 우
리가 주께 패역하였음이오며 10 우리 하나님
여호와의 목소리를 청종치 아니하며 여호와
께서 그 종 선지자들에게 부탁하여 우리 앞
에 세우신 율법을 행치 아니하였음이니이다
11 온 이스라엘이 주의 율법을 범하고 치우
쳐 가서 주의 목소리를 청종치 아니하였으므
로 이 저주가 우리에게 내렸으되 곧 하나님의
종 모세의 율법 가운데 기록된 맹세대로 되었
사오니 이는 우리가 주께 범죄하였음이니이
다 12 주께서 큰 재앙을 우리에게 내리사 우
리와 및 우리를 재판하던 재판관을 쳐서 하신
말씀을 이루셨사오니 온 천하에 예루살렘에
임한 일 같은 것이 없나이다 13 모세의 율법
에 기록된 대로 이 모든 재앙이 이미 우리에
게 임하였사오나 우리는 우리의 죄악을 떠나

law, even by departing, that they might not obey thy voice; therefore the curse is poured upon us, and the oath that is written in the law of Moses the servant of God, because we have sinned against him. 12 And he hath confirmed his words, which he spake against us, and against our judges that judged us, by bringing upon us a great evil: for under the whole heaven hath not been done as hath been done upon Jerusalem. 13 As it is written in the law of Moses, all this evil is come upon us: yet made we not our prayer before the LORD our God, that we might turn from our iniquities, and understand thy truth. 14 Therefore hath the LORD watched upon the evil, and brought it upon us: for the LORD our God is righteous in all his works which he doeth: for we obeyed not his voice. 15 And now, O Lord our God, that hast brought thy people forth out of

고 주의 진리를 깨닫도록 우리 하나님 여호와의 은총을 간구치 아니하였나이다 14 이러므로 여호와께서 이 재앙을 간직하여 두셨다가 우리에게 임하게 하셨사오니 우리의 하나님 여호와는 행하시는 모든 일이 공의로우시나 우리가 그 목소리를 청종치 아니하였음이니이다 15 강한 손으로 주의 백성을 애굽 땅에서 인도하여 내시고 오늘과 같이 명성을 얻으신 우리 주 하나님이여 우리가 범죄하였고 악을 행하였나이다 16 주여 내가 구하옵나니 주는 주의 공의를 좇으사 주의 분노를 주의 성 예루살렘, 주의 거룩한 산에서 떠나게 하옵소서 이는 우리의 죄와 우리의 열조의 죄악을 인하여 예루살렘과 주의 백성이 사면에 있는 자에게 수욕을 받음이니이다 17 그러하온즉 우리 하나님이여 지금 주의 종의 기도와 간구를 들으시고 주를 위하여 주의 얼굴 빛을 주의 황폐한 성소에 비취시옵소서 18 나의 하나님이여 귀를 기울여 들으시며 눈을 떠서 우리의 황폐된 상황과 주의 이름으로 일컫는 성을 보옵소서 우리가 주의 앞에 간구하옵는 것은

the land of Egypt with a mighty hand, and
hast gotten thee renown, as at this day; we
have sinned, we have done wickedly. 16 O
LORD, according to all thy righteousness,
I beseech thee, let thine anger and thy fury
be turned away from thy city Jerusalem,
thy holy mountain: because for our sins,
and for the iniquities of our fathers, Jerusa-
lem and thy people are become a reproach
to all that are about us. 17 Now therefore,
O our God, hear the prayer of thy servant,
and his supplications, and cause thy face to
shine upon thy sanctuary that is desolate,
for the Lord's sake. 18 O my God, incline
thine ear, and hear; open thine eyes, and
behold our desolations, and the city which
is called by thy name: for we do not pre-
sent our supplications before thee for our
righteousnesses, but for thy great mercies.
19 O Lord, hear; O Lord, forgive; O Lord,
hearken and do; defer not, for thine own

우리의 의를 의지하여 하는 것이 아니요 주의
큰 긍휼을 의지하여 함이오니 19 주여 들으소
서 주여 용서하소서 주여 들으시고 행하소서
지체치 마옵소서 나의 하나님이여 주 자신을
위하여 하시옵소서 이는 주의 성과 주의 백성
이 주의 이름으로 일컫는바 됨이니이다 20 내
가 이같이 말하여 기도하며 내 죄와 및 내 백
성 이스라엘의 죄를 자복하고 내 하나님의 거
룩한 산을 위하여 내 하나님 여호와 앞에 간
구할 때 21 곧 내가 말하여 기도할 때에 이전
이상 중에 본 그 사람 가브리엘이 빨리 날아
서 저녁 제사를 드릴 때 즈음에 내게 이르더
니 22 내게 가르치며 내게 말하여 가로되 다
니엘아 내가 이제 네게 지혜와 총명을 주려
고 나왔나니 23 곧 네가 기도를 시작할 즈음
에 명령이 내렸으므로 이제 네게 고하러 왔느
니라 너는 크게 은총을 입은 자라 그런즉 너
는 이 일을 생각하고 그 이상을 깨달을찌니라
24 네 백성과 네 거룩한 성을 위하여 칠십 이
레로 기한을 정하였나니 허물이 마치며 죄가
끝나며 죄악이 영속되며 영원한 의가 드러나

sake, O my God: for thy city and thy peo-
ple are called by thy name. 20 And whiles
I was speaking, and praying, and confess-
ing my sin and the sin of my people Israel,
and presenting my supplication before the
LORD my God for the holy mountain
of my God; 21 Yea, whiles I was speaking
in prayer, even the man Gabriel, whom I
had seen in the vision at the beginning,
being caused to fly swiftly, touched me
about the time of the evening oblation.
22 And he informed me, and talked with
me, and said, O Daniel, I am now come
forth to give thee skill and understanding.
23 At the beginning of thy supplications
the commandment came forth, and I am
come to shew thee; for thou art greatly
beloved: therefore understand the matter,
and consider the vision. 24 Seventy weeks
are determined upon thy people and upon
thy holy city, to finish the transgression,

며 이상과 예언이 응하며 또 지극히 거룩한
자가 기름부음을 받으리라 25 그러므로 너는
깨달아 알찌니라 예루살렘을 중건하라는 영
이 날 때부터 기름부음을 받은 자 곧 왕이 일
어나기까지 일곱 이레와 육십 이 이레가 지
날 것이요 그 때 곤란한 동안에 성이 중건되
어 거리와 해자가 이룰 것이며 26 육십 이 이
레 후에 기름부음을 받은 자가 끊어져 없어
질 것이며 장차 한 왕의 백성이 와서 그 성읍
과 성소를 훼파하려니와 그의 종말은 홍수에
엄몰됨 같을 것이며 또 끝까지 전쟁이 있으리
니 황폐할 것이 작정되었느니라 27 그가 장차
많은 사람으로 더불어 한 이레 동안의 언약을
굳게 정하겠고 그가 그 이레의 절반에 제사와
예물을 금지할 것이며 또 잔포하여 미운 물건
이 날개를 의지하여 설 것이며 또 이미 정한
종말까지 진노가 황폐케 하는 자에게 쏟아지
리라 하였느니라

and to make an end of sins, and to make reconciliation for iniquity, and to bring in everlasting righteousness, and to seal up the vision and prophecy, and to anoint the most Holy. 25 Know therefore and understand, that from the going forth of the commandment to restore and to build Jerusalem unto the Messiah the Prince shall be seven weeks, and threescore and two weeks: the street shall be built again, and the wall, even in troublous times. 26 And after threescore and two weeks shall Messiah be cut off, but not for himself: and the people of the prince that shall come shall destroy the city and the sanctuary; and the end thereof shall be with a flood, and unto the end of the war desolations are determined. 27 And he shall confirm the covenant with many for one week: and in the midst of the week he shall cause the sacrifice and the oblation to cease, and for the overspreading of abominations he shall make it desolate, even until the consummation, and that determined shall be poured upon the desolate.

The historical fact that Darius, the king of Persia and Chaldea, had united Babylon could have meant for Daniel a stronger assurance in expanding and solidifying his social status. Having gained the trust of king Darius of Mede, Daniel was made leader among the three governors. Hence, for Daniel, there was a greater chance to gain a greater position and status in the society as he was greatly favored by the king. Spiritually speaking, the '70-year-term' prophesied by Jeremiah meant that Darius would became king just two years prior to the promised recovery of Jerusalem. Daniel had never experienced times of stability and spiritual hopefulness as these in the past. According to the prophecy of Jeremiah only two years remained till His return to the native homeland of Jerusalem.

However, in these times of social, historical, and spiritual stability, Daniel goes into crying and fasting. Why does he do this? This was because Daniel knew exactly what caused Israel's spiritual crisis and stagnation, putting aside his personal stability. For hundreds of years,

God has been giving prophecies to his people to help them realize Israel's colonization to Babylon in its decline. He had used prophet Joel to urge the nation to repent with nationwide fasting and prayers, making them turn from the sinfully contaminated Ahab dynasty. However, His people refused to obey

다리오가 페르시아뿐만 아니라 갈대아의 왕이 되어 바빌론을 병합한 역사적 사건은 다니엘에게 사회적 지위 측면에서 견고한 입지를 확대하고 보장받는 계기가 될 수 있다. 다니엘은 메대 사람 다리오 왕에게 신임을 얻어 세 명의 총리 중에서도 우두머리였다. 따라서 메대를 넘어 바빌론까지 제패한 다리오 왕에게 총애 받는 신하로서 다니엘의 사회적 지위와 위세는 더욱 확대, 보장될 가능성이 크다.

또한, 영적으로도 다리오가 바벨론의 왕으로 즉위한 원년은 예레미야가 예언한 70년의 기한, 즉 예루살렘의 회복이 겨우 2년 남짓 남은 시점이었다. 다니엘에게 이처럼 영적으로 확고히 소망을 품을 수 있었던 기간은 좀처럼 없었을 것이다. 예레미야의 예언에 따르면 이제 이태 뒤면 예루살렘 고토로 돌아갈 기대가 성취되는 셈이다.

그런데 이러한 사회적, 역사적, 영적 안정기라고 느껴지는 시기에 도리어 다니엘은 울며 금식하며 기도한다. 왜일까? 다니엘은 자기 안정감을 뒤로 할 만큼 이스라엘의 영적 위기와 침체의 원인을 정확하게 분석하고 있었기 때문이다.

하나님은 이스라엘이 타락해서 결국 바벨론에 병합될 것을 수백 년 전부터 예언해 오셨다. 아합 왕조의 타락으로 인해 죄로 오염된 이스라엘과 유다에 하나님은 선지자 요엘 등을 보내 국가적으로 금식하며 기도하고 회개함으로 돌이킬 것을 촉구하셨다. 그러나 이 명령은 그들의 불순종으로 끝내 성취되지 않았다.

다니엘은 예레미야 선지자가 예언하였던 고토로 돌아갈 기한

His commandments and could not be accomplished. Daniel realized that the prophecy of Jeremiah was coming to realization, and that due 70 years was coming to a close in two years. However, he wasn't merely counting the days to return home, but sensed a pending crisis that God's commandments were still not obeyed neither accomplished. He fully understood the will and purpose of God that he did not just want to fill the 70 years, but for Israel to return to the Lord with a fully contrite heart. And with only 2 years remaining to return home, Israel still lacked true fruits of prayer and fasting that were long due requested by God. Daniel didn't see the remaining two years as an automatic accomplishment of God's will.

Thus, he felt desperate to repent and fast, if necessary, by himself, to fulfil God's expectations to recover Israel. When Daniel obeyed God in such a way, denying his personal stability and satisfaction that came from his high social status, God not only fulfilled the promise of the 70 years, but also gave him an eternal promise of the end times which he could not have seen in his own lifetime. When Daniel had been obedient to God's purpose of recovery of the nation, God revealed and entrusted him with the word of eternal judgment and salvation of 70 weeks, a time too difficult to comprehend at the time of the old testament.

We who live the times of the New Testament have seen the

이 거의 차서 70년의 포로기가 겨우 2년 남았다는 것을 알게 됐지만, 시간의 흘러감만을 단순 계산한 것이 아니라 아직 하나님의 마음에 순종하지 않았다는 것에 위기감을 가졌다. 그는 그저 70년을 채우는 것이 하나님의 목적을 성취하는 것이 아니라 이스라엘이 하나님께 전심으로 돌아와 회개하는 것이 하나님의 의도임을 간파했다.

이제 불과 고토로 돌아가야 할 기한이 채 2년밖에 남지 않은 상황이었지만, 이스라엘에서 오래도록 하나님께 촉구 받은 기도와 금식, 회개의 참된 열매를 맺을 조짐이 보이지 않았다. 따라서 다니엘은 시간이 지나 그저 시간상으로 예언이 성취되기를 바라기보다는 이스라엘을 회복하길 원하는 하나님의 기대가 이루어지기 위해 자기 혼자서라도 금식과 기도, 회개로 순종해야 한다는 절박함을 가진 것이다.

자기 안정감과 만족, 보장된 위치를 거절한 채 온전한 순종을 보인 다니엘에게 하나님은 놀랍게도 70년의 포로기와 해방이라는 이스라엘에만 국한된 회복을 약속하는 것을 넘어, 다니엘이 상상할 수도 없는 70이레의 종말을 향한 하나님 나라의 영원한 약속을 맡기며 당부하고 계신다.

구약시대 다니엘이 이스라엘의 회복이 약속된 70년을 위해 순종했을 때 하나님은 그가 이해하기에도 어려운 정도의 시간, 70이레의 영원한 심판과 구원의 말씀을 맡기셨다. 신약시대 우리는 다니엘이 이해했던 것보다 더 많은 구속을 향한 시대와 역사의 진전을 예수님을 통해 보아 알고 있다. 이러한 우리가 주님을 위해

progress of history continuing towards salvation through Jesus than Daniel did. Those of us who have seen this and obey will not merely see a glimpse of history, but will be helping hands that complete the kingdom of God.

순종한다면 주님의 영원한 나라의 구원의 역사를 그저 지켜보는 것을 넘어 하나님 나라를 완성하기까지 나아갈 수 있다.

14. 보관과 해석, 그리고 성취
14. KEEPING AND ANALYSIS, AND ACCOMPLISHMENT

DANIEL 12:8-9

8 And I heard, but I understood not: then
said I, O my Lord, what shall be the end of
these things? 9 And he said, Go thy way,
Daniel: for the words are closed up and
sealed till the time of the end.

다니엘 12:8-9

8 내가 듣고도 깨닫지 못한지라 내가 가로되
내 주여 이 모든 일의 결국이 어떠하겠삽나
이까 9 그가 가로되 다니엘아 갈찌어다 대저
이 말은 마지막 때까지 간수하고 봉함할 것
임이니라

It is surprising to know that Daniel, a person of wisdom and cleverness in the old testament, could only write and record the prophecies he had received, incapable of understanding them(8). Maybe it is obvious that Daniel wasn't able to comprehend the prophecies that were so symbolic and compressive in their meanings, illustrating the details of rises and falls of the empires of the future.

However, in spite of this, Daniel's obedience in faith was something that was so marvelous because he was able to find it in the book of Jeremiah the prophecy about the exile that will end in 70 years. He then gave his everything to the Word and tried to steer the history according to the Word through fasting and prayer.

However, looking in the perspective of the history of God's kingdom, Daniel knew that what he had accomplished in his time was very limited and was only a small part of the big picture. Most of his prophecies had to be sealed because they were too difficult to understand.

Now, take a moment to think about how amazing the Word is to us Christians living in the New Testament. We are not only able to witness the Word historically come true, but also watch as it reaches realization before our own eyes, the Word which Daniel was only able to record in writings without its comprehension. Also, not only do we possess the Word, but are able to clearly obey and accomplish the gospel that will save all the peoples of all nations. The vision of completion of the kingdom of God can be overwhelming; however, anyone can participate in accomplishing it by the gospel simplified to us. We who live the modern days of the New testament are able to accomplish more than Daniel who was a prominently wise and clever figure of the Old testament, as we live a greater era of the gospel. While Daniel was only limited to record and keep sealed the Word, we are able to clearly understand and further accomplish the Word. Look! The Expectation of our Lord for Christians living the New Testament! And so shall we accomplish it!

놀랍게도 구약을 대표하는 지혜와 총명의 인물 다니엘도 본인이 받았던 예언의 말씀들을 적어 보관할 뿐 나 깨닫지 못하였다(8).

워낙 방대하고 긴 제국들의 역사와 종말을 비롯해 미래에 대해 상징적이고 압축적인 말씀들을 받았기 때문에 다 깨닫지 못한 것은 충분히 이해할 수 있다. 그러나 말씀을 받아내는 다니엘의 믿음의 순종은 경이롭다. 왜냐하면, 예레미야서에서 70년 만에 포로기가 끝난다는 예언 한 줄을 찾아내어 그 말씀에 온몸을 걸고 금식과 기도함으로 말씀대로 역사를 가져오기 때문이다.

그러나 거국적인 하나님 나라의 역사의 관점에서 다니엘이 자기 당대에 성취된 예언은 매우 부분적이었고, 다니엘에게 주어진 대부분 예언의 말씀은 무슨 뜻인지 깨닫기 어려워 봉인한 채 보관해야만 했다.

그렇다면 신약시대 우리 그리스도인에게 맡겨진 말씀이 얼마나 놀라운 것인지 돌이켜보라. 우리는 다니엘이 해석도 못 해 겨우 보관만 했던 말씀의 성취를 대부분 역사적으로 목도하였고 이에 대해 상고할 수 있게 되었다. 또한, 고작 말씀을 보관하는 정도가 아니라 모든 민족이 구원을 얻기까지 전해질 단순한 복음을 명쾌히 순종하며 성취할 수 있다. 세상 끝 날까지 모든 민족에게 전해질 하나님 나라의 완성이라는 비전은 압도적이지만 단순한 복음이기에 믿는 성도라면 누구라도 참여할 수 있고 성취할 수 있다.

지혜와 총명의 인물, 구약의 다니엘보다 신약을 살아가는 우리가 더 위대한 복음의 시대를 살아가고 있다. 다니엘이 받은 말씀의 대부분을 이해하지 못하고 보관하는 것에 그쳤다면, 우리는 이 말씀을 명쾌히 이해하고 더 나아가 성취할 수 있게 되었다. 신약을 사는 그리스도인을 향한 주님의 크신 기대를 보라! 그리고 이루어드리라!

15. 바디매오의 자기 겉옷 1

15. BARTIMAEUS AND HIS CLOAK 1

MARK 10:46-52

46 And they came to Jericho: and as he went
out of Jericho with his disciples and a great
number of people, blind Bartimaeus, the son
of Timaeus, sat by the highway side begging.
47 And when he heard that it was Jesus of
Nazareth, he began to cry out, and say, Jesus,
thou son of David, have mercy on me. 48
And many charged him that he should hold
his peace: but he cried the more a great deal,
Thou son of David, have mercy on me. 49
And Jesus stood still, and commanded him
to be called. And they call the blind man, say-
ing unto him, Be of good comfort, rise; he
calleth thee. 50 And he, casting away his gar-
ment, rose, and came to Jesus. 51 And Jesus
answered and said unto him, What wilt thou
that I should do unto thee? The blind man
said unto him, Lord, that I might receive my
sight. 52 And Jesus said unto him, Go thy
way; thy faith hath made thee whole. And
immediately he received his sight, and fol-
lowed Jesus in the way.

마가복음 10:46-52

46 저희가 여리고에 이르렀더니 예수께서 제
자들과 허다한 무리와 함께 여리고에서 나가
실 때에 디매오의 아들인 소경 거지 바디매오
가 길가에 앉았다가 47 나사렛 예수시란 말
을 듣고 소리질러 가로되 다윗의 자손 예수여
나를 불쌍히 여기소서 하거늘 48 많은 사람이
꾸짖어 잠잠하라 하되 그가 더욱 심히 소리질
러 가로되 다윗의 자손이여 나를 불쌍히 여기
소서 하는지라 49 예수께서 머물러 서서 저를
부르라 하시니 저희가 그 소경을 부르며 이
르되 안심하고 일어나라 너를 부르신다 하매
50 소경이 겉옷을 내어버리고 뛰어 일어나 예
수께 나아오거늘 51 예수께서 일러 가라사대
네게 무엇을 하여주기를 원하느냐 소경이 가
로되 선생님이여 보기를 원하나이다 52 예수
께서 이르시되 가라 네 믿음이 너를 구원하였
느니라 하시니 저가 곧 보게 되어 예수를 길
에서 좇으니라

Bartimaeus, a blinded beggar, had a real and powerful faith which made him threw out his cloak to meet Jesus! His faith can be considered something that was truly remarkable and special due to the fact that he had thrown off his cloak even before Jesus healed his blindness!

To the blind man, the cloak was the only possession that was left to him to protect himself! Even today, a cloak means so much since it protects homeless or wanderers from the rain, wind and the cold. Bartimaeus, however, did not throw away his only piece of protection from his blind and beggarly life after his blindness was cured, but rather went up to Jesus even before he had recovered his sight!

He had a steadfast faith that if he went up to Jesus, he will surely be recovered of his blindness. Only after then, obviously, he would not need his cloak any longer, because he would not have to live like before anymore. The stinking life as a blinded beggar was an unbearable form of life that shuddered to go back to it.

Bartimaeus did not seek any other ways in his stinking life, but looked at Jesus only. He was convinced by the future that he saw through Jesus. He didn't have a house. He had nothing. The only protection he had in the past was a smelly piece of cloak. For some people, being attached too much to the past even after having met the savior Jesus Christ cannot let go of

소경이자 거지였던 바디매오가 보인 믿음의 결단은 실제적이고 강력하다. 왜냐하면 그는 자신의 전부인 겉옷을 내던지고 예수님을 따랐기 때문이다. 더군다나 멀어있던 눈이 낫기도 전에 먼저 자기 겉옷을 버려두고 예수님을 좇았다는 점에서 그의 믿음은 실로 대단하다!

눈먼 거지에게 겉옷은 곧 자기를 보호할 모든 것이나 마찬가지다! 오늘날의 부랑자나 거지가 그러하듯, 겉옷은 집 없는 이들에게 추위나 헐벗음, 비, 바람을 가려줄 유일한 자기 보호의 수단이며 곧 그가 가진 모든 것이다. 바디매오는 눈이 나은 후에 소경과 거지 생활 가운데 자기를 보호해 줄 유일한 수단인 자기 겉옷을 버린 것이 아니었다. 보라! 그는 낫기도 전에 겉옷을 버려두고 예수님 앞으로 나아갔다!

그에게는 예수님 앞에 나아가면 반드시 낫게 될 것이라는 강력한 믿음이 있었다. 고침을 받고 나면 당연히 거지의 겉옷이 더 이상 필요가 없게 된다. 예수님을 만나 고침 받고 구원을 얻으면 더 이상 거지와 소경으로 살지 않아도 되니까 말이다. 바디매오에게 냄새나는 거지의 삶과 보지 못하는 소경의 삶은 절대 머물 수 없는 진저리 쳐지는 삶이다!

바디매오는 진저리 쳐지는 인생을 구원받기 위해 예수님 외에는 다른 방법을 구하지 않았다. 그는 보이지 않지만 믿음으로 예수님을 통해 얻을 구원과 미래를 확신했다. 바디매오에게 허락되었던 옛날의 자기 보호처는 집도 절도 아닌 고작 냄새나는 거지의 겉옷뿐이었었지만, 어떤 이들은 구원자 예수님을 만나고도 과거

their old methods of self-protection.

It is not uncommon to see people holding onto their own methods of protection before encountering Jesus. However, like Bartimaeus, we must do the same by throwing off our cloaks before meeting Jesus. We cannot serve Him along with many other methods of protection, because he is the only one true source of salvation that is distinguished from the past sins of Adam and ways of self-help-salvations.

에 자기를 보호했던 유일한 수단이었던 것에 길들여져 그것에 더욱 집착하고 버리지 못한다.

누구에게나 예수님을 만나기 전에 취했던 자기 보호와 방어의 수단이 있을 수 있다. 그러나 예수님은 다른 구원이나 방어와 병행해서 섬길 수 없기에 바디매오가 예수님을 만나자마자 자기 겉옷을 버렸듯 자기 보호와 자기 구원의 방법을 스스로 버려야 한다. 그분은 아담의 망가진 과거와 허물어질 자기 구원의 방법들과는 다른 이 세상의 유일한 구원처이시기 때문이다!

16. 바디매오의 자기 겉옷 2

16. BARTIMAEUS AND HIS CLOAK 2

MARK 10:46-52

46 And they came to Jericho: and as he went
out of Jericho with his disciples and a great
number of people, blind Bartimaeus, the son
of Timaeus, sat by the highway side begging.
47 And when he heard that it was Jesus of
Nazareth, he began to cry out, and say, Jesus,
thou son of David, have mercy on me. 48
And many charged him that he should hold
his peace: but he cried the more a great deal,
Thou son of David, have mercy on me. 49
And Jesus stood still, and commanded him
to be called. And they call the blind man,
saying unto him, Be of good comfort, rise;
he calleth thee. 50 And he, casting away his
garment, rose, and came to Jesus. 51 And
Jesus answered and said unto him, What
wilt thou that I should do unto thee? The
blind man said unto him, Lord, that I might
receive my sight. 52 And Jesus said unto him,
Go thy way; thy faith hath made thee whole.
And immediately he received his sight, and
followed Jesus in the way.

마가복음 10:46-52

46 저희가 여리고에 이르렀더니 예수께서 제
자들과 허다한 무리와 함께 여리고에서 나가
실 때에 디매오의 아들인 소경 거지 바디매오
가 길가에 앉았다가 47 나사렛 예수시란 말
을 듣고 소리질러 가로되 다윗의 자손 예수여
나를 불쌍히 여기소서 하거늘 48 많은 사람이
꾸짖어 잠잠하라 하되 그가 더욱 심히 소리질
러 가로되 다윗의 자손이여 나를 불쌍히 여기
소서 하는지라 49 예수께서 머물러 서서 저를
부르라 하시니 저희가 그 소경을 부르며 이
르되 안심하고 일어나라 너를 부르신다 하매
50 소경이 겉옷을 내어버리고 뛰어 일어나 예
수께 나아오거늘 51 예수께서 일러 가라사대
네게 무엇을 하여주기를 원하느냐 소경이 가
로되 선생님이여 보기를 원하나이다 52 예수
께서 이르시되 가라 네 믿음이 너를 구원하였
느니라 하시니 저가 곧 보게 되어 예수를 길
에서 좇으니라

Why did the almighty Lord act as if he had not heard the first shout of Bartimaeus, but had heard him only after his second? Had Jesus intended to compel stronger desperate screams from Bartimaeus? 'Beg me even more!?' Was this something Jesus wanted? Was it God almighty's intention to squeeze out more desperate screams from Bartimaeus who had already been living all his life as a blinded beggar?

As we all know, the name Bartimaeus means 'son of Timaeus.' This meant that Bartimaeus, too, once had an earthly father, called Timaeus, who is not there with him now. Even if he is still alive, it would have been very difficult for him to take care of his own son and keep him away from wandering the streets to beg.

Bartimaeus lived all his life as a beggar, and as all other beggars were, he was familiar with rejection.

Then, why did Jesus neglect Bartimaeus in his first scream of entreaty, but turned at the second time?

Jesus had done this so that Bartimaeus would be able to overcome the obstacles of his life, the life that was rejected by his father and everyone else around him. Jesus acted as if he had not heard Bartimaeus' cry to test him whether he would regard God as an irresponsible being who denies and rejects constantly, as did the limited world and its people, or regard him as an unlimited source of grace amongst scornful voices(48) to quiet him down.

When we put our hopes in God, we have to choose whether we would treat Him like the way a sinful and limited world does, or acknowledge Him as God of love who transcends the world that is filled with rejection, denial, and irresponsibleness. Life is like a race of hurdles; contestants are able to jump over obstacles with the help of the coach's training (grace) and discover our God is greater than the world.

전능하신 주님께서는 왜 소경이자 거지인 바디매오의 청원을 처음에는 못 들은 척 거절하시다가 두 번째 소리 지를 때에야 응답하시는 걸까? 내게 더 빌어보거라 하는 식으로 바디매오의 간절함을 끌어내기 위함일까? 참혹한 어둠 속에 갇혀 평생을 구걸로 살아가야 했던 불쌍한 거지 바디매오를 전능하신 하나님이 일부러 구걸하게 만드시는 걸까?

소경이자 거지인 바디매오는 본문에서 말하는 것처럼 디매오의 아들이라는 뜻이다. 그에게도 디매오라는 육신의 아비가 있었지만 그는 제 아들 바디매오가 소경이 되고 거지가 되어 길거리에 나돌며 구걸하며 살게 되었어도, 그 곁에서 그와 함께하며 그를 보호하거나 책임질 수 없었다.

또한, 바디매오는 자기 생애를 거지로 구걸하며 살아오면서 거절 받는 일이 예사였고 평생을 그렇게 길들여졌다. 그렇다면 예수님은 왜 처음에는 바디매오의 간절한 요청을 모르는 척하시다가 두 번째에야 들어주셨을까?

그것은 아버지로부터 버려지고 사람들로부터 항상 거절당했던 그의 인생의 장애물을 뛰어넘게 하기 위해서이다. 예수님이 처음에 짐짓 바디매오의 외침을 듣지 못하신 것처럼 행동하심으로 바디매오는 그 순간 많은 사람의 '잠잠하라'는 반대 속에 처하게 된다(48). 이런 상황을 통해 예수님은 바디매오가 이전에 그가 마주했던 제한된 세상이나 사람들과 마찬가지로 하나님을 거부와 거절을 되풀이하는 무책임한 존재로 바라볼 것인지, 아니면 그것을 뛰어넘는 무한한 은혜의 존재로 대할 것인지 훈련하게 하신다.

인생은 전능하신 하나님 아버지께 소망을 둘 때, 죄악 된 세상에 길들여져 제한된 크기로 하나님을 대할 것인지, 아니면 거절과 거부와 무책임의 세상을 뛰어넘는 무한한 사랑의 아버지로 대할 것인지 선택해야 한다. 삶은 마치 수많은 장애물을 뛰어넘어 결승점에 도달하는 달리기 경주와 같아서 수많은 장애물이 연속적으로 놓여 있다. 그러나 장애물 달리기 선수가 코치의 훈련을 통해 장애물을 뛰어넘을 수 있음을 알게 되는 것처럼, 삶은 우리에게 이 모든 것을 능히 이길 수 있다고 말씀하시는 은혜의 존재이며 세상보다 크신 하나님을 발견하게 하는 경주이다.

17. 부수적인 영광과 본질적인 영광

17. COLLATERAL GLORY VS FUNDAMENTAL GLORY

REVELATION 21:21-24

21 And the twelve gates were twelve
pearls: every several gate was of one pearl:
and the street of the city was pure gold,
as it were transparent glass. 22 And I saw
no temple therein: for the Lord God Al-
mighty and the Lamb are the temple of
it. 23 And the city had no need of the sun,
neither of the moon, to shine in it: for the
glory of God did lighten it, and the Lamb
is the light thereof. 24 And the nations of
them which are saved shall walk in the
light of it: and the kings of the earth do
bring their glory and honour into it.

요한계시록 21:21-24

21 그 열 두 문은 열 두 진주니 문마다 한 진
주요 성의 길은 맑은 유리 같은 정금이더라
22 성안에 성전을 내가 보지 못하였으니 이는
주 하나님 곧 전능하신 이와 및 어린 양이 그
성전이심이라 23 그 성은 해나 달이 비췸이
쓸데 없으니 이는 하나님의 영광이 비취고 어
린 양이 그 등이 되심이라 24 만국이 그 빛 가
운데로 다니고 땅의 왕들이 자기 영광을 가지
고 그리로 들어오리라

The glory of the city walls and the gates of Jerusalem maybe a shiny one, but actually it is collateral and limited. Growing up in Jerusalem as a child, Apostle John must have seen the city walls and the temple. Surely, he must have felt perplexed when he saw the New Jerusalem in Heaven that revealed before his eyes.

And, rightly so, he must have been puzzled to see it, since one would usually expect to see the temple after pass by the walls and gates that carved with splendorous jewels and precious gems. John, however, did not see anything physical that fulfills his expectation about the city!

Physical structures of the walls and gates only exist to protect the temple. Without the physical presence of a physical temple there is no need for physical walls or the gates. Seeing the absence of a physical temple could have made John confused at first. However, soon, he must have been exceedingly happy to see something even better because the Lamb, Himself, is the temple and His glory cannot be compared to the physical temple.

The glory of gold and precious jewels of the city walls and gates, and the glory of the great pearl are all collateral, and functionally obsolete. The Lamb is the temple and it doesn't need to be protected by anything. The glory of the Lamb makes the lights of the sun and the moon useless; there is no

사도 요한이 계시 중에 보았던 새 예루살렘 도성의 성벽과 성문의 영광은 찬란하지만, 결국 그 안에 성전에 비하면 부수적이며 제한적이다.

실제로 예루살렘의 성전과 성벽을 보면서 유년 시절을 보냈을 사도 요한에게 하늘의 예루살렘에 대해 계시하시고 보여주실 때 그의 기대는 매우 높았을 것이다. 그러나 그가 하늘의 예루살렘을 보게 되었을 때 매우 당혹스러워 했을지 모른다.

하늘의 예루살렘 앞에서 오색찬란한 보석과 영광으로 아로새겨진 성벽과 성문을 지나면서 가장 핵심이 되는 성전의 영광을 더욱 기대했을 것인데 정작 성전이 나와야 할 곳에 성전이 없기 때문이다.

본래 물리적 구조로써 성벽과 성문의 기능은 물리적 구조의 성전을 보호하는 것에 있는데 하늘의 예루살렘에서 애초에 성전이 없을 바에야 물리적 성벽과 성문은 기능상 쓸모가 없을 것이다. 그럼에도 하늘의 예루살렘에 성벽과 성문은 엄청난 보석과 영광으로 빛나고 있는 것이다.

요한이 하늘의 예루살렘에 성전이 없는 것을 보았을 때 매우 당혹했을 것이나 그는 이내 더 좋은 것을 보게 된다. 그로 인해 요한은 오히려 어떠한 보석으로 치장한 아름다운 성전을 볼 때보다 더 기뻐했을지 모른다. 물리적 구조의 성전보다 위대한 어린 양이 성전 자체이시며 영광이시기 때문이다.

아무리 성벽과 성문에 금과 보석이 아로새겨져 있으며 거대한 진주 하나로 영광을 나타낸다 하여도 성전이 없을 때 그것은 기

night, nor the closure of the gates. The walls and their lights and the protection they provide are all functionally useless!

Only the glory of the Lamb will remain in Heaven. The sun, moon, gates, and the walls may have their glories, but nothing that can be comparable to that of the Lamb. Needless to say of the glories of this world! All will be discarded in Heaven. However, there is glory that remains in the temple, before the Lamb, which is the glory of the nations! Two things are absolutely essential for the completion of the kingdom of heaven; the glory of the Lamb of God and of all nations! Seek the glory of the Lamb for your whole life! Take actions for the glory that converts the darkness of all nations into light. This is the very essential of a glorious life. Live only to complete the glory of God's kingdom!

능상 쓸모없으며 그들의 영광도 부수적이다. 어린 양이 성전이라면 그는 보호 받을 필요가 없다. 어린 양이 영광 그 자체이므로 해와 달의 빛이 비침이 쓸데없기에 그곳에는 밤도 없으며 성문도 여닫을 필요가 없어 쓸모가 없다. 성벽의 반영도 보호도 기능상 쓸모없다!

그렇다. 천국에는 어린 양의 영광만이 남는다. 또한 성벽과 해와 달 성문의 영광도 각기 의미가 있겠지만 성전 어린 양의 영광에 비하거나 근접할 수 없다. 세상의 자기 영광은 다 말할 것도 없다! 그것은 천국에서 아예 폐하여진다. 그러나 한 가지, 성전 어린 양 앞까지 가지고 들어가는 영광이 있는데 이는 모든 민족의 영광이나! 천국이 완성되기 위해 두 가지 필수불가결한 필요충분조건, 하나님 어린 양의 영광과 모든 민족의 영광일 것이다! 평생 어린 양의 영광을 구하라! 모든 민족의 어둠을 바꿀 영광을 위해 행전하라! 이것이 천국을 두르는 본질적인 영광의 삶이다. 하나님 나라 완성의 영광만을 위해 살라!

18. 주님의 발등상
18. LORD'S FOOTSTOOL

PSALMS 132

1 Lord, remember David, and all his afflic-
tions: 2 How he sware unto the LORD,
and vowed unto the mighty God of Jacob;
3 Surely I will not come into the tabernacle
of my house, nor go up into my bed; 4 I will
not give sleep to mine eyes, or slumber to
mine eyelids, 5 Until I find out a place for
the LORD, an habitation for the mighty
God of Jacob. 6 Lo, we heard of it at Ephra-
tah: we found it in the fields of the wood.
7 We will go into his tabernacles: we will
worship at his footstool. 8 Arise, O LORD,
into thy rest; thou, and the ark of thy
strength. 9 Let thy priests be clothed with
righteousness; and let thy saints shout for
joy. 10 For thy servant David's sake turn
not away the face of thine anointed. 11
The LORD hath sworn in truth unto Da-
vid; he will not turn from it; Of the fruit
of thy body will I set upon thy throne. 12
If thy children will keep my covenant and

시편 132

1 여호와여 다윗을 위하여 그의 모든 근심한
것을 기억하소서 2 저가 여호와께 맹세하며
야곱의 전능자에게 서원하기를 3 내가 실로
나의 거하는 장막에 들어가지 아니하며 내 침
상에 오르지 아니하며 4 내 눈으로 잠들게 아
니하며 내 눈꺼풀로 졸게 아니하기를 5 여호
와의 처소 곧 야곱의 전능자의 성막을 발견하
기까지 하리라 하였나이다 6 우리가 그것이
에브라다에 있다 함을 들었더니 나무 밭에서
찾았도다 7 우리가 그의 성막에 들어가서 그
발등상 앞에서 경배하리로다 8 여호와여 일
어나사 주의 권능의 궤와 함께 평안한 곳으로
들어 가소서 9 주의 제사장들은 의를 입고 주
의 성도들은 즐거이 외칠찌어다 10 주의 종 다
윗을 위하여 주의 기름 받은 자의 얼굴을 물
리치지 마옵소서 11 여호와께서 다윗에게 성
실히 맹세하셨으니 변치 아니하실찌라 이르
시기를 네 몸의 소생을 네 위에 둘찌라 12 네
자손이 내 언약과 저희에게 교훈하는 내 증거
를 지킬찐대 저희 후손도 영원히 네 위에 앉
으리라 하셨도다 13 여호와께서 시온을 택하

my testimony that I shall teach them, their
children shall also sit upon thy throne for
evermore. 13 For the LORD hath chosen
Zion; he hath desired it for his habitation.
14 This is my rest for ever: here will I dwell;
for I have desired it. 15 I will abundantly
bless her provision: I will satisfy her poor
with bread. 16 I will also clothe her priests
with salvation: and her saints shall shout
aloud for joy. 17 There will I make the horn
of David to bud: I have ordained a lamp
for mine anointed. 18 His enemies will I
clothe with shame: but upon himself shall
his crown flourish.

시고 자기 거처를 삼고자 하여 이르시기를 14
이는 나의 영원히 쉴 곳이라 내가 여기 거할
것은 이를 원하였음이로다 15 내가 이 성의
식료품에 풍족히 복을 주고 양식으로 그 빈민
을 만족케 하리로다 16 내가 그 제사장들에
게 구원으로 입히리니 그 성도들은 즐거움으
로 외치리로다 17 내가 거기서 다윗에게 뿔이
나게 할 것이라 내가 내 기름 부은 자를 위하
여 등을 예비하였도다 18 내가 저의 원수에게
는 수치로 입히고 저에게는 면류관이 빛나게
하리라 하셨도다

In Old Testaments, the writer of Psalms described the ark that has Lord's glory as Lord's footstool. It is a support to hold foot. The writer likened the ark to a fire coming from heaven and falls down to the earth to light the place in advance for Lord's foot. That also means the ark makes the enemy, i.e., the darkness in the world its footstool and lights and burns the darkness with the fire of glory(Luke 20:43). This is like Lord's giant and universal body, the churches rise and stoke a small flame coming from heaven to make a place for His glory on the earth. It is a light that shines for His way that he is going to take, not for my way! Let the light go in advance for King's way where He wants to go like a light for King's visit at night, drive out the darkness and the Lord take the enemies as His footstool.

시편 기자는 구약 시대 주님의 영광이 있던 법궤를 주님의 발등상이라고 묘사한다. 발등상은 발을 올려놓기 위한 용도로 상 모양을 한 받침이다. 시편 기자는 언약궤가 마치 하늘로부터 점화된 불꽃 하나가 어둠이 가득한 땅에 떨어져 주님이 딛을 발걸음의 자리를 밝히는 것처럼 상징화하여 말하고 있다. 그것은 또한 이 땅의 어둠의 대적들을 발로 밟아 영광의 불꽃으로 밝히고 태우는 일이 된다(눅 20:43).

이것은 주님의 몸인 교회가 우주적 규모로 일어나서 어두운 이 땅을 하늘로부터 내려온 불꽃으로 밝히는 것과 같으며, 그것은 곧 주님의 영광의 자리를 만드는 일이다. 그것은 절대 내가 정하여 가는 걸음이 아니라, 주님이 걸어가고자 하시는 발걸음을 따라가며 비추는 등불과 같다!

어두운 밤, 야행을 나온 왕의 행차를 비추는 빛처럼 왕이 가고자 하는 발걸음의 앞길을 비추며 어둠의 일을 몰아내고, 대적들로 주님의 발등상으로 삼으시게 하라.

19. 은밀한 시기로 물든 파국

19. CATASTROPHE CAUSED BY SECRET JEALOUSY

1 KINGS 2:13-34

13 And Adonijah the son of Haggith came to Bathsheba the mother of Solomon. And she said, Comest thou peaceably? And he said, Peaceably. 14 He said moreover, I have somewhat to say unto thee. And she said, Say on. 15 And he said, Thou knowest that the kingdom was mine, and that all Israel set their faces on me, that I should reign: howbeit the kingdom is turned about, and is become my brother's: for it was his from the LORD. 16 And now I ask one petition of thee, deny me not. And she said unto him, Say on. 17 And he said, Speak, I pray thee, unto Solomon the king, (for he will not say thee nay,) that he give me Abishag the Shunammite to wife. 18 And Bathsheba said, Well; I will speak for thee unto the king. 19 Bathsheba therefore went unto king Solomon, to speak unto him for Adonijah. And the king rose up to meet

열왕기상 2:13-34

13 학깃의 아들 아도니야가 솔로몬의 모친 밧세바에게 나아온지라 밧세바가 이르되 네가 화평한 목적으로 왔느뇨 대답하되 화평한 목적이니이다 14 또 가로되 내가 말씀할 일이 있나이다 밧세바가 가로되 말하라 15 저가 가로되 당신도 아시는바여니와 이 왕위는 내 것이었고 온 이스라엘은 다 얼굴을 내게로 향하여 왕을 삼으려 하였는데 그 왕위가 돌이켜 내 아우의 것이 되었음은 여호와께로 말미암음이니이다 16 이제 내가 한가지 소원을 당신에게 구하오니 내 얼굴을 괄시하지 마옵소서 밧세바가 가로되 말하라 17가로되 청컨대 솔로몬왕에게 말씀하여 저로 수넴 여자 아비삭을 내게 주어 아내를 삼게 하소서 왕이 당신의 얼굴을 괄시치 아니하리이다 18 밧세바가 가로되 좋다 내가 너를 위하여 왕께 말하리라 19 밧세바가 이에 아도니야를 위하여 말하려고 솔로몬왕에게 이르니 왕이 일어나 영접하여 절한 후에 다시 위에 앉고 그 모친을 위하여 자리를 베풀게 하고 그 우편에 앉게 하는지라 20 세바가 이르되 내가 한가지 작은 일

her, and bowed himself unto her, and sat down on his throne, and caused a seat to be set for the king's mother; and she sat on his right hand. 20 Then she said, I desire one small petition of thee; I pray thee, say me not nay. And the king said unto her, Ask on, my mother: for I will not say thee nay. 21 And she said, Let Abishag the Shunammite be given to Adonijah thy brother to wife. 22 And king Solomon answered and said unto his mother, And why dost thou ask Abishag the Shunammite for Adonijah? ask for him the kingdom also; for he is mine elder brother; even for him, and for Abiathar the priest, and for Joab the son of Zeruiah. 23 Then king Solomon sware by the LORD, saying, God do so to me, and more also, if Adonijah have not spoken this word against his own life. 24 Now therefore, as the LORD liveth, which hath established

로 왕께 구하오니 내 얼굴을 괄시하지 마소서 왕이 대답하되 내 어머니여 구하시옵소서 내가 어머니의 얼굴을 괄시하지 아니하리이다 21 가로되 청컨대 수넴 여자 아비삭을 아도니야에게 주어 아내를 삼게 하소서 22 솔로몬왕이 그 모친에게 대답하여 가로되 어찌하여 아도니야를 위하여 수넴 여자 아비삭을 구하시나이까 저는 나의 형이오니 저를 위하여 왕위도 구하옵소서 저뿐 아니라 제사장 아비아달과 스루야의 아들 요압도 위하여 구하옵소서 하고 23 여호와를 가리켜 맹세하여 가로되 아도니야가 이런 말을 하였은즉 그 생명을 잃지 아니하면 하나님은 내게 벌 위에 벌을 내리심이 마땅하니이다 24 나를 세워 내 부친 다윗의 위에 오르게 하시고 허락하신 말씀대로 나를 위하여 집을 세우신 여호와의 사심을 가리켜 맹세하노니 아도니야는 오늘날 죽임을 당하리라 하고 25 여호야다의 아들 브나야를 보내매 저가 아도니야를 쳐서 죽였더라 26 왕이 제사장 아비아달에게 이르되 네 고향 아나돗으로 가라 너는 마땅히 죽을 자로되 네가 내

me, and set me on the throne of David my
father, and who hath made me an house,
as he promised, Adonijah shall be put
to death this day. 25 And king Solomon
sent by the hand of Benaiah the son of
Jehoiada; and he fell upon him that he
died. 26 And unto Abiathar the priest
said the king, Get thee to Anathoth, unto
thine own fields; for thou art worthy of
death: but I will not at this time put thee
to death, because thou barest the ark of
the LORD God before David my father,
and because thou hast been afflicted in
all wherein my father was afflicted. 27 So
Solomon thrust out Abiathar from being
priest unto the LORD; that he might fulfil
the word of the LORD, which he spake
concerning the house of Eli in Shiloh. 28
Then tidings came to Joab: for Joab had
turned after Adonijah, though he turned
not after Absalom. And Joab fled unto the

부친 다윗 앞에서 주 여호와의 궤를 메었고
또 내 부친이 모든 환난을 받을 때에 너도 환
난을 받았은즉 내가 오늘날 너를 죽이지 아니
하노라 하고 27 아비아달을 쫓아내어 여호와
의 제사장 직분을 파면하니 여호와께서 실로
에서 엘리의 집에 대하여 하신 말씀을 응하게
함이더라 28 그 소문이 요압에게 들리매 저가
여호와의 장막으로 도망하여 단 뿔을 잡으니
이는 저가 다윗을 떠나 압살롬을 좇지 아니하
였으나 아도니야를 좇았음이더라 29 혹이 솔
로몬왕에게 고하되 요압이 여호와의 장막으
로 도망하여 단 곁에 있나이다 솔로몬이 여
호야다의 아들 브나야를 보내며 가로되 너는
가서 저를 치라 30 브나야가 여호와의 장막에
이르러 저에게 이르되 왕께서 나오라 하시느
니라 저가 대답하되 아니라 내가 여기서 죽겠
노라 브나야가 돌아가서 왕께 고하여 가로되
요압이 이리이리 내게 대답하더이다 31 왕이
이르되 저의 말과 같이 하여 저를 죽여 묻으
라 요압이 까닭 없이 흘린 피를 나와 내 부친
의 집에서 네가 제하리라 32 여호와께서 요압

tabernacle of the LORD, and caught hold
on the horns of the altar. 29 And it was
told king Solomon that Joab was fled unto
the tabernacle of the LORD; and, behold,
he is by the altar. Then Solomon sent Be-
naiah the son of Jehoiada, saying, Go, fall
upon him. 30 And Benaiah came to the
tabernacle of the LORD, and said unto
him, Thus saith the king, Come forth.
And he said, Nay; but I will die here. And
Benaiah brought the king word again, say-
ing, Thus said Joab, and thus he answered
me. 31 And the king said unto him, Do as
he hath said, and fall upon him, and bury
him; that thou mayest take away the in-
nocent blood, which Joab shed, from me,
and from the house of my father. 32 And
the LORD shall return his blood upon
his own head, who fell upon two men
more righteous and better than he, and
slew them with the sword, my father Da-

의 피를 그 머리로 돌려 보내실 것은 저가 자
기보다 의롭고 선한 두 사람을 쳤음이니 곧
이스라엘 군대장관 넬의 아들 아브넬과 유다
군대장관 예델의 아들 아마사를 칼로 죽였음
이라 이 일을 내 부친 다윗은 알지 못하셨나
니 33 저희의 피는 영영히 요압의 머리와 그
자손의 머리로 돌아 갈찌라도 다윗과 그 자손
과 그 집과 그 위에는 여호와께로 말미암은
평강이 영원히 있으리라 34 여호야다의 아들
브나야가 곧 올라가서 저를 쳐죽이매 저가 거
친 땅에 있는 자기의 집에 매장되니라

vid not knowing thereof, to wit, Abner the son of Ner, captain of the host of Israel, and Amasa the son of Jether, captain of the host of Judah. 33 Their blood shall therefore return upon the head of Joab, and upon the head of his seed for ever: but upon David, and upon his seed, and upon his house, and upon his throne, shall there be peace for ever from the LORD. 34 So Benaiah the son of Jehoiada went up, and fell upon him, and slew him: and he was buried in his own house in the wilderness.

Why did Bathsheba accept Adonijah's arrogant and impolite request? Wasn't she enough to be wise to catch Adonijah's ambition of taking Abishag who had served the previous king? Getting the woman who stayed at the former king's bed was the symbol of succeeding the throne according to the king's culture in Middle East.

His treason already failed so his ambitious request of taking Abishag is a clear challenge against Solomon's throne. But why did she accept such a risk-taking suggestion that is enough to endanger her son's kingship?

It was not easy for a woman to be loved by king David among his lawful wife and concubines. Of course, she was loved by him for a while. But, a young Abishag took all duty for his life in the end. Which woman wants to be taken the last time with her husband to other women?

Also, Abishag the Shunammite is expected to be the Shulamite. Shulami and Shunam have the same Hebrew phonetic value.

Was it easy for Bathsheba to see Abishag whom both David and her son Solomon had loved if the two were the same person? There is a possibility for Bathsheba to be mindful of Abishag loved at a crucial time by her loving husband and son.

Therefore, Adonijah's action is understandable though his had a record of treason and his request is ridiculous. Bathsheba is wise. But Adonijah thought that his request of taking Abishag out of a palace would be supported by Bathsheba when Bathsheba's jealousy and envy work. And she accepted his plan as he had thought.

Finally, her delicate discomfort and envy of Abishag put on Adonijah's hidden ambers of treason. And, it seemed for her to conspire with him by endangering her son's kingship. Furthermore, it caused family discord of David's sons between Solomon and Adonijah resulting in a tragedy of Adonijah's death. A small and secret jealousy is scarier than an unveiled one.

An uncovered jealousy can be fixed by God's infinite love considering that it comes from a sense of comparison that he is not loved in the limited human society. But a secret jealousy hid from people and God sometimes deceives himself and becomes a dagger. And, it finally hurts or kills himself mentally or spiritually when he feels somebody is more loved or gets more attention than him. That misses a chance to be fixed causing spiritual ruin given that it is hidden even before God.

밧세바는 왜 아도니야의 교만하고 무례한 요구에 순응한 것일까? 선왕을 모시던 여인 아비삭을 취하겠다는 아도니야에게서 야심을 읽지 못할 만큼 어리석었던 것인가? 중동의 왕권문화에서 선왕의 침소에서 지내던 여인을 취할 수 있다는 것은 곧 선왕의 왕권을 잇는 것이 가능하다는 표식이었다.

이미 반역에 한 번 실패한 전력이 있는 아도니야가 아비삭을 취하겠다고 요구하는 것은 솔로몬의 왕권에 대한 명백한 도전임에도 불구하고 밧세바는 어째서 아들 솔로몬의 왕권을 위태롭게 할 만한 요구를 받아들이는 것일까?

다윗 왕의 정실과 비빈들 사이에서 한 여인으로서 끝까지 사랑받는다는 것은 쉽지는 않은 일이었다. 물론 밧세바도 왕의 사랑을 받던 시절이 있었지만, 다윗의 마지막 여생은 젊은 아비삭에게 전적으로 맡겨졌다. 어떤 여인이 남편의 인생에서 마지막 시간을 다른 여인에게 빼앗기길 원하겠는가?

또한, 술람미와 수넴이 히브리어로 표기할 때 음가가 핫슈남밋, 슈남밋으로 같은 것을 볼 때 수넴 여인 아비삭은 술람미 여인으로 추정할 수 있다.

만약 솔로몬이 사랑했던 아가서의 술람미 여인이 수넴 여인 아비삭이라면, 남편 다윗에 이어 아들 솔로몬의 사랑까지 차지한 여인을 바라보는 밧세바의 심정이 편하기만 했을까? 사랑하는 남편과 아들의 사랑을 받으며 그들의 가장 중요한 시간을 함께 보냈을 아비삭에게 밧세바는 은근히 신경이 쓰였을 것이다.

따라서 이미 반역을 꾀한 전력이 있는 아도니야가 밧세바에게

터무니없는 요구를 거리낌 없이 할 수 있었던 정황이 이해된다. 아무리 현명한 밧세바라도 그 심중에 질투와 시기의 감정이 미묘하게 흐르고 있다면, 아비삭을 궁 밖으로 데려가려는 아도니야의 요구에 동조할 것이라 생각했고, 밧세바는 이러한 아도니야의 계산대로 그 요구에 순응한다.

결과적으로 아비삭을 향한 밧세바의 미묘한 불편함과 시기는 아도니야의 숨죽어있던 반역 의지를 살려내면서 왕후가 공모한 반역의 모양이 되어 아들 솔로몬의 왕권을 위태롭게 할 수 있었다. 이는 더 나아가 다윗의 아들들, 솔로몬과 아도니야 사이에서 골육상쟁의 비극을 불러 일으켰다.

노골적으로 드러내는 질투보다 마음속 깊이 감추어 둔 작은 시기가 더 무섭다. 노골적으로 드러내는 질투는 유한한 인간 세계에서 사랑받지 못했다고 느끼는 비교의식의 표출이라는 점에서 무한한 하나님의 사랑으로 교정 받을 가능성이 있다. 그러나 은밀한 시기는 사람들과 하나님 앞에 드러내지 않은 채 자신도 속이는 비수가 되어, 자신보다 주목받거나, 사랑받는다고 느끼는 누군가를 결정적으로 상하게 하거나 정신적 혹은 그 이상으로 영적으로까지 죽인다. 이것은 하나님 앞에서조차 은밀하다는 점에서 교정의 기회를 놓치고 영적 파국에까지 이를 수 있다.

20. 주님과 천국을 보이는 종
20. THE SERVANT WHO SHOWS THE LORD AND THE HEAVEN

REVELATION 22:1-9

1 And he shewed me a pure river of water
of life, clear as crystal, proceeding out of
the throne of God and of the Lamb. 2 In
the midst of the street of it, and on either
side of the river, was there the tree of life,
which bare twelve manner of fruits, and
yielded her fruit every month: and the
leaves of the tree were for the healing of
the nations. 3 And there shall be no more
curse: but the throne of God and of the
Lamb shall be in it; and his servants shall
serve him: 4 And they shall see his face;
and his name shall be in their foreheads.
5 And there shall be no night there; and
they need no candle, neither light of the
sun; for the Lord God giveth them light:
and they shall reign for ever and ever. 6
And he said unto me, These sayings are
faithful and true: and the Lord God of the
holy prophets sent his angel to shew unto
his servants the things which must shortly

요한계시록 22:1-9

1 또 저가 수정 같이 맑은 생명수의 강을 내
게 보이니 하나님과 및 어린 양의 보좌로부터
나서 2 길 가운데로 흐르더라 강 좌우에 생명
나무가 있어 열 두가지 실과를 맺히되 달마다
그 실과를 맺히고 그 나무 잎사귀들은 만국을
소성하기 위하여 있더라 3 다시 저주가 없으
며 하나님과 그 어린 양의 보좌가 그 가운데
있으리니 그의 종들이 그를 섬기며 4 그의 얼
굴을 볼터이요 그의 이름도 저희 이마에 있으
리라 5 다시 밤이 없겠고 등불과 햇빛이 쓸데
없으니 이는 주 하나님이 저희에게 비취심이
라 저희가 세세토록 왕노릇하리로다 6 또 그
가 내게 말하기를 이 말은 신실하고 참된지라
주 곧 선지자들의 영의 하나님이 그의 종들
에게 결코 속히 될 일을 보이시려고 그의 천
사를 보내셨도다 7 보라 내가 속히 오리니 이
책의 예언의 말씀을 지키는 자가 복이 있으리
라 하더라 8 이것들을 보고 들은 자는 나 요
한이니 내가 듣고 볼 때에 이 일을 내게 보이
던 천사의 발 앞에 경배하려고 엎드렸더니 9
저가 내게 말하기를 나는 너와 네 형제 선지

be done. 7 Behold, I come quickly: blessed is he that keepeth the sayings of the prophecy of this book. 8 And I John saw these things, and heard them. And when I had heard and seen, I fell down to worship before the feet of the angel which shewed me these things. 9 Then saith he unto me, See thou do it not: for I am thy fellowservant, and of thy brethren the prophets, and of them which keep the sayings of this book: worship God.

자들과 또 이 책의 말을 지키는 자들과 함께 된 종이니 그리하지 말고 오직 하나님께 경배하라 하더라

What sort of a servant shows the Lord and the heaven(6) to the last apostle John? This servant who proclaims the words of prophecy didn't explain just His words! He didn't only explain about God who will totally heal the nations from sufferings and pain but also showed how God will heal them before John's eyes.

It might not be easy even for the last apostle John to make church members understand the will of the Lord in the reality of Roman persecutions at the time.

"The one who overcomes death with the tree of life and the water of life, the one who wins darkness and night completely with His own glory, the one who shows Himself face to face to persecuted brothers, sisters and servants"

How perfect explanation of God is to the churches and servants in darkness, death and curse by the Roman empire at the right time! Apostle John was touched by his brother and servant of God who not only explained the everlasting Lord and the heaven but also showed him them at the perfect time. What he did was like getting an exact answer for John at the time of persecution. This great and humble servant worshipped God when John fell down to worship before him as he was overwhelmed by God's words and heaven that he had heard and seen.

How many servants of God want to proclaim God's powerful and overwhelming words through themselves! How many ministers who have fought and achieved great ministries for the Lord want in their mind to be praised by their brothers, sisters and churches!

But, it is not right even for the minister who reveals the overwhelming Lord's body to this earth to take credit for it or to lift himself making hierarchy by comparing other ministers who have small-sized ministry at all. The servants who received God's words may have power. But, all Christians are the same children of the Lord, brothers and sisters and useless servants and can't be divided by different social classes. Ask for the overwhelming Lord to be shown to you but lower yourself before His body and glory.

마지막 남은 사도인 요한에게 직접 주님과 천국을 보여주는(6) 종은 과연 어떠한 존재인가!

대언의 말씀을 하는 이 종은 다만 그분의 말씀을 설명만 하는 것이 아니다! 하나님께서 모든 민족을 저주와 고통에서 완전히 치료하실 모습을 요한의 눈앞에 펼쳐 보여준다!

당시 로마 제국의 박해와 고난의 연속 속에서 사는 성도들에게 주님의 의도를 다 이해시키기란 마지막 남은 사도 요한조차 어려웠을지 모른다.

'생명나무와 생명수로 죽음을 이기시는 분, 어둠과 밤을 자신의 영광으로 완전히 이기시는 분, 고통이나 저주로부터 영원히 지키시는 분, 고난 받는 종들과 얼굴과 얼굴로 만나시는 분'

이는 로마의 박해 속에서 어둠이 가까워 보이고 생사를 넘나드는 와중에 있던 교회와 종들에게 선포되기에 얼마나 시의적절한 주님의 모습이며 천국의 모습이란 말인가! 시의적절하고도 영원한 주님의 모습과 천국을 그저 설명만 하는 것이 아니라 실제로 답을 보여주는 종의 모습에 고난 중에 있던 사도 요한은 감탄을 금치 못했다. 말씀과 천국에 압도된 사도 요한이 종에게 절하려 하자, 탁월하지만 겸손한 종은 그 경배를 주님께 돌리는 겸손함을 놓치지 않는다.

얼마나 많은 사역자가 자신을 통하여 강력하고 압도적인 말씀이 선포되기를 바라는가! 얼마나 많은 사역자가 주님을 위해 고군분투하면서 일궈낸 사역을 동료들과 교회들에 인정받기를 원하는가!

그러나 아무리 압도적인 주님의 몸을 이 땅에 나타낸 사역자라고 하여도 그것이 훈장이 될 수 있거나 사역 규모가 작은 동료 종보다 자신을 높일 수 있는 것은 전혀 아니다. 말씀을 전달받은 권위가 종들에게 있을 수 있으나, 모든 그리스도인은 서로 위계나 계급을 가질 수 없는 주님의 자녀들이요 동료이자 무익한 종일뿐이다. 압도적인 주님이 드러나길 사모하되 그분의 몸과 영광 앞에 자신을 낮추라.

21. 금같은 제왕, 제국 그리고 산돌이신 예수님, 천국

21. THE KING AND THE EMPIRE LIKE GOLD, THE LIVING STONE JESUS AND HEAVEN

DANIEL 2:9-38

9 But if ye will not make known unto me the dream, there is but one decree for you: for ye have prepared lying and corrupt words to speak before me, till the time be changed: therefore tell me the dream, and I shall know that ye can shew me the interpretation thereof. 10 The Chaldeans answered before the king, and said, There is not a man upon the earth that can shew the king's matter: therefore there is no king, lord, nor ruler, that asked such things at any magician, or astrologer, or Chaldean. 11 And it is a rare thing that the king requireth, and there is none other that can shew it before the king, except the gods, whose dwelling is not with flesh. 12 For this cause the king was angry and very furious, and commanded to destroy all the wise men of Babylon. 13 And the decree went forth that the wise men should be slain; and they sought Daniel

다니엘 2:9-38

9 너희가 만일 이 꿈을 나로 알게 하지 아니하면 너희를 처치할 법이 오직 하나이니 이는 너희가 거짓말과 망령된 말을 내 앞에서 꾸며 말하여 때가 변하기를 기다리려 함이니라 이제 그 꿈을 내게 알게 하라 그리하면 너희가 그 해석도 보일줄을 내가 알리라 10 갈대아 술사들이 왕 앞에 대답하여 가로되 세상에는 왕의 그 일을 보일 자가 하나도 없으므로 크고 권력 있는 왕이 이런 것으로 박수에게나 술객에게나 갈대아 술사에게 물은 자가 절대로 있지 아니하였나이다 11 왕의 물으신 것은 희한한 일이라 육체와 함께 거하지 아니하는 신들 외에는 왕 앞에 그것을 보일 자가 없나이다 한지라 12 왕이 이로 인하여 진노하고 통분하여 바벨론 모든 박사를 다 멸하라 명하니라 13 왕의 명령이 내리매 박사들은 죽게 되었고 다니엘과 그 동무도 죽이려고 찾았더라 14 왕의 시위대 장관 아리옥이 바벨론 박사들을 죽이러 나가매 다니엘이 명철하고 슬기로운 말로 15 왕의 장관 아리옥에게 물어 가로되 왕의 명령이 어찌 그리 급하뇨 아리

and his fellows to be slain. 14 Then Dan-
iel answered with counsel and wisdom
to Arioch the captain of the king's guard,
which was gone forth to slay the wise
men of Babylon: 15 He answered and
said to Arioch the king's captain, Why is
the decree so hasty from the king? Then
Arioch made the thing known to Daniel.
16 Then Daniel went in, and desired of
the king that he would give him time, and
that he would shew the king the interpre-
tation. 17 Then Daniel went to his house,
and made the thing known to Hananiah,
Mishael, and Azariah, his companions:
18 That they would desire mercies of the
God of heaven concerning this secret;
that Daniel and his fellows should not
perish with the rest of the wise men of
Babylon. 19 Then was the secret revealed
unto Daniel in a night vision. Then Dan-
iel blessed the God of heaven. 20 Daniel

옥이 그 일을 다니엘에게 고하매 16 다니엘이
들어가서 왕께 구하기를 기한하여 주시면 왕
에게 그 해석을 보여 드리겠다 하니라 17 이
에 다니엘이 자기 집으로 돌아가서 그 동무
하나냐와 미사엘과 아사랴에게 그 일을 고하
고 18 하늘에 계신 하나님이 이 은밀한 일에
대하여 긍휼히 여기사 자기 다니엘과 동무들
이 바벨론의 다른 박사와 함께 죽임을 당치
않게 하시기를 그들로 구하게 하니라 19 이에
이 은밀한 것이 밤에 이상으로 다니엘에게 나
타나 보이매 다니엘이 하늘에 계신 하나님을
찬송하니라 20 다니엘이 말하여 가로되 영원
무궁히 하나님의 이름을 찬송할 것은 지혜와
권능이 그에게 있음이로다 21 그는 때와 기한
을 변하시며 왕들을 폐하시고 왕들을 세우시
며 지혜자에게 지혜를 주시고 지식자에게 총
명을 주시는도다 22 그는 깊고 은밀한 일을 나
타내시고 어두운데 있는 것을 아시며 또 빛
이 그와 함께 있도다 23 나의 열조의 하나님
이여 주께서 이제 내게 지혜와 능력을 주시고
우리가 주께 구한바 일을 내게 알게 하셨사오

answered and said, Blessed be the name
of God for ever and ever: for wisdom
and might are his: 21 And he changeth
the times and the seasons: he removeth
kings, and setteth up kings: he giveth
wisdom unto the wise, and knowledge
to them that know understanding: 22
He revealeth the deep and secret things:
he knoweth what is in the darkness, and
the light dwelleth with him. 23 I thank
thee, and praise thee, O thou God of my
fathers, who hast given me wisdom and
might, and hast made known unto me
now what we desired of thee: for thou
hast now made known unto us the king's
matter. 24 Therefore Daniel went in unto
Arioch, whom the king had ordained to
destroy the wise men of Babylon: he went
and said thus unto him; Destroy not the
wise men of Babylon: bring me in before
the king, and I will shew unto the king the

니 내가 주께 감사하고 주를 찬양하나이다 곧
주께서 왕의 그 일을 내게 보이셨나이다 하
니라 24 이에 다니엘이 왕이 바벨론 박사들을
멸하라 명한 아리옥에게로 가서 이르매 그에
게 이같이 이르되 바벨론 박사들을 멸하지 말
고 나를 왕의 앞으로 인도하라 그리하면 내가
그 해석을 왕께 보여 드리리라 25 이에 아리
옥이 다니엘을 데리고 급히 왕의 앞에 들어가
서 고하되 내가 사로잡혀 온 유다 자손 중에
서 한 사람을 얻었나이다 그가 그 해석을 왕
께 아시게 하리이다 26 왕이 대답하여 벨드사
살이라 이름한 다니엘에게 이르되 내가 얻은
꿈과 그 해석을 네가 능히 내게 알게 하겠느
냐 27 다니엘이 왕 앞에 대답하여 가로되 왕
의 물으신바 은밀한 것은 박사나 술객이나 박
수나 점장이가 능히 왕께 보일 수 없으되 28
오직 은밀한 것을 나타내실 자는 하늘에 계신
하나님이시라 그가 느부갓네살왕에게 후일
에 될 일을 알게 하셨나이다 왕의 꿈 곧 왕이
침상에서 뇌 속으로 받은 이상은 이러하니이
다 29 왕이여 왕이 침상에 나아가서 장래 일

interpretation. 25 Then Arioch brought in
Daniel before the king in haste, and said
thus unto him, I have found a man of the
captives of Judah, that will make known
unto the king the interpretation. 26 The
king answered and said to Daniel, whose
name was Belteshazzar, Art thou able to
make known unto me the dream which I
have seen, and the interpretation thereof?
27 Daniel answered in the presence of
the king, and said, The secret which the
king hath demanded cannot the wise
men, the astrologers, the magicians, the
soothsayers, shew unto the king; 28 But
there is a God in heaven that revealeth
secrets, and maketh known to the king
Nebuchadnezzar what shall be in the lat-
ter days. Thy dream, and the visions of thy
head upon thy bed, are these; 29 As for
thee, O king, thy thoughts came into thy
mind upon thy bed, what should come

을 생각하실 때에 은밀한 것을 나타내시는 이
가 장래 일을 왕에게 알게 하셨사오며 30 내
게 이 은밀한 것을 나타내심은 내 지혜가 다
른 인생보다 나은 것이 아니라 오직 그 해석
을 왕에게 알려서 왕의 마음으로 생각하던 것
을 왕으로 알게 하려 하심이니이다 31 왕이여
왕이 한 큰 신상을 보셨나이다 그 신상이 왕
의 앞에 섰는데 크고 광채가 특심하며 그 모
양이 심히 두려우니 32 그 우상의 머리는 정
금이요 가슴과 팔들은 은이요 배와 넓적다리
는 놋이요 33 그 종아리는 철이요 그 발은 얼
마는 철이요 얼마는 진흙이었나이다 34 또 왕
이 보신즉 사람의 손으로 하지 아니하고 뜨인
돌이 신상의 철과 진흙의 발을 쳐서 부숴뜨
리매 35 때에 철과 진흙과 놋과 은과 금이 다
부숴져 여름 타작마당의 겨 같이 되어 바람에
불려 간곳이 없었고 우상을 친 돌은 태산을
이루어 온 세계에 가득하였었나이다 36 그 꿈
이 이러한즉 내가 이제 그 해석을 왕 앞에 진
술하리이다 37 왕이여 왕은 열왕의 왕이시라
하늘의 하나님이 나라와 권세와 능력과 영광

to pass hereafter: and he that revealeth
secrets maketh known to thee what shall
come to pass. 30 But as for me, this secret
is not revealed to me for any wisdom that
I have more than any living, but for their
sakes that shall make known the interpre-
tation to the king, and that thou mightest
know the thoughts of thy heart. 31 Thou,
O king, sawest, and behold a great im-
age. This great image, whose brightness
was excellent, stood before thee; and the
form thereof was terrible. 32 This image's
head was of fine gold, his breast and his
arms of silver, his belly and his thighs of
brass, 33 His legs of iron, his feet part of
iron and part of clay. 34 Thou sawest till
that a stone was cut out without hands,
which smote the image upon his feet that
were of iron and clay, and brake them to
pieces. 35 Then was the iron, the clay, the
brass, the silver, and the gold, broken to

을 왕에게 주셨고 38 인생들과 들짐승과 공중
의 새들, 어느곳에 있는 것을 무론하고 그것
들을 왕의 손에 붙이사 다 다스리게 하셨으니
왕은 곧 그 금머리니이다

pieces together, and became like the chaff of the summer threshingfloors; and the wind carried them away, that no place was found for them: and the stone that smote the image became a great mountain, and filled the whole earth. 36 This is the dream; and we will tell the interpretation thereof before the king. 37 Thou, O king, art a king of kings: for the God of heaven hath given thee a kingdom, power, and strength, and glory. 38 And wheresoever the children of men dwell, the beasts of the field and the fowls of the heaven hath he given into thine hand, and hath made thee ruler over them all. Thou art this head of gold.

The more powerful authority people have, the more mindful they are of being used by others. Nebuchadnezzar, the strongest king of the time in the world, it doesn't seem to be even easy for the king to cast away doubts about a religious power though he was the most powerful king in the world. He commanded magicians and wise men who had spiritual codes to interpret his dream without sharing the story of his dream......

Daniel interpreted and prophesied that the Babylonian empire would fall and other nations would be set up. Surprisingly, the doubtful king accepted Daniel's prophecy with fear that his empire would be removed. But why did he accept that? It might be a shock for the king because Daniel got information about his dream that the king had not disclosed.

But, Nebuchadnezzar might be far more surprised as if he was gone to his heart because of Daniel's clear interpretation beyond accurate information of the dream. Daniel clearly interpreted gold as Nebuchadnezzar and his empire.

What would happen if he had arbitrarily compared any other kind of metal or stone to his empire?

"King, you are emerald. King! Your empire is like diamond and silver."

Who would trust him if he had interpreted his dream just to flatter him by comparing any luxurious stone or metal to him and his empire's identity?

Is there any logical reason for gold to symbolize Babylon in spite that Nebuchadnezzar already compared himself and his empire as gold in his heart(3:12)? The ancient empire is all about the king's identity and vice versa. Also, ancient kings tried to identify themselves by making an idol with some kind of metal and stone.

We can guess that Nebuchadnezzar was comparing himself and his empire to gold because he had created an idol with gold for him and his empire to show off his arrogance. But slave Daniel already knew what the king was thinking in his heart! Nebuchadnezzar might be very surprised at the Lord's wisdom shown through Daniel that read the king's identity of pride. Getting his dream was surprising.

But, the king might have felt that Daniel's interpretation that read the king's heart that lift up his name and his empire with gold is like an arrow hitting the target. But, it is not easy to think that Nebuchadnezzar lowered himself wholeheartedly through his worship before God of all nations though he got such surprising God's words and prophecy of history. Because the king didn't focus on the history of God's living stone but his identity of empire and made a golden idol.

Concentrating on self-identity becomes a stumbling block for him to meet the living stone Jesus wholeheartedly. He can lift up his name like gold. But resemble Jesus who was deter-

거대 권력일수록 자기 권력이 다른 사람들에게 이용당하는 것을 경계한다. 당대 세계 최고의 권력자였던 느부갓네살 왕은 종교 권력에 대한 의구를 쉽게 씻어버릴 수 없었던 모양이다. 꿈 내용을 이야기하지도 않고 영적인 일을 담당하던 박수나 지혜자들에게 꿈을 알아내 해석하라니…….

그런데 오늘 말씀을 보면 놀랍게도 자신의 제국이 기울어 패망하고 다른 나라들로 대체될 것이라는 다니엘의 예언과 해석을 의심 많은 느부갓네살 왕이 경외함으로 받아들인다. 왜일까? 물론 알려주지도 않은 꿈의 정보를 주님께 받아 알아낸 것도 느부갓네살에게는 충격이었겠지만, 정보의 정확함을 넘어 그 해석의 정교함에 폐부를 찔린 마냥 한층 더 놀랐을 것이다. 왜냐하면 금을 느부갓네살과 그 제국으로 해석하고 있기 때문이다.

단순히 아무 금속이나 광석을 자의적으로 덧붙여 바벨론으로 비유한다면 어떨까?

"왕이시여 당신은 에메랄드입니다, 왕이시여 당신의 제국은 다이아몬드와도 같고 은과도 같습니다."

이런 식으로 아무 화려한 광석과 금속류를 왕에게 아첨하기 위해 가져다가 제왕과 제국의 정체성에 자의적으로 끼워 맞춘다면 과연 누가 그 해석을 믿을까?

꼭 금이 바벨론일 논리적 이유가 있을 수 있을까? 근거가 있다. 느부갓네살은 심중에 이미 자신과 제국을 스스로 금에 비견하고 있었다(3:12). 고대 제국은 곧 왕의 정체요 제왕은 곧 제국의 모든 것이었다. 또한 고대 왕들은 자신과 제국을 상징하는 신상을

mined to be a living stone to obey God. It becomes a stumbling block for him to reveal the Lord's will and His nation when he focuses on his identity and ministry whether he is a non-believer or even Christian or minister.

지어 일정 종류의 금속과 광석의 형질로 자신들의 정체를 규명하려 하였다.

그러므로 느부갓네살이 자신과 제국을 위한 신상을 세우는 교만의 사적을 이룰 때 그 신상을 금으로 만들었다는 점에서, 느부갓네살은 자신과 제국의 정체를 금으로 비기고 있었던 셈인데 노예 다니엘은 이 심중마저 미리 꿰뚫고 있었다! 느부갓네살은 금에 비견하는 자기 정체의 자부심을 단번에 읽어내는 다니엘을 통한 주님의 지혜에 경배할 정도로 매우 놀랐던 모양이다!

꿈의 내용을 알아낸 것도 놀라운데 자신과 제국의 정체를 스스로 금으로 높이는 자신의 심중까지 간파한 다니엘의 해석은 과녁을 꿰뚫는 화살처럼 느껴졌을 것이다. 그러나 이처럼 놀라운 하나님의 말씀과 그분의 역사를 향한 예언을 받았음에도, 느부갓네살의 경배는 아직 만국의 하나님 앞에 완전히 자신을 내려놓은 것이라고 보기 어렵다. 왜냐하면 느부갓네살은 하나님의 산 돌의 역사에 집중하는 게 아니라 곧 자신의 제국의 정체성에 몰입해 이내 금 신상을 만들기 때문이다.

자신의 정체에 집중하는 것은 살아계신 산 돌 예수님을 온전히 만나는데 제약이 된다. 자기를 금처럼 높일 수 있으나 성부께 순종코자 산 돌이 되기로 작정하신 예수님을 본받자. 믿지 않는 자는 물론이거니와 심지어 그가 그리스도인이건 사역자건 자신의 정체와 자기 사역의 정체에 몰입할 때 깨끗한 주님의 뜻과 그분의 나라가 드러나는 데 도리어 걸림돌이 된다.

22. 하나님의 역사 인식
22. GOD'S WAY TO SEE HISTORY

DANIEL 2:30-46

30 But as for me, this secret is not re-
vealed to me for any wisdom that I have
more than any living, but for their sakes
that shall make known the interpreta-
tion to the king, and that thou mightest
know the thoughts of thy heart. 31 Thou,
O king, sawest, and behold a great im-
age. This great image, whose brightness
was excellent, stood before thee; and the
form thereof was terrible. 32 This image's
head was of fine gold, his breast and his
arms of silver, his belly and his thighs of
brass, 33 His legs of iron, his feet part of
iron and part of clay. 34 Thou sawest till
that a stone was cut out without hands,
which smote the image upon his feet that
were of iron and clay, and brake them to
pieces. 35 Then was the iron, the clay, the
brass, the silver, and the gold, broken to
pieces together, and became like the chaff
of the summer threshingfloors; and the

다니엘 2:30-46

30 내게 이 은밀한 것을 나타내심은 내 지혜
가 다른 인생보다 나은 것이 아니라 오직 그
해석을 왕에게 알려서 왕의 마음으로 생각하
던 것을 왕으로 알게 하려 하심이니이다 31
왕이여 왕이 한 큰 신상을 보셨나이다 그 신
상이 왕의 앞에 섰는데 크고 광채가 특심하며
그 모양이 심히 두려우니 32 그 우상의 머리
는 정금이요 가슴과 팔들은 은이요 배와 넓적
다리는 놋이요 33 그 종아리는 철이요 그 발
은 얼마는 철이요 얼마는 진흙이었나이다 34
또 왕이 보신즉 사람의 손으로 하지 아니하
고 뜨인 돌이 신상의 철과 진흙의 발을 쳐서
부숴뜨리매 35 때에 철과 진흙과 놋과 은과
금이 다 부숴져 여름 타작마당의 겨 같이 되
어 바람에 불려 간곳이 없었고 우상을 친 돌
은 태산을 이루어 온 세계에 가득하였었나이
다 36 그 꿈이 이러한즉 내가 이제 그 해석을
왕 앞에 진술하리이다 37 왕이여 왕은 열왕
의 왕이시라 하늘의 하나님이 나라와 권세와
능력과 영광을 왕에게 주셨고 38 인생들과 들
짐승과 공중의 새들, 어느곳에 있는 것을 무

wind carried them away, that no place was
found for them: and the stone that smote
the image became a great mountain,
and filled the whole earth. 36 This is the
dream; and we will tell the interpretation
thereof before the king. 37 Thou, O king,
art a king of kings: for the God of heaven
hath given thee a kingdom, power, and
strength, and glory. 38 And wheresoever
the children of men dwell, the beasts of
the field and the fowls of the heaven hath
he given into thine hand, and hath made
thee ruler over them all. Thou art this
head of gold. 39 And after thee shall arise
another kingdom inferior to thee, and an-
other third kingdom of brass, which shall
bear rule over all the earth. 40 And the
fourth kingdom shall be strong as iron:
forasmuch as iron breaketh in pieces and
subdueth all things: and as iron that brea-
keth all these, shall it break in pieces and

론하고 그것들을 왕의 손에 붙이사 다 다스리
게 하셨으니 왕은 곧 그 금머리니이다 39 왕
의 후에 왕만 못한 다른 나라가 일어날 것이
요 세째로 또 놋 같은 나라가 일어나서 온 세
계를 다스릴 것이며 40 네째 나라는 강하기
가 철 같으리니 철은 모든 물건을 부숴뜨리고
이기는 것이라 철이 모든 것을 부수는 것 같
이 그 나라가 뭇 나라를 부숴뜨리고 빻을 것
이며 41 왕께서 그 발과 발가락이 얼마는 토
기장이의 진흙이요 얼마는 철인 것을 보셨은
즉 그 나라가 나누일 것이며 왕께서 철과 진
흙이 섞인 것을 보셨은즉 그 나라가 철의 든
든함이 있을 것이나 42 그 발가락이 얼마는
철이요 얼마는 진흙인즉 그 나라가 얼마는 든
든하고 얼마는 부숴질만할 것이며 43 왕께서
철과 진흙이 섞인 것을 보셨은즉 그들이 다른
인종과 서로 섞일 것이나 피차에 합하지 아
니함이 철과 진흙이 합하지 않음과 같으리이
다 44 이 열왕의 때에 하늘의 하나님이 한 나
라를 세우시리니 이것은 영원히 망하지도 아
니할 것이요 그 국권이 다른 백성에게로 돌

bruise. 41 And whereas thou sawest the
feet and toes, part of potters' clay, and part
of iron, the kingdom shall be divided; but
there shall be in it of the strength of the
iron, forasmuch as thou sawest the iron
mixed with miry clay. 42 And as the toes
of the feet were part of iron, and part of
clay, so the kingdom shall be partly strong,
and partly broken. 43 And whereas thou
sawest iron mixed with miry clay, they
shall mingle themselves with the seed of
men: but they shall not cleave one to an-
other, even as iron is not mixed with clay.
44 And in the days of these kings shall
the God of heaven set up a kingdom,
which shall never be destroyed: and the
kingdom shall not be left to other people,
but it shall break in pieces and consume
all these kingdoms, and it shall stand for
ever. 45 Forasmuch as thou sawest that
the stone was cut out of the mountain

아가지도 아니할 것이요 도리어 이 모든 나라
를 쳐서 멸하고 영원히 설 것이라 45 왕이 사
람의 손으로 아니하고 산에서 뜨인 돌이 철
과 놋과 진흙과 은과 금을 부숴뜨린 것을 보
신 것은 크신 하나님이 장래 일을 왕께 알게
하신 것이라 이 꿈이 참되고 이 해석이 확실
하니이다 46 이에 느부갓네살왕이 엎드려 다
니엘에게 절하고 명하여 예물과 향품을 그에
게 드리게 하니라

without hands, and that it brake in pieces the iron, the brass, the clay, the silver, and the gold; the great God hath made known to the king what shall come to pass here-
after: and the dream is certain, and the
interpretation thereof sure. 46 Then the
king Nebuchadnezzar fell upon his face, and worshipped Daniel, and commanded that they should offer an oblation and sweet odours unto him.

Did you recognize that dividing of an image into upper and lower body meant a clear division of human history into oriental and western civilization? Second movers, the western countries like the Greek empire of brass and the Roman empire of iron, were influenced by the eastern countries like the Babylonian empire of gold and the Persian empire of silver and so on. But human beings defined history comparing and distinguishing the two.

Daniel described an image as if he already knew that the eastern and western would think themselves differently by dividing the body into two portions based on the navel(32-33) from hundreds years ago, even before Greek, the beginning of the western, established the systemic civilization.

Daniel's prophecy is surprising. He didn't only know the procedure of history from Babylon, to Persia, Greek and Rome but also learned that human history would be divided into the eastern and the western through division of an image into two parts based on the lower part of the abdomen even before Persia became an independent country.

God scans Nebuchadnezzar, nations and empires, and also history, time and the world through Daniel. God doesn't only scan you and your life but also makes you read and interpret the time and history when you stand before God's words.

다니엘이 보았던 신상의 상반신과 하반신의 나뉨이 인류가 역사 전반을 동양문명과 서양문명으로 양분하듯이 정확히 구분되고 있는 점을 보았는가! 서양문명 헬라 놋의 제국과 로마 철의 제국은 후발주자로서 동양문명인 바벨론 금의 제국, 페르시아 은의 제국 등에 영향을 받았지만 인류는 서로 상대적 대비와 구분인식을 가지고 역사 전반을 규정해왔다.

다니엘은 서양문명의 시작인 헬라 족속이 아직 체계적 문명을 이루기 수백 년 전부터 한 신상의 배꼽을 중심으로 상반신과 하반신이 나뉘는 모습(32-33)을 통해 동양과 서양이 서로를 타자로 구분하여 인시할 것을 상징적으로 묘사했다.

다니엘의 예언은 놀랍다. 그는 당시 페르시아조차 신생 분봉국도 되지 못하던 시절에 바벨론, 페르시아, 헬라, 로마로 넘어가는 역사과정을 읽었을 뿐만 아니라 신상의 배꼽을 중심으로 상반신과 하반신을 구분하여 인류 역사가 동양과 서양으로 서로 갈리고 나뉠 것을 이미 읽어냈다.

하나님은 다니엘에게 느부갓네살을 읽게 하고 나라와 제국들을 읽으며 역사와 시대, 세계를 읽게 하셨다. 말씀 앞에 서면 말씀은 당신과 당신의 인생을 읽을 뿐만 아니라 당신을 통해 시대와 역사를 읽게 하시고 해석하게 하신다.

23. 여부스족속 오르난의 타작마당

23. THE THRESHING FLOOR OF ORGAN THE JEBUSITE

1 CHRONICLES 21:15-27, 2 SAMUEL 24:24

15 And God sent an angel unto Jerusalem to destroy it: and as he was destroying, the LORD beheld, and he repented him of the evil, and said to the angel that destroyed, It is enough, stay now thine hand. And the angel of the LORD stood by the threshingfloor of Ornan the Jebusite. 16 And David lifted up his eyes, and saw the angel of the LORD stand between the earth and the heaven, having a drawn sword in his hand stretched out over Jerusalem. Then David and the elders of Israel, who were clothed in sackcloth, fell upon their faces. 17 And David said unto God, Is it not I that commanded the people to be numbered? even I it is that have sinned and done evil indeed; but as for these sheep, what have they done? let thine hand, I pray thee, O LORD my God, be on me, and on my father's house; but not on thy people, that they should be

역대상 21:15-27, 사무엘하 24:24

15 하나님이 예루살렘을 멸하러 사자를 보내셨더니 사자가 멸하려 할 때에 여호와께서 보시고 이 재앙 내림을 뉘우치사 멸하는 사자에게 이르시되 족하다 이제는 네 손을 거두라 하시니 때에 여호와의 사자가 여부스 사람 오르난의 타작 마당 곁에 선지라 16 다윗이 눈을 들어보매 여호와의 사자가 천지 사이에 섰고 칼을 빼어 손에 들고 예루살렘 편을 가리켰는지라 다윗이 장로들로 더불어 굵은 베를 입고 얼굴을 땅에 대고 엎드려 17 하나님께 아뢰되 명하여 백성을 계수하게 한 자가 내가 아니니이까 범죄하고 악을 행한 자는 곧 내니이다 이 양무리는 무엇을 행하였나이까 청컨대 나의 하나님 여호와여 주의 손으로 나와 내 아비의 집을 치시고 주의 백성에게 재앙을 내리지 마옵소서 18 여호와의 사자가 갓을 명하여 다윗에게 이르시기를 올라가서 여부스 사람 오르난의 타작마당에서 여호와를 위하여 단을 쌓으라 하신지라 19 다윗이 이에 갓이 여호와의 이름으로 이른 말씀대로 올라가니라 20 때에 오르난이 밀을 타작하

plagued. 18 Then the angel of the LORD
commanded Gad to say to David, that
David should go up, and set up an altar
unto the LORD in the threshingfloor of
Ornan the Jebusite. 19 And David went
up at the saying of Gad, which he spake
in the name of the LORD. 20 And Ornan
turned back, and saw the angel; and his
four sons with him hid themselves. Now
Ornan was threshing wheat. 21 And as
David came to Ornan, Ornan looked and
saw David, and went out of the threshing-
floor, and bowed himself to David with
his face to the ground. 22 Then David
said to Ornan, Grant me the place of this
threshingfloor, that I may build an altar
therein unto the LORD: thou shalt grant
it me for the full price: that the plague
may be stayed from the people. 23 And
Ornan said unto David, Take it to thee,
and let my lord the king do that which is

다가 돌이켜 천사를 보고 네 아들과 함께 숨
었더니 21 다윗이 오르난에게 나아가매 오르
난이 내어다보다가 다윗을 보고 타작마당에
서 나와서 얼굴을 땅에 대고 절하매 22 다윗
이 오르난에게 이르되 이 타작하는 곳을 내게
붙이라 너는 상당한 값으로 붙이라 내가 여호
와를 위하여 여기 한 단을 쌓으리니 그리하면
온역이 백성 중에서 그치리라 23 오르난이 다
윗에게 고하되 왕은 취하소서 내 주 왕의 좋
게 여기시는대로 행하소서 보소서 내가 이것
들을 드리나이다 소들은 번제물로, 곡식 떠는
기계는 화목으로, 밀은 소제물로 삼으시기 위
하여 다 드리나이다 24 다윗왕이 오르난에게
이르되 그렇지 아니하다 내가 결단코 상당한
값으로 사리라 내가 여호와께 드리려고 네 물
건을 취하지 아니하겠고 값 없이는 번제를 드
리지도 아니하리라 하고 25 그 기지 값으로
금 육백 세겔을 달아 오르난에게 주고 26 다
윗이 거기서 여호와를 위하여 단을 쌓고 번
제와 화목제를 드려 여호와께 아뢰었더니 여
호와께서 하늘에서부터 번제단 위에 불을 내

good in his eyes: lo, I give thee the oxen also for burnt offerings, and the threshing instruments for wood, and the wheat for the meat offering; I give it all. 24 And king David said to Ornan, Nay; but I will verily buy it for the full price: for I will not take that which is thine for the LORD, nor offer burnt offerings without cost. 25 So David gave to Ornan for the place six hundred shekels of gold by weight. 26 And David built there an altar unto the LORD, and offered burnt offerings and peace offerings, and called upon the LORD; and he answered him from heaven by fire upon the altar of burnt offering. 27 And the LORD commanded the angel; and he put up his sword again into the sheath thereof.

24:24 And the king said unto Araunah, Nay; but I will surely buy it of thee at a

려 응답하시고 27 사자를 명하시매 저가 칼을 집에 꽂았더라

사무엘하 24:24 왕이 아라우나에게 이르되 그렇지 아니하다 내가 값을 주고 네게서 사리라 값 없이는 내 하나님 여호와께 번제를 드리지 아니하리라 하고 은 오십 세겔로 타작마당과 소를 사고

price: neither will I offer burnt offerings unto the LORD my God of that which doth cost me nothing. So David bought the threshingfloor and the oxen for fifty shekels of silver.

Why do passages in 2 Samuel and 1 Chronicles tell us two different key information on the same event about the incident concerning the end of a calamity that had been caused by David's numbering of Israel? David had bought the threshing floor, the oxen, the threshing instrument and the wheat from Ornan for offerings due to end the calamity caused by his own fault. But in 2 Samuel, he had paid fifty shekels of silver, but had paid six hundred shekels of gold in 1 Chronicles. Do you think authors were confused about the facts to have written different information in the book of the eternal Word? Absolutely not. The eternal Word, 66 books of the whole Bible is perfect. Therefore, it is difficult to say one information is wrong simply because there are conflicting passages in the book.

The calamity had started in Israel in a great hurry, and David had lost his mind because Jerusalem, the capital of Israel taken from the Jebusite, was just about to receive God's judgement by His angel . In the confusing situation as such, was it possible for David to pay six hundred shekels of gold(about 7 to 8 Kg.) to Ornan right away, even though having been the king of a nation? It seems like information from each book shows us tridimensionally that fifty shekels of silver was paid first in a hurry and six hundred shekels of gold was paid later. You can see that the Bible describes in past tense of the payment of fifty shek-

다윗의 인구조사로 인한 재앙이 그치는 똑같은 사건에 대한 사무엘서와 역대기서의 기록이 왜 특정한 부분에서 다를까? 다윗은 자신의 잘못으로 일어난 재앙을 그치게 하려고 오르난으로부터 타작 마당과 소, 농사기구, 밀을 사들여 그것으로 제사를 지내는데, 사무엘서에서는 그 대가로 은 오십 세겔을, 역대기서에서는 금 육백 세겔을 지급한 것으로 다르게 기술한다. 단순히 기자들의 혼동된 정보가 영원한 말씀에 기록된 것일까? 아니다. 영원한 말씀인 성경 66권이 모두 틀림이 없는데, 서로 충돌하는 단순사실 정보 중 한쪽을 잘못된 정보로 치부하기 어렵다.

갑자스럽게 이스라엘에 재앙이 임했고 다윗은 여부스 족속에게 빼앗아 수도로 삼은 예루살렘마저 천사를 통한 심판을 받을 위기에 경황이 없었다. 그런 혼란스러운 상황에서 왕은 금을 육백 세겔(약 7킬로에서 8킬로)이나 가지고 있다가 오르난에게 바로 줄 수 있었을까? 아마도 은 오십 세겔을 먼저 지급하고 사건이 지난 후 금 육백 세겔을 오르난에게 마저 준 것을 양쪽 본문이 입체적으로 정리했고, 역대기가 사후에 종합 기술했던 것으로 보인다.

보라, 영어성경에 은 오십 세겔은 다윗이 오르난에게 즉흥적으로 이미 가져온 것으로 과거시제로 기록되어 있고 금 육백 세겔은 주리라는 미래시제로 표현되어 후에 약정된 금액에 맞춰서 정확히 달아준 것으로 표현되어 있다! 그러니까 비유하건대 은 오십 세겔은 급한 중에 경황없이 준 계약금이었고 금 육백 세겔이 나중에 정확히 값어치를 측량해 지급한 본 매각금이었던 셈이다!

처음에 경황없이 고작 오십 세겔의 은으로, 타작마당을 비롯한

els of silver, on the other hand, the payment of six hundred of gold was expressed in future tense. Therefore, we can say the fifty shekels of silver was a deposit which had been paid in a hurry, and the six hundred shekels of gold was the amount that has been paid after a more precise estimation the full value. Let us consider the heart of Ornan, the Jebusite, who was willing to provide his threshing floor, oxen, threshing instruments and the harvested wheat for only fifty shekels of silver. The People of Jebusite was a clan that had their land, Jerusalem, taken away by David. Fifty shekels of silver would hardly cover a tenth of a value of a chariot at that time. In the agrarian society, the threshing floor, wheat, the oxen and the instruments were almost everything that they possessed for living. Imagine what would be going through the mind of the Jebusite who had to give his whole possessions needed for living only at the price of fifty shekels of silver for David's fault. David had promised a greater reward for him in the future, nonetheless, David was still the person who took Jerusalem away from the Jebusites. That promise was not reliable for the Jebusite. Also, Ornan had recognized that an angel had appeared(1 Chronicles 21:20) and he could have decided that this whole calamity was caused by David's fault judging by the penitential conversation between David and the angel. So in this situation Ornan had no reason to give all his properties to David unilaterally

밭가는 소, 농사기구, 수확한 밀까지 바쳤던 여부스 족속 오르난의 마음을 생각해보라.

여부스 족속은 다윗에게 예루살렘을 빼앗긴 당사자들이다. 은 오십 세겔이면 당시 병거 한대의 십분의 일 가격도 못 미치는 가격이다. 타작공간과 밀, 소와 땅은 당시 농경 경제에서 생계를 위한 모든 것이나 마찬가지다. 고작 은 오십 세겔을 받고 다윗의 잘못에 대한 대가로 생존의 모든 터전을 급작스럽게 바쳐야하는 여부스 사람의 심정은 어떨까. 나중에 더 나은 대가를 약속하더라도 여부스 족속의 입장에서 다윗은 예루살렘을 송두리째 가져간 당사자다. 후에 대가를 치르겠다는 약속이 있었더라도 그것은 여부스 족속으로서 믿을만한 기약이 아니다.

더군다나 오르난은 천사가 나타난 사실을 인지했고(대상 21:20), 천사와 다윗의 회개 어린 대화 가운데 이 재앙이 다윗의 일방적인 잘못으로 일어난 일임을 알았다. 그러므로 정황상 다윗의 잘못에 대한 대가를 치르기 위해 오르난이 자기 집의 거의 모든 것을 일방적으로 바쳐야 할 이유가 없다.

그러나 오르난은 자신의 생존과 입장보다, 백성들의 생명이 꺼져가는 아픔과 고통에 주목했다. 왕인 다윗조차 자신의 영향력의 과신과 과시를 위한 도구로서 생명들을 계수했지만, 살기등등한 칼을 빼든 천사를 바라보면서 이방족속 오르난은 기꺼이 왕과 백성들의 생명을 위해 자신의 모든 것을 드리기로 결정했다.

사역자들의 영향력을 향한 갈망은 제거되어야한다. 주님의 말씀이면 당연히 능력이 있고 강력하다. 다만 사역자가 주님 자체

for David's fault. Instead, he focused on the pain and suffering of dying Israel more than his own position and survival. Even when king David himself was busy boasting his influence as to count numbers of Israel, Ornan, being a foreigner, looked at the angel holding the sword of death and have decided to give his everything for the lives of a king and his people and for forgiveness.

Aspiration of God's ministers for greater influence must be removed. Of course, the word of the Lord is capable and powerful. However, when ministers of the Lord begin to seek more influence, rather than to seek the Lord, it honors man rather than God. A man like Ornan who did not seem so remarkable, but who gave up everything even his life to save others, are able to replace those with 'Davidic complexes' who seek outer appearance and influence. They may become the ones to achieve the history of salvation of the Lord!

가 아닌, 혹은 생명이 아닌 부분에서 영향력을 추구하는 일은 사람을 높이는 일이라는 점에서 패착이다. 크지 않게 기록될지언정, 생명을 위해 자신의 상황과 처지, 심지어 생존까지도 거는 오르난 같은 사람들이 생명이 아닌 모양을 좇아 영향력만 구하게 된 다윗 콤플렉스에 빠진 자들을 도와 하나님의 위대한 구원의 역사를 이룰지도 모른다!

24. 장자와 막내까지 식사에 앉힘 1

24. SAT ON A MEAL THE FIRSTBORN TO THE YOUNGEST ACCORDING TO THEIR BIRTHRIGHT 1

GENESIS 43:33

33 And they sat before him, the firstborn according to his birthright, and the youngest according to his youth: and the men marvelled one at another.

창세기 43:33

33 그들이 요셉의 앞에 앉되 그 장유의 차서대로 앉히운바 되니 그들이 서로 이상히 여겼더라

The description in the passage that Joseph sat his brothers on a meal according to their birthright shows us a huge turning point of his mind that his will was moving towards forgiving them. When Joseph put Simeon in jail it looked like he was being obsessed with emotional compensation and revenge for his deeds in the past. In Shechem, too, Simeon was the one who had been most cruel and pitiless. The brothers ignored the firstborn Reuben who wanted to try and save the life of Joseph. Then Simeon had the final say among brothers, but he proactively led brothers to cast Joseph into a pit. But now, you can see Joseph is treating them as his older brothers, who had abandoned him to lose everything in his life, with warm reception. Having his brothers sit in the order of their age, from the firstborn to the youngest, and even releasing back Simeon, meant that Joseph treated with respect his brothers according to the seniority of the family. The brothers had been an improbable bunch who were being jealous of the younger brother and had tried to slay him. But Joseph did not dwell in the past and had sat them in order of age intentionally. There were no more veiled enmity for the birthright, nor sense of superiority over others. We can see that the attitude of freedom has started inside Joseph's life that does not dwell on the past mistakes of his brothers. From this moment, Joseph has started challenging bravely his past life and relationship which seemed as if they were failures and were stuck in pit. He didn't set retaliation or retribution as the standard of relationship towards his brothers, but started trying to forgive them. What he had been seeking was not just his heart for forgiveness inside him, but also, any evidences in his brothers' lives of regrets for their mistakes before the God. He put Benjamin in jail to give the opportunity for the brothers to overcome their mistakes in the past of what they had done to Joseph. If Benjamin was to be abandoned by his brothers as Joseph had been in the past, he would be hurt again by a mistake and a scar of the past. But he had decided to give a chance for forgiveness and repentance rather than fear of another failure by dwelling on the past. I bless and wish freedom to overcome for those who are suffering from a broken past and failure. I urge them to face their broken pasts and move beyond them for freedom. If you decide to dwell in the past or on others' mistakes with regrets and retaliation, you won't be free because no one can erase their past. There are more possibilities of freedom and a new life if you try to face your past and jump beyond it with the grace of forgiveness of God.

요셉이 형들을 나이순대로 앉혔다는 묘사는 용서를 향한 의지가 점점 더 분명해져가는 요셉 내면의 변곡점을 보여준다!

시므온을 감옥에 가둘 때만해도 요셉은 과거 형제들의 실수들에 대한 감정적 보상과 보응에 사로잡혀있는 측면이 강했다. 왜냐하면 세겜 학살사건을 비추어 보았을 때 시므온이 가장 잔혹한 성격이었고, 장자 르우벤이 요셉을 죽이는 것을 반대함에도 형제들이 장자를 무시했더라면 서열 상 둘째인 시므온 등에게 최종 결정권한이 있는데, 그는 오히려 주도적으로 요셉 자신을 죽이려하고 결국 구덩이에 가두었기 때문이다.

그런데 이제 보라! 요셉은 자신의 인생을 송두리째 내버렸던 형들에게 형 대접을 하고 있다. 장자(firstborn, KJV)부터 막내에 이르도록, 심지어 시므온까지 풀어준 채 형제들을 나이순으로 앉혔다는 것은 엄연히 가족 내 서열 질서를 존중함을 의미한다! 동생을 시기하여 죽이려던 형 같지 않은 형들일 수 있는데, 요셉은 과거에 연연하지 않고 그들을 의도적으로 장자부터 서열대로 상에 앉혀 대우하고 있다. 더 이상 누가 누구에게 절하는 장자권(fitstborn)을 향한 암투나 비교우월의식에 사로잡히지도 않고 형들의 과거 실수에도 연연하지 않는 자유한 태도가 요셉에게서 나타나고 있다!

이때부터 요셉은 과거에 대한 아픔과 구렁텅이에 빠졌던 것 같은 실패의 삶과 관계에 용감히 도전했다. 형제들에게 보복과 보응의 관계를 설정하는 것이 아닌 용서를 실험했다. 자신의 용서에 대한 마음뿐만 아니라 상대도 주님으로부터 실수를 뉘우치고 넘어선 흔적이 있었는지 엿보았다. 과감히 친동생인 베냐민을 가두고 이복형제들인 그들이 똑같은 실수를 딛고 일어설 기회를 줬다. 만약 형제들이 과거 요셉 자신과 같이 다시 베냐민을 버린다면 과거의 상처와 잘못들이 다시 자신을 찌를 수 있었겠지만, 요셉은 과거에 갇혀있지 않고 또 다른 실패를 두려워하기보다 용서하고 회개할 수 있는 기회를 만들어 대면하고 실험하기로 했다.

망가진 지난날의 실수와 패착으로 아파하는 이들에게, 그 언저리를 배회하는 그 누군가에게, 과거의 실수와 실패를 대면하고 넘어서는 자유가 있기를 축복해본다. 당신이 실패한 자신이나 실수한 타인을 보복의 감옥에 가둔다고해서 당신의 과거가 지워지는 것은 아니다. 오히려 당신의 실패를 하나님 앞에서 대면하고 주님의 용서의 은혜로 다시 문제를 직면하고 넘어서고자 할 때, 당신에게 자유함이 임하고 새로운 여정이 시작 될 가능성이 크다.

25. 장자와 막내까지 식사에 앉힘 2

25. SAT ON A MEAL THE FIRSTBORN TO THE YOUNGEST ACCORDING TO THEIR BIRTHRIGHT 2

GENESIS 43:31-34

31 And he washed his face, and went out, and refrained himself, and said, Set on bread. 32 And they set on for him by himself, and for them by themselves, and for the Egyptians, which did eat with him, by themselves: because the Egyptians might not eat bread with the Hebrews; for that is an abomination unto the Egyptians. 33 And they sat before him, the firstborn according to his birthright, and the youngest according to his youth: and the men marvelled one at another. 34 And he took and sent messes unto them from before him: but Benjamin's mess was five times so much as any of their's. And they drank, and were merry with him.

창세기 43:31-34

31 얼굴을 씻고 나와서 그 정을 억제하고 음식을 차리라 하매 32 그들이 요셉에게 따로 하고 그 형제들에게 따로 하고 배식하는 애굽 사람에게도 따로 하니 애굽 사람은 히브리 사람과 같이 먹으면 부정을 입음이었더라 33 그들이 요셉의 앞에 앉되 그 장유의 차서대로 앉히운바 되니 그들이 서로 이상히 여겼더라 34 요셉이 자기 식물로 그들에게 주되 베냐민에게는 다른 사람보다 오배나 주매 그들이 마시며 요셉과 함께 즐거워하였더라

During Joseph's days, Egyptians hated to share tables with Jews. So for Joseph, all he needed to do was arrange two different tables to divide them. However, Joseph ordered to arrange three different types of tables – one for Egyptians, one for his Jewish siblings, and one for himself. Why did he do this?

Joseph had to consider the hatred of Egyptians towards the Jews, but at the same time, he must have missed his old days of sharing tables with his family. If he started sharing tables with his family, his yearning for his family would prevent him from performing duties as a prime minister. At the same time, if he shared tables with the Egyptians, his longing for his family would make him move towards the Jewish table – this would result in connecting Egyptians and Jews. Therefore, to prevent these from happening, he had to put his own table between the Egyptians and the Jews.

However, Joseph indeed failed to perform his duty as a prime minister by walking towards his family's table to give Benjamin food. This uncontrollable craving for his family, urge to identify his brothers' regrets on betraying him, and his duty as an Egyptian prime minister probably had given him a great amount of inner conflicts. His determination to overcome all these must have been immeasurable.

Spiritual isolation is even worse than having conflicts caused by weaknesses of individuals. Even if we call ourselves Chris-

요셉은 형제들을 장자부터 막내까지 순서대로 앉히면서 왜 세 부류의 자리로 식탁을 구분지어 앉게 했을까? 이집트인들이 히브리인들과 식사를 같이하는 일을 가증히 여겼기 때문에 이집트인과 히브리인을 구분하는 자리를 만들기 위한 것이었다면 두 부류의 식탁을 차려 앉게 하면 될 일이다. 그러나 요셉은 평소에 자신과 함께 앉던 이집트인들을 다른 상에 앉히고 히브리 형제들과 자신의 독상을 따로 차리게 했다.

이집트인의 히브리인에 대한 위화감도 고려하거니와 원수 같았던 형제들이 요셉의 원래 가족인 바, 요셉은 가족들과 식사했던 날들을 그리워했음에 틀림없다. 요셉은 언제든지 이 그리움이 해후의 감정에 대한 절제를 무너뜨려 자신이 형제들의 상으로 나아가게 할 수도 있음을 고려한 듯싶다.

형제들의 진심어린 회개를 유도해보기 위해 이집트 총리로서 아직 형제들을 시험해야하기 때문에 아예 히브리 형제들과 상에 같이 앉아 먹고 마시며 자신이 히브리인임을 노출시켜도 안됐을 것이다. 또한 이집트인들과 한 상에서 먹다가 가족을 향한 해후의 정으로 기울어가는 자신의 마음을 못 이겨 이집트인의 상과 히브리인의 상을 연결한다면 이집트인들이 매우 난감해할 것이기에 요셉은 애초에 두 부류의 식탁이 아닌 세 부류의 식탁으로 나누고 이집트인의 상과 히브리인 상 사이에 자신의 독상을 마련한 것이다!

실제로 요셉은 가족의 정을 떨쳐내지 못하고 베냐민에게 다섯 배의 많은 음식을 주기 위해 히브리 형제들의 상으로 나아가 이집

tians, our lives are still a journey just like others, so our weaknesses and conflicts as human beings can disrupt our fellowship. However, have in mind that we are siblings and families in Christ, and our fellowship can only mature by overcoming those weaknesses. If another fellow Christian had hurt your feelings in the past, and if this is still bothering you, it might mean that you are longing for a spiritual family. My fellow brothers in Christ, it is now time to go back to your families in Christ and share the tables with the brothers in fellowship through the Holy Spirit.

트 총리로서 이집트의 금기를 깬다. 가족을 향한 억제하기 어려운 그리움과 형제들의 과거 잘못에 대한 회한과 회개를 확인코자 하는 마음, 또 이집트 총리로서의 입장과 히브리인의 가족 된 입장에서 요셉이 얼마나 갈등하고 형제들에게 나아가기 위해 용기를 냈을지 상상해보라.

영적인 고립은 서로의 잘못과 연약함으로 인한 갈등보다 더 나쁘다. 그리스도인들이라 할지라도 이생은 성화의 과정인만큼 연약함, 실수로 갈등하며 서로 충돌할 수 있다. 그러나 그리스도의 몸 된 영적 가족이자 형제인 우리는 영적 공동체로서 함께 만나며 생명력을 나눠야 갈등을 넘어 성화와 조화를 배울 수 있게 된다. 그리스도의 형제들로 인해 상한 과거를 혼자 외롭게 곱씹고 있다면 역설적으로 당신은 영적 가족을 그리워하고 있는 것일 수 있다! 식어버린 사랑으로 방황하는 그리스도인이여, 치명적인 단절로 고립의 독배를 맛보고 있는 외로운 형제여, 당신의 영적 형제들, 맏아들 그리스도 예수가 계시는 공동체로 돌아가 그분의 식탁에 참여해 말씀과 성령을 다시 함께 먹고 마시라! 공동체와 영적 형제들과 해후하라!

26. 시대성들의 방황과 구원자 예수 그리스도

26. SETTING DIRECTIONS THROUGH CHRIST THE SAVIOR

MALACHI 4:5-6

5 Behold, I will send you Elijah the proph-
et before the coming of the great and
dreadful day of the LORD: 6 And he shall
turn the heart of the fathers to the chil-
dren, and the heart of the children to their
fathers, lest I come and smite the earth
with a curse.

말라기 4:5-6

5 보라 여호와의 크고 두려운 날이 이르기
전에 내가 선지 엘리야를 너희에게 보내리
니 6 그가 아비의 마음을 자녀에게로 돌이키
게 하고 자녀들의 마음을 그들의 아비에게
로 돌이키게 하리라 돌이키지 아니하면 두
렵건대 내가 와서 저주로 그 땅을 칠까 하노
라 하시니라

God did not speak for more than 400 years after the Old Testament. Because this silence was part of His plan, through Malachi, He should have left warnings about the dark days to come. But why did our God talk only about the relationship between father and children? Should He not supposed to talk more about His coming through Jesus? In other words, He should have talked more about why He cannot let men rule themselves anymore, why He would keep silence for more than 400 years and why He Himself would have to come through Jesus. At the time when the book of Malachi was written, this simple story must have sounded like a mistake.

But ironically, looking at the scripture in the book of Malachi, our God knew exactly what was going on in that age. Problem between the parents and children have been one of the main issues of mankind's history. It always has been the children that kept denying and throwing stones at what their parents' generation had established. What had divided the history was not by time frame, but by how the new generation overthrows the old.

In the old era, religion was the leading factor of mankind. However, primitive religious beliefs lead to concentration of power and corruption, so the next generation believed in need of well defined religious movement and that would fix our problems that happened in the ancient times. But this new movement also are being denied by modern generation; nowadays we started to hate religion and give the leadership to money and politics. We focus more on accumulation of wealth and let those who have more money greater power to control everything. Recent global financial crisis in the United States and Europe can be viewed as a perfect example of this shifting to the era of money rule.

In other words, the new era always gets formed by denying what the previous era tried to achieve, and this is quite problematic. Adam was never free from the blasphemy of original sin, so every idea that opens up new eras will never be perfect and soon reveal its problems and be thrown away. Each idea defines each era's people's minds collectively, so this change of phases shows that we have revolting characteristics in our nature.

But now, by completely submitting Himself to His father, Jesus Christ wants to bring mankind into one peaceful harmony instead of revolts. Our savior and Lord Jesus Christ will come and make peace amongst imperfect descendants of Adam, now and forever.

하나님이 구약 시대를 닫으신다. 이제 400년 동안 침묵하신다. 오랜 침묵이 예정된 만큼 말라기를 통해 구약을 통틀어 마지막으로 남기시는 말씀은 어둠에 대한 시대적 통찰과 경고로서 매우 엄중해야 한다. 그런데 왜 주님은 고작 아비와 자녀에 대해 이야기를 하실까? 구약 시대, 창세기부터 말라기까지 인류에게 모든 것을 맡기셨지만, 인류 역사의 한계와 그들을 통해 구원의 역사가 이뤄지지 않기에 당신이 직접 오셔야 할 연유에 대해 짧게나마 분명히 설명해야 하지 않았을까? 즉 인류 역사에 대해서는 이제 무려 400년 동안이나 침묵하시다가 직접 오셔야겠다는 주님의 비전 가운데, 인류 역사가 스스로는 될 수 없는 원인을 분명히 진단하시며 말씀하셔야 하지 않을까? 고작 부모, 자식의 마음을 서로 돌아보게 하려고 그분의 길이 예비 되어야 한다니? 역사와 시대적 진단으로는 매우 미시적 관점으로 인한 착오로 보일 수 있다.

그러나 역설적이게도 주님은 말라기의 단순한 마지막 말씀들을 통해 시대와 역사를 정확히 꿰뚫고 계셨다. 과연 부모 자식의 마음을 서로 돌이키는 것이 인류역사의 핵심적인 문제이고 해결해야 할 균열점일까?

인류역사는 거의 모든 시대에 걸쳐 이 문제로 역사적, 시대적 파열음을 내온 것이 확실하다! 이 문제는 인류역사 곳곳에 깔려있다. 아니, 이것이 곧 인류역사 문제 자체라고 해도 과언이 아니다.

역사를 보라. 모든 시대에 걸쳐 인류는 아비들이 이룩한 전 시대성에 돌을 던지고 부정하면서 역사의 잘못에 대해 모든 책임을 전가해왔다. 역사를 시대성에 따라 나누는 구분의 기준은 단지 시간의 관념이 아니라, 이전 세대의 주류 정신성과 권력에의 타도와 새로운 정신성의 수혈 여부였다.

고대를 부정하며 중세가 열린다. 고대는 종교가 주도해왔지만 미개한 종교적 정신성과 종교 권력이 문제였기에 시대적 잘못과 오류가 있었다. 이를 고치기 위해 다음 세대는 새로운 정신성을 수혈하며 중세를 열었고, 체계적 종교성이 시대를 주도해야 역사적 잘못을 수정할 수 있다고 생각했다. 그러나 중세 역시 근대의 정신성에 의해 부정되는데, 이젠 아예 종교성과 종교 권력을 혐오하여 사회 정치권력에 시대를 맡긴다. 현대는 시대성의 아비라 할 수 있는 근대를 부정하고 혐오하여 사회적 합의에 입각한 정신성과 사회 권력에 대한 힘을 빼고 경제적 축적 의지와 경제 권력에 권한을 몰아주고 시대성을 맡긴다. 실로 오늘날의 미국발 경제위기와 유럽발 경제위기는 시대성이 무르익어 바뀌는 징후인데 사회, 정치, 국가 권력이 탐욕적 경제 활동의 축적 의지, 즉 탐욕적 경제와 권력 앞에 힘을 내어주는 양상이라는 점에서 근대에서 현대로 시대성이 완전히 넘어가고 있다고 봐야 한다.

즉 모든 시대성은 전 시대성을 부정하고 타도하여 책임을 추궁하며 깎아내리는 것으로 동력을 얻는다는 점에서 문제다. 아담 모두가 원죄로부터 벗어나지 못해 타락했기에 새로운 시대성도 곧 오류를 드러내고 다음 시대성에게 줄곧 부정을 당한다는 점에서 대안도 없다. 동시대성이 동시대 인간 정신성의 집합체라는 점에서 자녀가 아비의 생각과 갈라서는 반역 양상이 인류를 지배해왔음이 분명하다.

이제 예수 그리스도가 완전하신 성부 하나님께 순종함으로 인류 역사를 완전한 균형과 조화로 역전해 구원하신다. 아담의 세대들끼리 서로의 오류를 뒤집어쓴 채 세대와 세대가 반목하고 시대가 시대에 반역하며 실패한 아담의 역사를 구원하시는 이, 하나님 역사의 시작, 말씀이신 예수 그리스도께서 여기 우리에게 오셔서 이제부터 영원토록 함께 계신다.

27. 탁월한 순종의 아들
27. THE PROMINENT SON OF OBEDIENCE

GENESIS 22:1-13

1 And it came to pass after these things, that God did tempt Abraham, and said unto him, Abraham: and he said, Behold, here I am. 2 And he said, Take now thy son, thine only son Isaac, whom thou lovest, and get thee into the land of Moriah; and offer him there for a burnt offering upon one of the mountains which I will tell thee of. 3 And Abraham rose up early in the morning, and saddled his ass, and took two of his young men with him, and Isaac his son, and clave the wood for the burnt offering, and rose up, and went unto the place of which God had told him. 4 Then on the third day Abraham lifted up his eyes, and saw the place afar off. 5 And Abraham said unto his young men, Abide ye here with the ass; and I and the lad will go yonder and worship, and come again to you. 6 And Abraham took the wood of the burnt offering, and laid it

창세기 22:1-13

1 그 일 후에 하나님이 아브라함을 시험하시려고 그를 부르시되 아브라함아 하시니 그가 가로되 내가 여기 있나이다 2 여호와께서 가라사대 네 아들 네 사랑하는 독자 이삭을 데리고 모리아 땅으로 가서 내가 네게 지시하는 한 산 거기서 그를 번제로 드리라 3 아브라함이 아침에 일찌기 일어나 나귀에 안장을 지우고 두 사환과 그 아들 이삭을 데리고 번제에 쓸 나무를 쪼개어 가지고 떠나 하나님의 자기에게 지시하시는 곳으로 가더니 4 제 삼일에 아브라함이 눈을 들어 그곳을 멀리 바라본지라 5 이에 아브라함이 사환에게 이르되 너희는 나귀와 함께 여기서 기다리라 내가 아이와 함께 저기 가서 경배하고 너희에게로 돌아오리라 하고 6 아브라함이 이에 번제 나무를 취하여 그 아들 이삭에게 지우고 자기는 불과 칼을 손에 들고 두 사람이 동행하더니7 이삭이 그 아비 아브라함에게 말하여 가로되 내 아버지여 하니 그가 가로되 내 아들아 내가 여기 있노라 이삭이 가로되 불과 나무는 있거
니와 번제할 어린 양은 어디 있나이까 8

upon Isaac his son; and he took the fire in
his hand, and a knife; and they went both
of them together. 7 And Isaac spake unto
Abraham his father, and said, My father:
and he said, Here am I, my son. And he
said, Behold the fire and the wood: but
where is the lamb for a burnt offering?
8 And Abraham said, My son, God will
provide himself a lamb for a burnt offer-
ing: so they went both of them together.
9 And they came to the place which God
had told him of; and Abraham built an al-
tar there, and laid the wood in order, and
bound Isaac his son, and laid him on the
altar upon the wood. 10 And Abraham
stretched forth his hand, and took the
knife to slay his son. 11 And the angel of
the LORD called unto him out of heaven,
and said, Abraham, Abraham: and he
said, Here am I. 12 And he said, Lay not
thine hand upon the lad, neither do thou

아브라함이 가로되 아들아 번제할 어린 양은
하나님이 자기를 위하여 친히 준비하시리라
하고 두 사람이 함께 나아가서 9 하나님이 그
에게 지시하신 곳에 이른지라 이에 아브라함
이 그곳에 단을 쌓고 나무를 벌여놓고 그 아
들 이삭을 결박하여 단 나무 위에 놓고 10 손
을 내밀어 칼을 잡고 그 아들을 잡으려 하더
니 11 여호와의 사자가 하늘에서부터 그를 불
러 가라사대 아브라함아 아브라함아 하시는
지라 아브라함이 가로되 내가 여기 있나이다
하매 12 사자가 가라사대 그 아이에게 네 손
을 대지 말라 아무 일도 그에게 하지 말라 네
가 네 아들 네 독자라도 내게 아끼지 아니하
였으니 내가 이제야 네가 하나님을 경외하는
줄을 아노라 13 아브라함이 눈을 들어 살펴본
즉 한 수양이 뒤에 있는데 뿔이 수풀에 걸렸
는지라 아브라함이 가서 그 수양을 가져다가
아들을 대신하여 번제로 드렸더라

any thing unto him: for now I know that
thou fearest God, seeing thou hast not
withheld thy son, thine only son from me.
13 And Abraham lifted up his eyes, and
looked, and behold behind him a ram
caught in a thicket by his horns: and Abra-
ham went and took the ram, and offered
him up for a burnt offering in the stead of
his son.

Unless Isaac was a fool, he knew exactly what his father was doing. If we count his age, he was mature enough to know what his fate would be. He knew exactly what his father was doing and still obeyed! Every little detail of the story suggests that Isaac obeyed his father's will even after he knew everything, just like our Lord Jesus Christ who obeyed God's will by crucifying himself as a living sacrifice. Isaac, at such a young age with full of strength, could have forcefully controlled his father who was over 100 years old and weak, but instead, he gave himself up as an offering sheep to be sacrificed. Moreover, the usage of a ram as a sacrifice instead of Isaac is quite marvelous. Ram uses its horn to fight off anything that threatens it. But instead of using the horn as a weapon, it let the horn to be tangled to vines to be caught and be used as a sacrifice, which metaphorically symbolizes Jesus' crucifixion at his own will. We should always remember how Jesus surrendered himself completely to the will of God. Just like Jesus and Isaac, we should always give up our own will, thoughts, and even our own lives to truly follow God's will.

이삭이 바보가 아닌 이상 아버지가 자신을 죽이려 하는 일을 모르고 있었을까? 연대기를 따져보면 이삭은 이미 지각 있는 성년의 나이가 훨씬 지났다. 아버지가 자신을 묶어 제물로 바치려 할 때까지 성인이 과연 이를 인지하지 못했을까? 이삭은 다 알면서도 순종했다! 모든 정황은 이삭이 자신을 제물로 바치려 하는 아버지의 의도를 다 알고도 목숨을 걸어 순종했음을 가리킨다. 성부 하나님의 의도를 다 알고 십자가에 못 박혀 죽기까지 순종하신 예수님처럼 말이다. 심지어 젊어서 힘이 넘치던 이삭은 마음만 먹었다면 백 세가 넘은 힘없는 노인이었던 아버지를 충분히 제어할 수 있었지만 도살당하는 어린 양처럼 자기 몸을 묶고 칼날을 드는 아버지의 행동에 묵묵히 자신을 맡겼다.

또한, 이삭을 대신하여 바쳐진 숫양은 자기 생명을 지키기 위해 뿔을 사용하여 자기 영역에 들어온 짐승들을 들이박는다는 점에서 숫양의 뿔이 수풀에 걸려 제물로 드려진 상징적 예표는 경이롭다. 즉, 이 숫양은 제물로 드려지기 위해 하나님의 명령에 따라 자신의 강인한 뿔을 지극히 연약한 수풀에 스스로 걸리게 함으로 자기 영역과 자기 생명을 내던진다는 점에서 십자가 지신 예수님의 분명한 예표인 것이다. 우리는 하늘 보좌를 버리고 성부 하나님께 순종하기 위해 자기 생명을 버리신 예수님을 항상 기억해야 한다. 하나님을 따르고자 한다면 예수님처럼 자기 힘과 자기 생각, 자기 영역과 심지어 자기 생명까지 포기하며 그분을 좇아야 한다.

28. 타협의 왕, 아합의 비극

28. THE KING OF COMPROMISE, AHAB'S TRAGEDY

1 KINGS 22:8-30

8 And the king of Israel said unto Jeho-
shaphat, There is yet one man, Micaiah
the son of Imlah, by whom we may en-
quire of the LORD: but I hate him; for
he doth not prophesy good concerning
me, but evil. And Jehoshaphat said, Let
not the king say so. 9 Then the king of
Israel called an officer, and said, Hasten
hither Micaiah the son of Imlah. 10 And
the king of Israel and Jehoshaphat the
king of Judah sat each on his throne, hav-
ing put on their robes, in a void place in
the entrance of the gate of Samaria; and
all the prophets prophesied before them.
11 And Zedekiah the son of Chenaanah
made him horns of iron: and he said,
Thus saith the LORD, With these shalt
thou push the Syrians, until thou have
consumed them. 12 And all the prophets
prophesied so, saying, Go up to Ramoth-
gilead, and prosper: for the LORD shall

열왕기상 22:8-30

8 이스라엘 왕이 여호사밧에게 이르되 오히려
이믈라의 아들 미가야 한 사람이 있으니 저로
말미암아 여호와께 물을 수 있으나 저는 내게
대하여 길한 일은 예언하지 아니하고 흉한 일
만 예언하기로 내가 저를 미워하나이다 여호
사밧이 가로되 왕은 그런 말씀을 마소서 9 이
스라엘 왕이 한 내시를 불러 이르되 이믈라의
아들 미가야로 속히 오게 하라 하니라 10 이
스라엘 왕과 유다 왕 여호사밧이 왕복을 입고
사마리아 문어귀 광장에서 각기 보좌에 앉았
고 모든 선지자가 그 앞에서 예언을 하는데
11 그나아나의 아들 시드기야는 철로 뿔들을
만들어 가지고 말하되 여호와의 말씀이 왕이
이것들로 아람 사람을 찔러 진멸하리라 하셨
다 하고 12 모든 선지자도 그와 같이 예언하
여 이르기를 길르앗 라못으로 올라가 승리를
얻으소서 여호와께서 그 성을 왕의 손에 붙이
시리이다 하더라 13 미가야를 부르러 간 사
자가 일러 가로되 선지자들의 말이 여출일구
하여 왕에게 길하게 하니 청컨대 당신의 말
도 저희 중 한 사람의 말처럼 길하게 하소서

deliver it into the king's hand. 13 And the
messenger that was gone to call Micaiah
spake unto him, saying, Behold now, the
words of the prophets declare good unto
the king with one mouth: let thy word,
I pray thee, be like the word of one of
them, and speak that which is good. 14
And Micaiah said, As the LORD liveth,
what the LORD saith unto me, that will
I speak. 15 So he came to the king. And
the king said unto him, Micaiah, shall
we go against Ramothgilead to battle, or
shall we forbear? And he answered him,
Go, and prosper: for the LORD shall de-
liver it into the hand of the king. 16 And
the king said unto him, How many times
shall I adjure thee that thou tell me noth-
ing but that which is true in the name of
the LORD? 17 And he said, I saw all Is-
rael scattered upon the hills, as sheep that
have not a shepherd: and the LORD said,

14 미가야가 가로되 여호와의 사심을 가리
켜 맹세하노니 여호와께서 내게 말씀하시는
것 곧 그것을 내가 말하리라 하고 15 이에 왕
에게 이르니 왕이 저에게 이르되 미가야야 우
리가 길르앗 라못으로 싸우러 가랴 말랴 저
가 왕께 이르되 올라가서 승리를 얻으소서 여
호와께서 그 성을 왕의 손에 붙이시리이다 16
왕이 저에게 이르되 내가 몇 번이나 너로 맹
세케 하여야 네가 여호와의 이름으로 진실한
것으로만 내게 고하겠느냐 17 저가 가로되 내
가 보니 온 이스라엘이 목자 없는 양 같이 산
에 흩어졌는데 여호와의 말씀이 이 무리가 주
인이 없으니 각각 평안히 그 집으로 돌아갈
것이니라 하셨나이다 18 이스라엘 왕이 여호
사밧에게 이르되 저 사람이 내게 대하여 길한
것을 예언하지 아니하고 흉한 것을 예언하겠
다고 당신에게 말씀하지 아니하였나이까 19
미가야가 가로되 그런즉 왕은 여호와의 말씀
을 들으소서 내가 보니 여호와께서 그 보좌
에 앉으셨고 하늘의 만군이 그 좌우편에 모시
고 서 있는데 20 여호와께서 말씀하시기를 누

These have no master: let them return
every man to his house in peace. 18 And
the king of Israel said unto Jehoshaphat,
Did I not tell thee that he would prophesy
no good concerning me, but evil? 19 And
he said, Hear thou therefore the word
of the LORD: I saw the LORD sitting
on his throne, and all the host of heaven
standing by him on his right hand and
on his left. 20 And the LORD said, Who
shall persuade Ahab, that he may go up
and fall at Ramothgilead? And one said
on this manner, and another said on that
manner. 21 And there came forth a spirit,
and stood before the LORD, and said,
I will persuade him. 22 And the LORD
said unto him, Wherewith? And he said,
I will go forth, and I will be a lying spirit
in the mouth of all his prophets. And he
said, Thou shalt persude him, and prevail
also: go forth, and do so. 23 Now there-

가 아합을 꾀어 저로 길르앗 라못에 올라가서
죽게 할꼬 하시니 하나는 이렇게 하겠다 하
고 하나는 저렇게 하겠다 하였는데 21 한 영
이 나아와 여호와 앞에 서서 말하되 내가 저
를 꾀이겠나이다 22 여호와께서 저에게 이르
시되 어떻게 하겠느냐 가로되 내가 나가서 거
짓말 하는 영이 되어 그 모든 선지자의 입에
있겠나이다 여호와께서 가라사대 너는 꾀이
겠고 또 이루리라 나가서 그리하라 하셨은즉
23 이제 여호와께서 거짓말하는 영을 왕의 이
모든 선지자의 입에 넣으셨고 또 여호와께서
왕에게 대하여 화를 말씀하셨나이다 24 그나
아나의 아들 시드기야가 가까이 와서 미가야
의 뺨을 치며 이르되 여호와의 영이 나를 떠
나 어디로 말미암아 가서 네게 말씀하더냐 25
미가야가 가로되 네가 골방에 들어가서 숨는
그 날에 보리라 26 이스라엘 왕이 가로되 미
가야를 잡아 부윤 아몬과 왕자 요아스에게로
끌고 돌아가서 27 말하기를 왕의 말씀이 이
놈을 옥에 가두고 내가 평안히 돌아올 때까지
고생의 떡과 고생의 물로 먹이라 하라 28 미

fore, behold, the LORD hath put a lying
spirit in the mouth of all these thy prophets,
and the LORD hath spoken evil concern-
ing thee. 24 But Zedekiah the son of Che-
naanah went near, and smote Micaiah on
the cheek, and said, Which way went the
Spirit of the LORD from me to speak unto
thee? 25 And Micaiah said, Behold, thou
shalt see in that day, when thou shalt go into
an inner chamber to hide thyself. 26 And
the king of Israel said, Take Micaiah, and
carry him back unto Amon the governor
of the city, and to Joash the king's son; 27
And say, Thus saith the king, Put this fellow
in the prison, and feed him with bread of
affliction and with water of affliction, until
I come in peace. 28 And Micaiah said, If
thou return at all in peace, the LORD hath
not spoken by me. And he said, Hearken,
O people, every one of you. 29 So the king
of Israel and Jehoshaphat the king of Judah

가야가 가로되 왕이 참으로 평안히 돌아오시
게 될찐대 여호와께서 나로 말씀하지 아니하
셨으리이다 또 가로되 너희 백성들아 다 들을
찌어다 하니라 29 이스라엘 왕과 유다 왕 여
호사밧이 길르앗 라못으로 올라가니라 30 이
스라엘 왕이 여호사밧에게 이르되 나는 변장
하고 군중으로 들어가려 하노니 당신은 왕복
을 입으소서 하고 이스라엘 왕이 변장하고 군
중으로 들어가니라

went up to Ramothgilead. 30 And the king
of Israel said unto Jehoshaphat, I will dis-
guise myself, and enter into the battle; but
put thou on thy robes. And the king of Israel
disguised himself, and went into the battle.

Why did Ahab unwillingly listen to Micaiah's uncomfortable prophecy according to Jehoshaphat's persistent recommendation while calling hundreds of prophets and sitting on the throne at the gate of Samaria by wearing his royal robes, not an armor during the war? King Ahab couldn't refuse Jehoshaphat's suggestion due to an alliance with Jehoshaphat to fight against Aram. That is why he listened to Micaiah's prophecy to suit Jehoshaphat but he had an intention to blockade it from the beginning. It can be recognized through Ahab's action that he already prepared hundreds of prophets who prophesy always good. The gate is a place where rulers strictly judge and try a case. Therefore, it is the best place to exercise king's authority and power. The king sat on the throne by being dressed in royal robes, not an armor, to show his dignity and ennoble himself as the war began(10). In a word, he was controlling the situation in advance by wielding his authority while making Micaiah's prophecy not unable to be a stumbling block for his mind and status. However, Ahab didn't totally deny or believe in the prophecy of being ruined while trying to control the prophecy! He took off his royal robes and entered the battle in disguise while making Jehoshapat wear his royal robes on purpose. It was Ahab's struggling not to lead the situation in bad mood anyway as he was afraid of the prophecy of his death considering that kings became the target for an enemy

아합은 듣기 거북한 미가야의 대언을 여호사밧의 강권으로 억지로 들으면서 왜 굳이 수백 명의 다른 대언자를 세워 성문 어귀에서 보좌를 차리고, 전시 상황에서 갑옷이 아닌 왕복을 새삼스레 정제해 앉았을까?

아합은 아람과 맞서기 위해 동맹한 여호사밧의 권유를 마냥 거절할 수는 없어 그의 비위를 맞추기 위해 미가야의 대언을 듣긴 들었지만, 원천적으로 봉쇄할 의도를 가지고 있었다. 왜냐하면 이미 아합 왕은 듣기에 좋은 소리만 하는 대언자 수백 명을 세워 아첨하는 대언을 하게 했으며, 그가 있던 성문 어귀는 통치권자의 삼엄한 재판과 심판이 이루어지는 곳으로 왕의 권위와 위세를 가장 높일 수 있는 장소이기 때문이었다. 또한, 그는 전시 상황에 돌입하면서 갑옷은커녕 왕의 품위와 위엄을 높이고자 왕복으로 갈아입은 채 보좌에 앉아 있었다(10).

즉 미가야의 대언이 자신의 마음과 위신을 거스르지 않도록 유도하기 위해 위세를 높이며 위압적이고 권위적인 사전 유도 통제 작업을 한 셈이다.

그러나 대언을 통제하는 와중에서도 아합은 자신을 향한 미가야의 패망 예언을 전적으로 받아들인 것도, 아예 안 믿었던 것도 아니었다! 왜냐하면, 아합은 여호사밧에게 의도적으로 왕복을 입히고 자신은 왕복을 벗고 변장하여 참전하기 때문이다. 이것은 왕이 전시에 적들에게 가장 큰 표적이 되기에, 미가야의 자신을 향한 죽음의 예언이 이루어질까 두려워 어떻게든 대언대로 상황이 불길하게 흘러가지 않게 하려는 아합 왕의 몸부림이었다(30).

during the war(30). That is true. King Ahab who destroyed Israel with his disobedience, was foolish in that he compromised on God's words as much as he could. That was not because he couldn't listen to or acted against God on purpose. Did Ahab introduce Baal to Israel? No. He just compromised on serving Baal while worshipping God when his wife Isabel brought a foolish idol. Wasn't he afraid of God's prophecy by prophets? No. He just compromised on prophecies by comparing God's prophecy through Elijah and Baal's prophecy through its prophets according to his mind and position. The scarier thing than an unbeliever's rebellion is a believer's compromise. Christians are entitled to the authority of heaven and earth for all nations. But, if those Christians compromise on God's words and to fulfill the desire of their flesh, they may distort God's kingdom instead of showing it with authority on earth. Compromising faith is the most serious poison. Do not hesitate to obey God's words due to one's position or stay in a disaster of the gray zone due to veiled compromises!

그렇다. 이스라엘을 패역으로 결딴 낸 아합 왕은 하나님의 말씀을 듣지 못한 것도 아니고 의도적으로 반역한 것도 아니었다. 다만 하나님의 말씀을 항상 어느 정도까지만 적당히 타협해 받아들이는 지극히 어리석은 인생일 뿐이었다.

아합이 바알 신을 가지고 왔는가? 아니다. 다만 그 아내 이세벨이 어리석은 우상을 가지고 올 때 하나님도 섬기며 바알도 섬기는 타협을 했을 뿐이다.

선지자를 통한 여호와의 대언을 두려워하지 않았는가? 아니다. 엘리야를 통해 하나님의 대언을 들었고 바알 사제의 대언도 들어 두 가지를 비교하며 자기 마음과 입장에 따라 타협했을 뿐이다.

아예 믿지 않는 자들의 패역보다 더 무서운 것은 믿는 자들의 타협이다. 그리스도인에게는 모든 민족을 위한 하늘과 땅의 권세가 위임되어 있는데, 그러한 그리스도인이 하나님의 거룩한 말씀을 적당히 듣고 타락한 육체의 요구도 적당히 들으며 타협한다면 우리는 하나님 나라를 세상에 권세 있게 나타내는 것이 아니라 자칫 왜곡시킬 가능성이 있다. 신앙의 타협은 가장 무서운 독이다. 말씀 앞에서 자기 입장을 내놓으며 순종을 머뭇거리거나 은근한 타협으로 회색지대의 재앙에 머물지 말라!

29. 므낫세와 백성들의 실패

29. FAILURE OF MANASSEH AND THE PEOPLE

2 CHRONICLES 33:11-17

11 Wherefore the LORD brought upon
them the captains of the host of the king
of Assyria, which took Manasseh among
the thorns, and bound him with fetters,
and carried him to Babylon. 12 And
when he was in affliction, he besought
the LORD his God, and humbled him-
self greatly before the God of his fathers,
13 And prayed unto him: and he was
intreated of him, and heard his supplica-
tion, and brought him again to Jerusalem
into his kingdom. Then Manasseh knew
that the LORD he was God. 14 Now af-
ter this he built a wall without the city of
David, on the west side of Gihon, in the
valley, even to the entering in at the fish
gate, and compassed about Ophel, and
raised it up a very great height, and put
captains of war in all the fenced cities of
Judah. 15 And he took away the strange
gods, and the idol out of the house of the

역대하 33:11-17

11 여호와께서 앗수르 왕의 군대 장관들로 와
서 치게 하시매 저희가 므낫세를 사로잡고 쇠
사슬로 결박하여 바벨론으로 끌어 간지라 12
저가 환난을 당하여 그 하나님 여호와께 간
구하고 그 열조의 하나님 앞에 크게 겸비하여
13 기도한고로 하나님이 그 기도를 받으시며
그 간구를 들으시사 저로 예루살렘에 돌아와
서 다시 왕위에 거하게 하시매 므낫세가 그제
야 여호와께서 하나님이신 줄을 알았더라 14
그 후에 나윗성 밖 기혼 서편 골짜기 인에 외
성을 쌓되 생선문 어귀까지 이르러 오벨을 둘
러 심히 높이 쌓고 또 유다 모든 견고한 성읍
에 군대 장관을 두며 15 이방 신들과 여호와
의 전의 우상을 제하며 여호와의 전을 건축한
산에와 예루살렘에 쌓은 모든 단을 다 성 밖
에 던지고 16 여호와의 단을 중수하고 화목제
와 감사제를 그 단 위에 드리고 유다를 명하
여 이스라엘 하나님 여호와를 섬기라 하매 17
백성이 그 하나님 여호와께만 제사를 드렸으
나 오히려 산당에서 제사를 드렸더라

LORD, and all the altars that he had built in the mount of the house of the LORD, and in Jerusalem, and cast them out of
the city. 16 And he repaired the altar of
the LORD, and sacrificed thereon peace offerings and thank offerings, and commanded Judah to serve the LORD God
of Israel. 17 Nevertheless the people did
sacrifice still in the high places, yet unto the LORD their God only.

The king Manasseh had a passion to restore sacrifices and the altar of the Lord at the temple after being released from Babylon. But why did his people still continue to sacrifice at the high places to their God?

It was due to previous kings with a history of worshipping both the Lord and idols, resulting in people's distrust in their community. What would have happened if Manasseh had also stopped worshipping the Lord or served God with other idols like the former kings? It could be right for his people to continue to sacrifice at their high places to the Lord considering the possibility of their group being corrupted.

But, what would have happened if they also had joined the movement of restoring personal faith and devotion by trusting their leader's way? God didn't only want to restore individual faith but also shine God's glory to all nations through the Israelites. If the king had tried to persuade his stubborn people and they had followed their king by trusting his heart towards God and if they had restored obedience at the community level not temporal, individual level of faith, wouldn't it have been possible for Manasseh to experience the history of controlling the kings of all nations in the time of David and see a glory fulfilled in the time of Solomon?

It is rare for normal Christians not to have a passion for God. But, failure or success of God's history is up to their collective

므낫세 왕이 포로로 끌려갔다가 돌아오고 여호와께 돌이켜 성전의 제사와 예배를 회복하려 했음에도 백성들은 왜 여전히 산당에서 여호와께 자기 제사를 드렸을까?

왜냐하면 역대 왕들이 여호와를 향한 예배와 우상을 향한 제사 사이를 오락가락해 백성들로 하여금 공동체를 믿지 못하게 했기 때문이다. 역대 전력과 같이 므낫세 왕 이후의 왕들이 여호와를 향한 제사를 폐하거나 다른 우상들과 겸하여 섬긴다면 어떠하겠는가? 또 공동체가 부패했다고 의구한다면, 백성들은 여전히 자기 산당에서 여호와께 제사하는 자리를 지키는 편이 일견 맞을 수도 있다. 그러나 백성들이 개인적 신앙과 헌신의 회복에 대해 리더의 기조를 믿고 동참했더라면 어땠을까? 하나님은 이스라엘을 통해 소수의 신앙의 각개 전투를 염두에 두신 게 아니라, 공동체의 영광을 통해 열방까지 비추시길 원하셨다. 즉 므낫세가 따라주지 않는 백성들을 좀 더 설득했더라면, 백성들이 므낫세의 하나님을 향한 마지막 마음을 좀 더 믿고 따랐더라면, 일부 개인의 한시적 믿음이 아니라 순종하는 공동체 기조를 지속해서 회복했더라면, 므낫세 때에도 다윗의 열왕을 취하는 역사와 솔로몬 때의 성전에 가득한 영광을 볼 수도 있지 않았을까?

정상적인 그리스도인으로서 하나님을 향한 각자의 열심이 없는 경우는 드물다. 그러나 믿음의 보조를 맞추는 일에서 하나님 역사의 성패가 갈린다. 하나님은 지극히 개인적이고 주관적인 헌신의 산당의 제사가 아니라, 그리스도의 몸, 즉 공동체를 통한 하늘 권세의 성취, 열방의 회복에 지극히 큰 관심이 있으시다.

faith. God isn't interested in sacrificing at high places of personal and subjective devotion, but in restoring all nations on earth, achieving the heavenly authority through a community, the body of Christ.

30. 마리아의 믿음

30. MARY'S FAITH

LUKE 1:13-20, 30-38

13 But the angel said unto him, Fear not,
Zacharias: for thy prayer is heard; and
thy wife Elisabeth shall bear thee a son,
and thou shalt call his name John. 14
And thou shalt have joy and gladness;
and many shall rejoice at his birth. 15 For
he shall be great in the sight of the Lord,
and shall drink neither wine nor strong
drink; and he shall be filled with the Holy
Ghost, even from his mother's womb. 16
And many of the children of Israel shall
he turn to the Lord their God. 17 And
he shall go before him in the spirit and
power of Elias, to turn the hearts of the fa-
thers to the children, and the disobedient
to the wisdom of the just; to make ready
a people prepared for the Lord. 18 And
Zacharias said unto the angel, Whereby
shall I know this? for I am an old man, and
my wife well stricken in years. 19 And the
angel answering said unto him, I am Ga-

누가복음 1:13-20, 30-38

13 천사가 일러 가로되 사가랴여 무서워 말
라 너의 간구함이 들린지라 네 아내 엘리사벳
이 네게 아들을 낳아 주리니 그 이름을 요한
이라 하라 14 너도 기뻐하고 즐거워할 것이요
많은 사람도 그의 남을 기뻐하리니 15 이는
저가 주 앞에 큰 자가 되며 포도주나 소주를
마시지 아니하며 모태로부터 성령의 충만함
을 입어 16 이스라엘 자손을 주 곧 저희 하나
님께로 많이 돌아오게 하겠음이니라 17 저가
또 엘리야의 심령과 능력으로 주 앞에 앞서
가서 아비의 마음을 자식에게, 거스리는 자를
의인의 슬기에 돌아오게 하고 주를 위하여 세
운 백성을 예비하리라 18 사가랴가 천사에게
이르되 내가 이것을 어떻게 알리요 내가 늙고
아내도 나이 많으니이다 19 천사가 대답하여
가로되 나는 하나님 앞에 섰는 가브리엘이라
이 좋은 소식을 전하여 네게 말하라고 보내심
을 입었노라 20 보라 이 일의 되는 날까지 네
가 벙어리가 되어 능히 말을 못하리니 이는
내 말을 네가 믿지 아니함이어니와 때가 이르
면 내 말이 이루리라 하더라

briel, that stand in the presence of God;
and am sent to speak unto thee, and to
shew thee these glad tidings. 20 And, be-
hold, thou shalt be dumb, and not able to
speak, until the day that these things shall
be performed, because thou believest not
my words, which shall be fulfilled in their
season.

30 And the angel said unto her, Fear not,
Mary: for thou hast found favour with
God. 31 And, behold, thou shalt conceive
in thy womb, and bring forth a son, and
shalt call his name JESUS. 32 He shall be
great, and shall be called the Son of the
Highest: and the Lord God shall give
unto him the throne of his father David:
33 And he shall reign over the house of
Jacob for ever; and of his kingdom there
shall be no end. 34 Then said Mary unto
the angel, How shall this be, seeing I know

30 천사가 일러 가로되 마리아여 무서워 말라
네가 하나님께 은혜를 얻었느니라 31 보라 네
가 수태하여 아들을 낳으리니 그 이름을 예수
라 하라 32 저가 큰 자가 되고 지극히 높으신
이의 아들이라 일컬을 것이요 주 하나님께서
그 조상 다윗의 위를 저에게 주시리니 33 영
원히 야곱의 집에 왕노릇 하실 것이며 그 나
라가 무궁하리라 34 마리아가 천사에게 말하
되 나는 사내를 알지 못하니 어찌 이 일이 있
으리이까 35 천사가 대답하여 가로되 성령이
네게 임하시고 지극히 높으신 이의 능력이 너
를 덮으시리니 이러므로 나실바 거룩한 자는
하나님의 아들이라 일컬으리라 36 보라 네 친
족 엘리사벳도 늙어서 아들을 배었느니라 본
래 수태하지 못한다 하던 이가 이미 여섯 달
이 되었나니 37 대저 하나님의 모든 말씀은
능치 못하심이 없느니라 38 마리아가 가로되
주의 계집 종이오니 말씀대로 내게 이루어지
이다 하매 천사가 떠나가니라

not a man? 35 And the angel answered
and said unto her, The Holy Ghost shall
come upon thee, and the power of the
Highest shall overshadow thee: therefore
also that holy thing which shall be born
of thee shall be called the Son of God.
36 And, behold, thy cousin Elisabeth, she
hath also conceived a son in her old age:
and this is the sixth month with her, who
was called barren. 37 For with God noth-
ing shall be impossible. 38 And Mary said,
Behold the handmaid of the Lord; be it
unto me according to thy word. And the
angel departed from her.

Why did God react Zechariah and Mary in different ways though they both doubted the Annunciation shared by Gabriel? God rebuked Zechariah by making him not able to speak when he said that it was difficult to have a baby because he and his wife were old. But, God led Mary to have more faith by encouraging her though she doubted having a baby as a virgin. Why did God treat them differently though they both were skeptical about it?

It was because Mary just posed a question of morality while Zechariah raised a question of God's almighty power.

It is generally regarded as adultery that unmarried woman gives birth to a baby. If others know that she is pregnant because of her distended belly, she will be stoned and buried by her relatives first since it was a shame according to the strict laws in the Middle East's tradition.

Therefore, she raised a question because she was afraid of her marriage, family and future. But, she instantly obeyed God's will by taking the risk of her life!

However, he just posed a question because he didn't believe God's almighty power. Having a baby at one's old age could be an interesting issue or a gossip for others but it was not the situation to take the risk of his life at all. Furthermore, if the angel's comments were true, having a baby to him and his wife and preparing the way to save Israel through them were exactly

왜 하나님은 가브리엘을 통해 사가랴와 마리아에게 수태고지를 전하면서 두 사람의 의문에 대해 다른 방식으로 응대하셨을까? 사가랴가 연로함을 이유로 아기를 갖는 것에 대한 어려움을 토로하였을 때는 그의 입을 닫아 견책하셨고, 마리아가 처녀임을 이유로 아기를 갖는 일에 대해 의아해 했을 때는 격려하심으로 마리아의 믿음을 끌어내신다. 두 사람의 회의적으로 보이는 질문을 왜 다르게 대하실까?

그것은 마리아는 단지 도덕적인 부분에 대해 반문을 했고, 사가라는 하나님의 전능하심에 대한 질문을 했기 때문이었다.

결혼하지 않은 처녀가 잉태하는 것은 통상 외간 남자와의 간통으로 간주되었고 배가 불러오는 것을 숨길 수 없게 되어 배가 볼록하게 임신한 모양이 되면 엄격한 중동 율법의 전통상 먼저 친족들이 수치스럽게 여겨 처자를 향해 돌을 던져 죽이고 묻어 버린다.

따라서 마리아는 자기의 결혼, 가정, 미래가 망가질 것에 대한 염두로 질문한 것이고 이내 목숨을 걸어 순종하는 것이다!

그러나 사가랴의 경우, 늙어서 아이를 잉태한다면 주변 사람들의 장난스럽고 흉겨운 화젯거리가 될 뿐이지 생명까지 걸어야 할 상황은 전혀 아니었음에도 단지 하나님의 전능하심을 믿지 못해 반문하였다. 더군다나 천사의 말대로라면 사가랴와 엘리사벳에게 아이가 생겨 이스라엘을 구원할 외길을 예비하는 것은 사가랴 자신이 기도해왔던 바(13)인데도 그가 노쇠해져 그 간절한 소망의 응답도 스스로 믿지 못하고 있는 셈이다!

당시 결혼 적령기의 촌 처녀의 나이는 불과 십 대 중반이었다.

what he had prayed so far(13). So, it seems that he didn't believe in God's hopeful answer to his desperate prayer because he was well along in years!

A marriageable age was only mid-teen for country girls at the time. Nevertheless, Mary obeyed the Lord by risking her marriage, family, future and even her life and prepared the way for Jesus, the savior of all human beings. Now, who is going to prepare the Lord's way even at the hazard of his own life, not with weak faith habituated to circumstances and restrictions?

그럼에도 마리아는 주님을 위해 자신의 결혼과 가정, 미래 심지어 목숨까지 거는 순종으로 인류를 구원할 예수님의 오실 길을 예비했다. 이제 또다시 상황과 제약에 길들여진 노쇠한 믿음이 아니라, 목숨까지 걸어 주님의 길을 예비할 자 누구인가?

31. 바리새인과 동방박사
31. THE PHARISEES AND MAGI

MATTHEW 2:1-12

1 Now when Jesus was born in Bethle-
hem of Judaea in the days of Herod the
king, behold, there came wise men from
the east to Jerusalem, 2 Saying, Where is
he that is born King of the Jews? for we
have seen his star in the east, and are come
to worship him. 3 When Herod the king
had heard these things, he was troubled,
and all Jerusalem with him. 4 And when
he had gathered all the chief priests and
scribes of the people together, he de-
manded of them where Christ should be
born. 5 And they said unto him, In Beth-
lehem of Judaea: for thus it is written by
the prophet, 6 And thou Bethlehem, in
the land of Juda, art not the least among
the princes of Juda: for out of thee shall
come a Governor, that shall rule my peo-
ple Israel. 7 Then Herod, when he had
privily called the wise men, enquired of
them diligently what time the star ap-

마태복음 2:1-12

1 헤롯왕 때에 예수께서 유대 베들레헴에서
나시매 동방으로부터 박사들이 예루살렘에
이르러 말하되 2 유대인의 왕으로 나신 이가
어디 계시뇨 우리가 동방에서 그의 별을 보
고 그에게 경배하러 왔노라 하니 3 헤롯왕과
온 예루살렘이 듣고 소동한지라 4 왕이 모든
대제사장과 백성의 서기관들을 모아 그리스
도가 어디서 나겠느뇨 물으니 5 가로되 유대
베들레헴이오니 이는 선지자로 이렇게 기록
된바 6 또 유대 땅 베들레헴아 너는 유대 고
을 중에 가장 작지 아니하도다 네게서 한 다
스리는 자가 나와서 내 백성 이스라엘의 목자
가 되리라 하였음이니이다 7 이에 헤롯이 가
만히 박사들을 불러 별이 나타난 때를 자세
히 묻고 8 베들레헴으로 보내며 이르되 가서
아기에 대하여 자세히 알아 보고 찾거든 내
게 고하여 나도 가서 그에게 경배하게 하라 9
박사들이 왕의 말을 듣고 갈쌔 동방에서 보던
그 별이 문득 앞서 인도하여 가다가 아기 있
는 곳 위에 머물러 섰는지라 10 저희가 별을
보고 가장 크게 기뻐하고 기뻐하더라 11 집에

peared. 8 And he sent them to Bethlehem,
and said, Go and search diligently for the
young child; and when ye have found
him, bring me word again, that I may
come and worship him also. 9 When they
had heard the king, they departed; and, lo,
the star, which they saw in the east, went
before them, till it came and stood over
where the young child was. 10 When they
saw the star, they rejoiced with exceeding
great joy. 11 And when they were come
into the house, they saw the young child
with Mary his mother, and fell down,
and worshipped him: and when they had
opened their treasures, they presented
unto him gifts; gold, and frankincense
and myrrh. 12 And being warned of God
in a dream that they should not return
to Herod, they departed into their own
country another way.

들어가 아기와 그 모친 마리아의 함께 있는
것을 보고 엎드려 아기께 경배하고 보배합을
열어 황금과 유향과 몰약을 예물로 드리니라
12 꿈에 헤롯에게로 돌아가지 말라 지시하심
을 받아 다른 길로 고국에 돌아가니라

How many people would get the exact place where Jesus would be born what if somebody now has information only from the Old Testament, without the New Testament? Unlike Magi, the Pharisee didn't devote their lives and go to worship Jesus though they knew correct information about the place from the Old Testament where Messiah Jesus would be born in Bethlehem.

On the other hand, Magi had come from far away and worshipped Him by offering their everything to prepare the way for Messiah who came to save the world.

Look at Magi who walked along a long way of the wilderness but gave the most precious gold, incense and myrrh to Jesus. They could have finished their journey by selling them out for their comforts during their difficult and tired journey. But, they never wasted the most precious gifts but kept them preciously to prepare His way and to worship Him and finally gave them only to Jesus.

Who will never end up wasting one's life because of hardships and difficulties in the world but give his precious life to Jesus to prepare the way for His salvation?

만약 오늘날 누군가가 신약에 대한 정보 없이 구약만을 가진 채, 예수님이 어디에서 나실지 정확하게 인지할 수 있는 사람이 몇이나 될까? 바리새인들은 구약에 대한 지적 정보만으로 정확하게 메시아, 예수님이 베들레헴에서 나실 것을 인지하고도 동방박사처럼 자신의 삶을 드려 경배하러 가지는 않는다!

반면 동방박사들은 세상을 구원하기 위한 메시아의 오심을 예비하기 위해 그 먼 거리의 길을 여행하여 와서 자신의 모든 것을 드려 경배한다.

수많은 광야의 길을 걷고도 가장 보배로운 황금, 유향과 몰약만은 주님을 위해 내어드렸던 그들을 보라. 너무 먼 광야의 여정 중 핍절하고 곤궁한 가운데 보배로운 금과 유황, 몰약을 팔아 좀 더 쉽게 자신들의 여행을 마치는 것을 생각 했을 법도 한데, 동방박사들은 자신들이 가진 가장 존귀한 보물들을 결코 여정의 풍파만으로 허비하지 않고 소중히 간직하여 주님의 길을 예비하고 경배하기 위해 예수님께만 드렸다.

세상 풍파에 자신의 삶을 닳아 마모시키는 것만으로 끝내는 초라한 인생이 아니라, 주님께 보물같이 받아 거듭난 인생 전부를, 주님의 구원의 길을 예비하기 위해 드릴 자 과연 누구인가?

32. 한 영혼과 한 드라크마

32. ONE SOUL, ONE DRACHMA

LUKE 15:6-14

6 And when he cometh home, he cal-
leth together his friends and neighbours,
saying unto them, Rejoice with me; for I
have found my sheep which was lost. 7 I
say unto you, that likewise joy shall be in
heaven over one sinner that repenteth,
more than over ninety and nine just per-
sons, which need no repentance. 8 Either
what woman having ten pieces of silver, if
she lose one piece, doth not light a candle,
and sweep the house, and seek diligently
till she find it? 9 And when she hath
found it, she calleth her friends and her
neighbours together, saying, Rejoice with
me; for I have found the piece which I had
lost. 10 Likewise, I say unto you, there is
joy in the presence of the angels of God
over one sinner that repenteth. 11 And
he said, A certain man had two sons: 12
And the younger of them said to his fa-
ther, Father, give me the portion of goods

누가복음 15:6-14

6 집에 와서 그 벗과 이웃을 불러 모으고 말
하되 나와 함께 즐기자 나의 잃은 양을 찾았
노라 하리라 7 내가 너희에게 이르노니 이와
같이 죄인 하나가 회개하면 하늘에서는 회개
할 것 없는 의인 아흔 아홉을 인하여 기뻐하
는 것보다 더하리라 8 어느 여자가 열 드라크
마가 있는데 하나를 잃으면 등불을 켜고 집
을 쓸며 찾도록 부지런히 찾지 아니하겠느냐
9 또 찾은즉 벗과 이웃을 불러 모으고 말하되
나와 함께 즐기자 잃은 드라크마를 찾았노라
하리라 10 내가 너희에게 이르노니 이와 같이
죄인 하나가 회개하면 하나님의 사자들 앞에
기쁨이 되느니라 11 또 가라사대 어떤 사람이
두 아들이 있는데 12 그 둘째가 아비에게 말
하되 아버지여 재산 중에서 내게 돌아올 분
깃을 내게 주소서 하는지라 아비가 그 살림을
각각 나눠 주었더니 13 그 후 며칠이 못되어
둘째 아들이 재물을 다 모아가지고 먼 나라에
가 거기서 허랑방탕하여 그 재산을 허비하더
니 14 다 없이한 후 그 나라에 크게 흉년이 들
어 저가 비로소 궁핍한지라

that falleth to me. And he divided unto
them his living. 13 And not many days af-
ter the younger son gathered all together,
and took his journey into a far country,
and there wasted his substance with riot-
ous living. 14 And when he had spent all,
there arose a mighty famine in that land;
and he began to be in want.

Why does Jesus speak in a parable of a lost coin when he talks about the lost soul? The parables of a lost sheep and the prodigal son are similar to each other in that they both search for lives that have been lost. However, in this passage, Jesus compares a human soul with a lifeless coin. Is that even appropriate?

Ironically, Jesus uses this parable to pierce right through the truth and illustrate the very situation of those lost souls who are treated as worthless by the world.

The worth of one drachma was equal to one denarius of Rome at the time. It was worth only about 25cents in U.S. money, which was given for a daily labor. This is a parable that sympathize those souls who struggle to survive every day and, live not much differently from slaves. Behold, even Jesus was sold at the price of 30 silver coins, the price an adult slave, before he bore the cross for the humanity, who was being held slave to Satan.

The Roman had a system of pragmatism at the time and focused on the permanence of their future. Other than economic and military powers, which were the two most essential elements required for such ambitious prospects, all other values such as regional, national, religious virtues were erased out or left to die. The empire's only interest was to perpetuate its dominance by sucking out all economic resources from

왜 주님은 드라크마라는 동전을 잃어버린 영혼에 비유하셨을까? 기르다가 잃어버린 양과 도망친 탕자는 모두 생명이라는 점에서 그 비유가 적절하다. 그러나 한 영혼을 생명 없는 돈 따위로 비유하시다니 이 비유는 과연 적절한가? 역설적이게도 예수님은 이 비유를 통해 잃어버린 영혼들이 무가치하게 전락한 처지를 정확히 꿰뚫어 상징으로 표현하고 계신다.

왜냐하면 한 개의 드라크마는 당시 로마의 한 데나리온과 같은 화폐 가치로 노동자들의 하루 250원 정도의 품삯이었다. 고작 하루의 생명을 연명하기 위해 고단한 하루살이에 매여, 거의 노예나 다름없이 되버린 영혼들에 대한 안타까움이 실린 비유였다. 보라, 예수님도 사단에게 노예처럼 사로잡힌 인류를 대신해 직접 십자가를 지시기에 앞서 먼저 은 서른 개, 즉 성인 노예 한 명의 값으로 팔리셨다.

당시 로마의 실용대세를 표방한 제국 시스템은 제국의 미래를 항구적으로 추구하기 위해 두 가지 필수 조건인 경제력과 군사력만을 비대하게 키우려 하였다. 다른 어떤 지역적, 민족적, 종교적 가치는 포매팅하거나 방치한 채 식민지로 거느리는 만국 백성의 경제력을 억지로 빨아치워 제국의 미래를 위한 패권만을 지속시킬 뿐이었다. 따라서 당시 로마의 속국이 된 유대 노동자의 하루 품삯이 고작 1드라크마, 곧 한화로 250원 남짓의 돈에 불과한 것은 비극적이지만 탐욕적 제국 시스템 상 당연한 메커니즘이었다. 이러한 시대 상황 아래서, 예수님은 존귀하고 영원한 한 영혼이 고작 경제적 생존 도구인 노예처럼 전락하고만 인생 군상을 안

its colonies. Therefore, as being a tributary of Roman, it was a tragic but also a natural mechanism to receive only a quarter dollar for a daily labor.

Under such circumstances, Jesus' parable gave precise account of the tragic live of mankind which originally created for eternity and glory. Mankind was treated as mere slaves and economic tools to survive and appeared to be a mere monetary value so Jesus used this parable exquisitely.

Now, let us think about why this woman in the scripture was willing to gather her neighbors to celebrate for finding a mere drachma. In the Middle East, it is the common to eat and drink when hosting a celebratory party and this surely would cost the woman more than one drachma.

To the Lord of Heavens, a single soul is more valuable than money, and He ends the tragedy of a life that has turned into a mere economic tool. In addition, The Lord does not give a person temporary means for survival, but an eternal life.

Therefore, we are carefully able to speculate the reason behind the woman's decision to host a feast that would have cost much greater than a drachma; a single soul is so much worth than a silver that was defined by the standards of the Roman pragmatism. It has a much greater value and purpose which is seeking after His Kingdom and joining in the celebration of life that lasts forever.

타까이 여기셔서 차디찬 돈의 이미지로 빗대어 영혼들을 절묘하게 비유하셨다.

이제 왜 주인이 상식적으로 생각해도 매우 비효율적인 방법으로 한 드라크마를 찾은 기쁨을 잔치를 벌이며 이웃과 함께 나누었는지 생각해 보자. 이웃들과 즐기려면 중동 문화에서 먹고 마시는 일은 필수불가결한 일이고 이는 찾은 한 드라크마보다 더 큰 비용 가치가 소모될 일이다. 하늘의 주인에게는 영혼이 돈보다 중요하며 그가 주님께로 돌아올 때 세상에서 고작 경제적 생존 도구로 전락한 인생 비극을 파하신다. 또한, 당분간의 생존이 아닌 영원한 생명을 주신다. 따라서 생존을 위해 하루살이처럼 고작 한 드라크마의 가치로 규정된 로마 실용대세 가운데 매인 고단한 인생보다 훨씬 더 큰 가치, 주님께로 돌아와 천국을 추구하며 사는 삶은, 어떤 대가를 치르고도 살 수 없는 영원무궁한 생명의 잔치에 참여한다는 점에서, 한 드라크마가 가진 화폐적 가치보다 더 큰 잔치로 기념하려했던 주인의 의도를 짐작하게 한다.

그렇다면 로마 시대를 배경으로 하면서 굳이 로마의 통용화폐 '데나리온'이 아니라 그리스의 화폐단위인 '드라크마'를 써서 표현하신 이유는 무엇인가? 로마는 실용대세로 경제적 가치가 아닌 요소들은 인격이든 집단이든 나라든 모두 제국의 가치 이하로 폄하하여 맘몬의 폭력으로 만국과 영혼들을 짓누르는 폭압적인 시스템이 극대화되어 있었다. 하지만 그 실용대세 가치를 규정하는 철학적인 근원은 그리스로부터 비롯되었다. 경제적 자유가 곧 미래의 자유로 여긴 가치가 극대화되어 더욱 탐욕적으로 다른 존재

Now, then, why Jesus had deliberately mentioned the Greek monetary unit in a Roman era? It is true that Roman Empire was at its peak of pragmatism; everything was dismissed as menial, whether it was human soul, organization, or a whole nation, if it was not worthy economically. Its violence and a ruthless system of Mammon crushed the souls of all nations who were under its power. However, the fundamental philosophy of pragmatism came from Greece. Rooting its bases in the Greek philosophy and with an assertion that economic freedom is the freedom of the nation's future, the Roman empire took the idea of pragmatism into another level by maximizing its greed, sucking the life out of others' economic and physical survival.

Even though the Greek attempted to advocate liberalism, it did not bring true freedom for all people, but only for the 10% of people who controlled the economic power. Contrary to our beliefs that an ancient Greece to be an ideal nation of the western world, people in its subjugated nations, slaves, old men, women and children that composes the 90% of its population had no economic nor political freedom.

The delusion humanity upheld the idea that the future of its empire depends on the acquirement of economic rights and plundered others' rights of economy, and this idea had been pushed to the extreme under the system of Roman Empire.

의 경제적, 물리적 생존까지 빼앗는 시대가 바로 로마였으나, 그 가치의 근원은 사실 그리스로부터 비롯된 생각이었다.

그리스는 자유주의를 표방한다고 알려져있지만 이는 곧 모든 이들이 누릴 수 있는 진정한 자유가 아니며, 10%도 채 되지 않는 경제력을 가진 자만 누리는 기만적 자유였다. 사실 서구사회가 민주주의의 모델로 생각하는 고대 그리스에서는 정복당한 이방민족, 노예, 연로한 남자, 여자, 어린이 등 전체 인구 90% 이상의 경제적 권리가 없는 사람들에게 사회적, 정치적 자유가 주어지지 않았다.

따라서 경제적 권리가 있어야 자유가 보장되는 미래를 전망할 수 있을 것이라는 인류의 착각은 탐욕적으로 다른 이들의 경제적 권리를 빼앗기에 이르렀고, 이것이 극단화된 시스템이 로마 제국의 미래, 패권 양상이었다. 인류에게 자유가 없는 것은 물질이 아닌 아담의 원죄 때문이며, 이는 곧 예수 그리스도로 말미암은 십자가 복음으로 사망의 죄를 끊어냈을 때 자유해 지는 것이지 물질적 부요로는 결단코 자유해질 수 없다.

오늘날 성실히 일한 대가로 얻은 돈들을 먹어치우는 탐욕적 경제 활동이 세계화되면서 다시 세계적으로 로마 실용 대세가 부활하고 있다. 청년들과 장년들, 노인들 모두 그들이 가진 경제적 권리가 언제 제어 당할지 알 수 없는 불안정성의 시스템이 도래했고, 인격이라도 상시적으로 퇴출 될 수 있는 구조에 대한 세계적 합의는 고통스럽기를 넘어 잔인하기까지 하다. 그러나 우리는 물질로 통제 당할 수 있는 노예가 아니요, 물질이 아닌 오직 예수 그

The freedom of humanity is not repressed by lack of materials, but by Adam's original sin. This oppression cannot be lifted by material abundance but only by cutting loose from fatal sin by the gospel of the cross where Jesus Christ had died.

Avaricious financial activities are globalized and eat up honestly earned money. We are able to see Roman pragmatism come back to life again. We live in a time where an unstable system controls the economies of both the young and the old. The world that we live in now is ready to discard anything, even the human soul, at any given moment. It seems not only agonizing but also cruel. However, we are not the people who are enslaved by material or ensured of momentary freedom and survival, but the people whose souls are saved in eternity by the gospel of Christ.

리스도의 복음으로 자유를 누리며, 잠깐의 생존이 아닌 영원한 구원을 얻은 자들이다. 방황하는 청년들이여! 쓰고 버려질까 두려워하는 장년들이여! 외로움으로 근심하는 노년들이여! 이제 물질주의가 주는 거짓 자유의 약속과 그 모순의 신기루에 궁극적 소망을 두지 말고, 피 묻은 예수 십자가 복음이 주는 자유함과 영광의 구원을 어두워졌던 자신의 영혼과 매어있는 온 세계에 던지라!

33. 아이 예수님의 비전
33. CHILD JESUS' VISION

LUKE 2:41-52

41 Now his parents went to Jerusalem
every year at the feast of the passover. 42
And when he was twelve years old, they
went up to Jerusalem after the custom of
the feast. 43 And when they had fulfilled
the days, as they returned, the child Jesus
tarried behind in Jerusalem; and Joseph
and his mother knew not of it. 44 But
they, supposing him to have been in the
company, went a day's journey; and they
sought him among their kinsfolk and
acquaintance. 45 And when they found
him not, they turned back again to Jeru-
salem, seeking him. 46 And it came to
pass, that after three days they found him
in the temple, sitting in the midst of the
doctors, both hearing them, and asking
them questions. 47 And all that heard him
were astonished at his understanding and
answers. 48 And when they saw him, they
were amazed: and his mother said unto

누가복음 2:41-52

41 그 부모가 해마다 유월절을 당하면 예루살
렘으로 가더니 42 예수께서 열 두살 될 때에
저희가 이 절기의 전례를 좇아 올라갔다가 43
그 날들을 마치고 돌아갈 때에 아이 예수는
예루살렘에 머무셨더라 그 부모는 이를 알지
못하고 44 동행 중에 있는 줄로 생각하고 하
룻길을 간 후 친족과 아는 자 중에서 찾되 45
만나지 못하매 찾으면서 예루살렘에 돌아갔
더니 46 사흘 후에 성전에서 만난즉 그가 선
생들 중에 앉으사 저희에게 듣기도 하시며 묻
기도 하시니 47 듣는 자가 다 그 지혜와 대답
을 기이히 여기더라 48 그 부모가 보고 놀라
며 그 모친은 가로되 아이야 어찌하여 우리
에게 이렇게 하였느냐 보라 네 아버지와 내가
근심하여 너를 찾았노라 49 예수께서 가라사
대 어찌하여 나를 찾으셨나이까 내가 내 아
버지 집에 있어야 될 줄을 알지 못하셨나이까
하시니 50 양친이 그 하신 말씀을 깨닫지 못
하더라 51 예수께서 한가지로 내려가사 나사
렛에 이르러 순종하여 받드시더라 그 모친은
이 모든 말을 마음에 두니라 52 예수는 그 지

him, Son, why hast thou thus dealt with
us? behold, thy father and I have sought
thee sorrowing. 49 And he said unto
them, How is it that ye sought me? wist
ye not that I must be about my Father's
business? 50 And they understood not
the saying which he spake unto them. 51
And he went down with them, and came
to Nazareth, and was subject unto them:
but his mother kept all these sayings in
her heart. 52 And Jesus increased in wis-
dom and stature, and in favour with God
and man.

혜와 그 키가 자라가며 하나님과 사람에게 더
사랑스러워 가시더라

Was Jesus, just a child at the age of twelve, possible to be fascinated with God's vision as much as he was indifferent to be separated from his parents?

Of course, he must have proclaimed the vision regarding God's work he had to do himself when he had gone to the temple(49, KJV). However, God Father prepared a clear casting of the child Jesus in reality.

On the feast of the Passover, every tribe goes to the temple and offers a lamb as a sacrifice on behalf of his relatives. For this, the youngest adult among them brings it to a temple. In a word, Jesus must have gone to the temple to offer it as the youngest among his relatives as he was twelve, the age of being adults according to the custom in Judea!

So, he must be known that he himself would be crucified later when he had gone to the temple with a lamb and seen the lamb being sacrificed!

Therefore, the child Jesus couldn't leave God's temple after recognizing the vision for him and was totally captured by God's work.

Knowing God's vision clearly for oneself shows a way where he should go in his life so that it is more important than any other wisdom and ability. Therefore, it becomes a spiritual basis. Like a brave sailor chasing for a trace of an everlasting shining star, in a risky ark of human beings suffering from the heavy

고작 열두 살 된 아이에 불과했던 예수님은 어떻게 부모가 떠난 것도 개의치 않을 정도로 하나님의 비전에 심취할 수 있었을까?

물론 성전에 올라갔을 때 성부 하나님으로부터 직접 자신이 하나님의 일을 반드시 해야 할 것에 대한 비전을 듣고 자신이 선포하셨지만(49, KJV), 일상에서도 아이 예수님을 향한 성부 하나님의 배려 깊은 명확한 부르심이 있었다.

유월절이 되면 각 지파에는 친족별로 성전에 올라가 친족들을 대표하는 어린 양 한 마리를 잡아 성전 제물로 드린다. 이때 친족을 대표하여 어린 양을 매고 가는 이는 친족 중에 가장 어린 성인 남자가 감당한다. 즉 예수님이 요셉의 장자로서 유대 나이 열두 살로 곧 성년이 시작되는 나이였고, 친족들 중 가장 어린 성인이었던 예수님이 어린 양을 매고 성전에 제물로 드리기 위해 들어갔음이 틀림없다! 어린 양을 각 떠 제물로 드리는 장면을 직접 보면서 아이 예수는 그 어린 양이 십자가에 못 박힐 자신임을 직감했을 것이다! 이후 아이 예수는 자신을 향한 비전을 깨닫게 되자 하나님의 성전을 떠나지 못하고 자신에 관한 비전과 아버지의 일에 완전히 압도되고 사로잡히게 된다.

자신을 향한 하나님의 비전을 명확히 아는 것은 인생의 방향과 갈피가 잡히는 일이어서 어떤 지혜와 능력보다 더 중요한 영적 기초가 된다. 원죄의 격랑 가운데 있는 인류 공동체라는 위험한 방주 속에서, 영원히 빛나는 별의 자취를 쫓아가는 강인한 항해사처럼, 아이 예수님조차 마음속 깊이 새겼던 인류를 향한 주님의 비전을 아는 것은 그리스도인이 방황하지 않을 절대적인 기초가

seas of original sin, knowing the Lord's vision for all human beings becomes a fundamental basis for Christians not to wander around as it was even stamped on the child Jesus' mind. Keep His vision for human salvation in your mind as much as you are overwhelmed by it.

된다. 하나님의 인류 구원을 향한 예수님의 비전을 자신에게 압도될 만큼 새기라.

34. 요셉의 진짜 꿈

34. THE REAL DREAM OF JOSEPH

GENESIS 37:1-11

1 And Jacob dwelt in the land wherein his father was a stranger, in the land of Canaan. 2 These are the generations of Jacob. Joseph, being seventeen years old, was feeding the flock with his brethren; and the lad was with the sons of Bilhah, and with the sons of Zilpah, his father's wives: and Joseph brought unto his father their evil report. 3 Now Israel loved Joseph more than all his children, because he was the son of his old age: and he made him a coat of many colors. 4 And when his brethren saw that their father loved him more than all his brethren, they hated him, and could not speak peaceably unto him. 5 And Joseph dreamed a dream, and he told it his brethren: and they hated him yet the more. 6 And he said unto them, Hear, I pray you, this dream which I have dreamed: 7 For, behold, we were binding sheaves in the field, and, lo, my

창세기 37:1-11

1 야곱이 가나안 땅 곧 그 아비의 우거하던 땅에 거하였으니 2 야곱의 약전이 이러하니라 요셉이 십 칠세의 소년으로서 그 형제와 함께 양을 칠 때에 그 아비의 첩 빌하와 실바의 아들들로 더불어 함께 하였더니 그가 그들의 과실을 아비에게 고하더라 3 요셉은 노년에 얻은 아들이므로 이스라엘이 여러 아들보다 그를 깊이 사랑하여 위하여 채색옷을 지었더니 4 그 형들이 아비가 형제들보다 그를 사랑함을 보고 그를 미워하여 그에게 인사가 불평하였더라 5 요셉이 꿈을 꾸고 자기 형들에게 고하매 그들이 그를 더욱 미워 하였더라 6 요셉이 그들에게 이르되 청컨대 나의 꾼 꿈을 들으시오 7 우리가 밭에서 곡식을 묶더니 내 단은 일어서고 당신들의 단은 내 단을 둘러서서 절하더이다 8 그 형들이 그에게 이르되 네가 참으로 우리의 왕이 되겠느냐 참으로 우리를 다스리게 되겠느냐 하고 그 꿈과 그 말을 인하여 그를 더욱 미워하더니 9 요셉이 다시 꿈을 꾸고 그 형들에게 고하여 가로되 내가 또 꿈을 꾼즉 해와 달과 열한 별이 내게 절하더

sheaf arose, and also stood upright; and,
behold, your sheaves stood round about,
and made obeisance to my sheaf. 8 And
his brethren said to him, Shalt thou in-
deed reign over us? or shalt thou indeed
have dominion over us? And they hated
him yet the more for his dreams, and for
his words. 9 And he dreamed yet another
dream, and told it his brethren, and said,
Behold, I have dreamed a dream more;
and, behold, the sun and the moon and
the eleven stars made obeisance to me.
10 And he told it to his father, and to his
brethren: and his father rebuked him,
and said unto him, What is this dream
that thou hast dreamed? Shall I and thy
mother and thy brethren indeed come to
bow down ourselves to thee to the earth?
11 And his brethren envied him; but his
father observed the saying.

이다 하니라 10 그가 그 꿈으로 부형에게 고
하매 아비가 그를 꾸짖고 그에게 이르되 너
의 꾼 꿈이 무엇이냐 나와 네 모와 네 형제들
이 참으로 가서 땅에 엎드려 네게 절하겠느
냐 11 그 형들은 시기하되 그 아비는 그 말을
마음에 두었더라

Didn't God know that Joseph's dream could cause troubles among his step brothers though it was understandable for God to give a dream to young Joseph? What was the reason for God to give a child Joseph a dream that had a possibility of causing troubles among his brothers?

Surprisingly, God had a clear intention to reconcile Joseph and his brothers through a dream although he gave it to Joseph who lost his mom and was shunned by his step brothers from his childhood!

Sheaves of grain mean that its head is already cut and threshed. Joseph's sheaves of grain might be bigger than that of his brothers considering he fed them and all nations in Egypt later. But, it doesn't mean just 'grain' but his sacrifice and death in that it is 'sheaves of grain' cut to give grain.

Also, stars give light by burning themselves. The more shining stars are, the more they burn themselves.

Therefore, the Lord promised that isolated Joseph will be honored by his brothers but He made sure that it should be done by Joseph's sacrifice for them. But Joseph just focused only on being higher than his brothers as he was shunned by them.

True Christians' dream comes true through the cross that serves and sacrifices for others. Achieving their vision and glory in other ways is not a real dream that comes from God.

어린 요셉에게 꿈을 꾸시게 하는 주님의 의도야 이해가 되지만 꿈의 내용이 배다른 형제들과 위화감이 생길 여지가 있음을 주님께서 충분히 아시지 않았을까? 그런데 하나님께서 형제들의 분란을 유도할만한 꿈을 어린 요셉이게 굳이 주셔야 할 이유는 무엇이란 말인가?

놀랍게도 하나님은 어미를 일찍 여의고 배다른 형들에게 따돌림을 당하고 있는 요셉에게 꿈을 주시면서도, 사실 그 꿈 내용 안에 형제들과도 화목하게 하시려는 명확한 의도를 나타내고 계셨다!

곡식단은 알곡의 머리 부분이 이미 베이고 탈곡된 상태를 말한다. 아마도 요셉이 나중에 이집트에서 형제들과 열국을 먹이는 바 형제들의 볏짚단보다 요셉의 곡식단이 가장 많고 컸겠지만, 그것은 그냥 '곡식'이 아니라 알곡을 내어주기 위해 베임 당한 '곡식단'이라는 점에서 희생과 죽음을 상징한다.

또한 광명체의 별은 스스로를 태워 빛을 낸다. 더 밝은 광명체일수록 더 많이 자신의 몸을 태우고 있는 셈이다.

따라서 주님은 요셉이 소외된 가운데 형제들로부터 존중이 회복될 것을 약속하시지만 그 방법에 있어서는 요셉이 형제들을 위해 희생당하고 섬기는 것에 있음을 분명히 하셨다. 그러나 요셉은 존재적으로 형제들에게 무시당하면서 이러한 이중적인 의미를 가진 꿈에 대해 자신이 높아지는 데에만 반응하고 몰두했던 셈이다.

진정한 그리스도인의 꿈은 섬기며 희생하는 십자가를 통해 완성된다. 다른 방법으로 그리스도의 비전과 영광을 이룰 수 있다는 생각은 아류요, 하나님으로부터 온 꿈이 아니다.

35. 세상으로부터 거절 당하신 예수님

35. JESUS DISOWNED BY THE WORLD

LUKE 2:1-7

1 And it came to pass in those days, that
there went out a decree from Caesar Au-
gustus that all the world should be taxed.
2 (And this taxing was first made when
Cyrenius was governor of Syria.) 3 And
all went to be taxed, every one into his
own city. 4 And Joseph also went up from
Galilee, out of the city of Nazareth, into
Judaea, unto the city of David, which is
called Bethlehem; (because he was of
the house and lineage of David:) 5 To be
taxed with Mary his espoused wife, be-
ing great with child. 6 And so it was, that,
while they were there, the days were ac-
complished that she should be delivered.
7 And she brought forth her firstborn son,
and wrapped him in swaddling clothes,
and laid him in a manger; because there
was no room for them in the inn.

누가복음 2:1-7

1 이때에 가이사 아구스도가 영을 내려 천하
로 다 호적하라 하였으니 2 이 호적은 구레
뇨가 수리아 총독 되었을 때에 첫 번 한 것이
라 3 모든 사람이 호적하러 각각 고향으로 돌
아가매 4 요셉도 다윗의 집 족속인고로 갈릴
리 나사렛 동네에서 유대를 향하여 베들레헴
이라 하는 다윗의 동네로 5 그 정혼한 마리
아와 함께 호적하러 올라가니 마리아가 이미
잉태되었더라 6 거기 있을 그 때에 해산할 날
이 차서 7 맏아들을 낳아 강보로 싸서 구유에
뉘었으니 이는 사관에 있을 곳이 없음이러라

Jesus born through Maria for God's salvation plan was denied to stay a room at an inn even for a night as there was no extra room when he came to the earth.

It is like that Jesus was disowned by the world from the moment that he was born though he came to save the world. This doesn't seem to deny Him just because rooms were full of people. The owner seems to have calculated a possible disadvantage to his business stemming from the woman who would give birth to a baby soon.

According to the strict laws in the Middle East, it is right to help strangers and those in troubles. Therefore, kicking out the woman who seems to give birth to a baby soon means killing the woman in a cold street and this is like aiding a murder and unjust. It is so sad to see that there was no any inn owner or inhabitant to give a room to the mother and this newborn baby.

There are some people who deny and destroy the way for Jesus for the sake of their own advantage, comfort and social stability. Those who remove Jesus's room in us for their economic stability and for his social position and honor, self-love and self-attachment like Herod are very dangerous people like inn owners.

하나님의 구원 계획을 위해 마리아를 통해 잉태된 예수님은 세상에 나오시면서 여관에 방이 없다는 이유로 하룻밤조차 묵기를 거절당하셨다.

예수님은 태어나시면서부터 자신이 구원할 세상에게 거절을 당하신 셈이다. 이 거부에는 단순히 사람이 많아 여관에 방이 없었기 때문만이 아니라, 아기를 배어 이제 해산할 기미가 보이는 여인을 방에 들인다면 장사하는 데 지장이 있을까 염려하는 이해타산적인 저의가 엿보인다. 유대의 엄격한 중동 율법상 나그네와 곤경에 빠진 자를 돕게 되어 있고, 아기가 이제 막 나오려 하는 여인을 길가로 내몰고 외면하는 것은 추위에 아이를 낳다가 죽으라는 살인방조나 마찬가지로 불의한 모습이다. 산모와 이 핏덩어리 생명을 위해 방을 내어준 여관주인과 주민이 단 한 명도 없었다니 안타까울 따름이다.

헤롯과 같이 자신의 유익과 이해관계, 사회적 안정의 지위를 위해 오실 예수님의 길조차 거부하고 폐기해버리는 사람들이 있다. 여관방 주인들처럼 자신의 경제적 안정을 위해 헤롯처럼 세상의 위치와 명예, 자아에 대한 애착을 위해 우리 안에 예수님의 자리를 제거하는 그들은 매우 위험한 사람들이다.

36. 감사의 능력
36. THE POWER OF GRATEFULNESS

LUKE 17:11-19

11 And it came to pass, as he went to
Jerusalem, that he passed through the
midst of Samaria and Galilee. 12 And
as he entered into a certain village,
there met him ten men that were lep-
ers, which stood afar off: 13 And they
lifted up their voices, and said, Jesus,
Master, have mercy on us. 14 And
when he saw them, he said unto them,
Go shew yourselves unto the priests.
And it came to pass, that, as they went,
they were cleansed. 15 And one of
them, when he saw that he was healed,
turned back, and with a loud voice
glorified God, 16 And fell down on
his face at his feet, giving him thanks:
and he was a Samaritan. 17 And Jesus
answering said, Were there not ten
cleansed? but where are the nine? 18
There are not found that returned to
give glory to God, save this stranger.

누가복음 17:11-19

11 예수께서 예루살렘으로 가실 때에 사마리
아와 갈릴리 사이로 지나가시다가 12 한 촌
에 들어가시니 문둥병자 열 명이 예수를 만나
멀리 서서 13 소리를 높여 가로되 예수 선생
님이여 우리를 긍휼히 여기소서 하거늘 14 보
시고 가라사대 가서 제사장들에게 너희 몸을
보이라 하셨더니 저희가 가다가 깨끗함을 받
은지라 15 그 중에 하나가 자기의 나은 것을
보고 큰 소리로 하나님께 영광을 돌리며 돌아
와 16 예수의 발아래 엎드리이 시례히니 지
는 사마리아인이라 17 예수께서 대답하여 가
라사대 열 사람이 다 깨끗함을 받지 아니하
였느냐 그 아홉은 어디 있느냐 18 이 이방인
외에는 하나님께 영광을 돌리러 돌아온 자가
없느냐 하시고 19 그에게 이르시되 일어나 가
라 네 믿음이 너를 구원하였느니라 하시더라

19 And he said unto him, Arise, go thy
way: thy faith hath made thee whole.

Why was it that the nine lepers had not come back to give praises of thanks to Jesus? This was because one of the ten had been a Samaritan.

Having such contagious diseases, lepers had been living in an isolated society away from others. It was Jesus' act of generosity to cure them, to send them to the priests to show them of their cured bodies, for this signals that they can be accepted back into the normal society.

However, another problem appears before the ten who have been cured. There had been a Samaritan among the Jews. While they had still been lepers, there it was not so much of a problem living together, however, things have changed for them as they were all cured now. According to the Jewish culture at the time, for a person to have a record of having mingled with a Samaritan was considered an obstacle in being accepted back into the society. So, the other nine did not come back to give thanks to Jesus because they did not want to be in company with the Samaritan.

On the other hand, the Samaritan, who had been an outcast and isolated from the society his whole life, has now been abandoned by the nine Jews who he had been living with. Nevertheless, he came back and praised Jesus, a person who's a Jew as the other nine who he had been living with. He wasn't prejudiced by one's outer looks or ethnicity, but had thought

왜 아홉 명의 나병 환자는 예수님께 감사의 경배를 드리러 오지 않았을까? 왜냐하면 나머지 한 명의 나음을 입은 나병환자가 사마리아 사람이었기 때문이다.

나병 환자는 질병의 전염성으로 인해 사회와 격리되어 자신들만의 마을에서 살게 되므로 예수님께 나음을 입은 후 제사장에게 보이는 것은 정상적 사회 복귀를 공표하는 배려의 행위이다. 그런데 나음을 입은 열 나병 환자에게 또 다른 문제가 나타났다. 왜냐하면 유대인 사이에 사마리아인이 끼어있었던 것이다. 피부가 문드러져 자신들끼리 격리되어 살던 나병 환자의 시절에는 전혀 문제 될 일이 아니었지만 나음을 입은 지금은 상황이 달라졌다. 사마리아인과 어울렸던 전력은 유대인이 유대 사회로 온전히 편입되는 데 걸림돌이 되기 때문이다. 따라서 유대인이었던 아홉 명의 나병 환자는 같이 살던 사마리아인과 동행하는 일을 꺼려 예수님께 감사와 경배를 드리지 못했다.

한편 사마리아인이었던 한 나병 환자는 평생 사회로부터 버림받고 격리당하고 이제 같이 살던 아홉 명의 유대인 나병 환자에게도 사마리아인이라는 이유로 버려졌다. 그럼에도 불구하고 그는 자신을 버린 유대인과 같은 민족이었던 예수님께 경배하러 나온다! 왜냐하면 그는 표면적 편견으로 판단하기보다 피부가 썩어 문드러져 죽어가는 불치의 병을 고칠 수 있는 분은 오직 하나님뿐임을 곰곰이 생각하고 판단했던 것으로 보인다. 그래서 사마리아인 나병환자는 병이 낫자 모든 거절과 편견에 지배되지 않고 하나님이신 예수님께 감사의 경배를 드리러 왔다!

carefully and decided that only God has such power to cure a disease that melts away the skin. So, the Samaritan, after having been cured did not give in to the rejection and prejudice, but was able to give praise of thanks to Jesus!

If anyone is able to turn his eyes towards God in any given situation, he is capable of giving thanks regardless of the condition he may be in. Because God's love is unlimited and endless. Gratefulness towards this world and human is conditional and time limited. The worldly human love and its ability is clearly limited that they do not produce appreciation, however, cannot avoid impartiality, prejudice, and division. On the other hand, God's love is unlimited, incomparable to the puny love the world can give. God's love is the everlasting source of grace.

There are only two ways to live your life. Are you someone who hopes in and despairs over worldly love, a love that is limited and biased? Or will you trust only in God's unlimited love, not giving into the prejudices of this world, and receive peace by giving thanks all the time?

어떤 상황 속에서도 하나님을 응시할 수 있는 감사에는 조건이 없다. 왜냐하면 하나님의 사랑은 무한해서 끝이 없기 때문이다. 세상과 사람을 바라보는 감사는 조건적이며 한시적이다. 또한 세상과 사람이 주는 사랑과 능력은 한계가 분명하기 때문에 감사보다는 불편부당함과 편협과 분리와 파당을 만드는 경우가 불가피하다. 그러나 하나님의 사랑은 무한하기에 세상의 편협한 일시적 사랑과 비할 바 없이 항상 감사할 수 있는 은혜를 입게 된다. 이 땅을 살아가는 두 가지 방법이 있다. 당신은 일시적이고 유한하며 한계가 있어 편중될 수밖에 없는 세상의 사랑에 기대하다 절망하는 사람인가? 아니면 무한한 하나님의 사랑만을 신뢰하여 세상의 편협함에 지배되지 않고 무한한 사랑과 감사로 평강을 나타낼 자인가?

37. 의인 노아의 순종
37. RIGHTEOUS NOAH'S OBEDIENCE

GENESIS 6:8-11, 7:5-10

6:8 But Noah found grace in the eyes of the LORD. 9 These are the generations of Noah: Noah was a just man and perfect in his generations, and Noah walked with God. 10 And Noah begat three sons, Shem, Ham, and Japheth. 11 The earth also was corrupt before God, and the earth was filled with violence.

7:5 And Noah did according unto all that the LORD commanded him. 6 And Noah was six hundred years old when the flood of waters was upon the earth. 7 And Noah went in, and his sons, and his wife, and his sons' wives with him, into the ark, because of the waters of the flood. 8 Of clean beasts, and of beasts that are not clean, and of fowls, and of every thing that creepeth upon the earth, 9 There went in two and two unto Noah into the ark, the male and the female, as God had commanded Noah.

창세기 6:8-11, 7:5-10

6:8 그러나 노아는 여호와께 은혜를 입었더라
9 노아의 사적은 이러하니라 노아는 의인이
요 당세에 완전한 자라 그가 하나님과 동행하
였으며10 그가 세 아들을 낳았으니 셈과 함과
야벳이라 11 때에 온 땅이 하나님 앞에 패괴
하여 강포가 땅에 충만한지라

7:5 노아가 여호와께서 자기에게 명하신대로
다 준행하였더라 6 홍수가 땅에 있을 때에 노
아가 육백세라 7 노아가 아들들과 아내와 자
부들과 함께 홍수를 피하여 방주에 들어갔고
8 정결한 짐승과 부정한 짐승과 새와 땅에 기
는 모든 것이 9 하나님이 노아에게 명하신 대
로 암수 둘씩 노아에게 나아와 방주로 들어갔
더니 10 칠일 후에 홍수가 땅에 덮이니

10 And it came to pass after seven days, that
the waters of the flood were upon the earth.

Do you think how long Noah obeyed God after receiving the vision of human salvation and judgment through the ark and the flood? It was not just few months or years, but 120 years.

He seemed to obey God so long with animals though nobody cared until all human beings in the near East listened to the news of the ark. Moreover, there had never been rain over the vault of heaven. Therefore, it was a really great issue to obey God only with his family without any concept of such heavy rains because he had never experienced them.

If Noah hadn't obeyed God because of his doubt during the time, all human beings would haven't been saved and have fallen as nobody then obeyed God except Noah.

We should follow his obedience of the salvation mission for all human beings! God wants you who will obey His will of saving human beings with all hearts for the whole life. You should be like Noah, not like those who had nothing to do with God's salvation and judgment because of marrying and giving in marriage, eating and drinking in the Middle East!

노아가 방주와 홍수를 통한 인류 구원과 심판의 비전을 받고 얼마나 순종했을까? 몇 달 또는 몇 년이 아니라 무려 120년을 순종했다. 근동에 흩어진 대부분의 인류가 방주의 소식을 듣기까지 노아는 120년 동안이나 아무도 알아주지 않는 인류 구원의 비전을 위해 짐승들과 뒹굴며 120년이나 순종한 셈이다. 또한, 당시까지 궁창 위의 물이 쏟아진 적이 없었고 비가 온다는 개념이나 현상을 접해보지 못한 노아가 겨우 자신을 포함한 몇 명의 가족들과 홀로 순종했던 것은 매우 위대한 사건이 아닐 수 없다. 만약 120년 가운데 노아가 회의하여 끝까지 순종하지 못했더라면, 당시 인류의 반역 양상을 고려해볼 때 주님은 누구도 순종하지 않는 가운데 인류를 구원치 못하고 멸했을지 모른다.

인류 구원을 위한 선교의 순종을 통해 노아의 사적을 좇아야 한다! 시집가고 장가가고 먹고 마시느라 주님의 구원과 심판의 소식에 무관하게 살았던 고대 중동의 인류들과 같은 모습이 아니라 노아처럼 평생과 온 마음을 다해 주님의 인류 구원의 사적을 위해 순종할 당신을 원하신다!

38. 이스라엘 형제들의 분열과 연합
38. DIVISION AND ALLIANCE OF BROTHERS OF ISRAEL

GENESIS 37:1-14

1 And Jacob dwelt in the land wherein his father was a stranger, in the land of Canaan. 2 These are the generations of Jacob. Joseph, being seventeen years old, was feeding the flock with his brethren; and the lad was with the sons of Bilhah, and with the sons of Zilpah, his father's wives: and Joseph brought unto his father their evil report. 3 Now Israel loved Joseph more than all his children, because he was the son of his old age: and he made him a coat of many colors. 4 And when his brethren saw that their father loved him more than all his brethren, they hated him, and could not speak peaceably unto him. 5 And Joseph dreamed a dream, and he told it his brethren: and they hated him yet the more. 6 And he said unto them, Hear, I pray you, this dream which I have dreamed: 7 For, behold, we were binding sheaves in the field, and, lo, my

창세기 37:1-14

1 야곱이 가나안 땅 곧 그 아비의 우거하던 땅에 거하였으니 2 야곱의 약전이 이러하니라 요셉이 십 칠세의 소년으로서 그 형제와 함께 양을 칠 때에 그 아비의 첩 빌하와 실바의 아들들로 더불어 함께 하였더니 그가 그들의 과실을 아비에게 고하더라 3 요셉은 노년에 얻은 아들이므로 이스라엘이 여러 아들보다 그를 깊이 사랑하여 위하여 채색옷을 지었더니 4 그 형들이 아비가 형제들보다 그를 사랑함을 보고 그를 미워하여 그에게 언사가 불평하였더라 5 요셉이 꿈을 꾸고 자기 형들에게 고하매 그들이 그를 더욱 미워 하였더라 6 요셉이 그들에게 이르되 청컨대 나의 꾼 꿈을 들으시오 7 우리가 밭에서 곡식을 묶더니 내 단은 일어서고 당신들의 단은 내 단을 둘러서서 절하더이다 8 그 형들이 그에게 이르되 네가 참으로 우리의 왕이 되겠느냐 참으로 우리를 다스리게 되겠느냐 하고 그 꿈과 그 말을 인하여 그를 더욱 미워하더니 9 요셉이 다시 꿈을 꾸고 그 형들에게 고하여 가로되 내가 또 꿈을 꾼즉 해와 달과 열한 별이 내게 절하더

sheaf arose, and also stood upright; and,
behold, your sheaves stood round about,
and made obeisance to my sheaf. 8 And
his brethren said to him, Shalt thou in-
deed reign over us? or shalt thou indeed
have dominion over us? And they hated
him yet the more for his dreams, and for
his words. 9 And he dreamed yet another
dream, and told it his brethren, and said,
Behold, I have dreamed a dream more;
and, behold, the sun and the moon and
the eleven stars made obeisance to me.
10 And he told it to his father, and to his
brethren: and his father rebuked him,
and said unto him, What is this dream
that thou hast dreamed? Shall I and thy
mother and thy brethren indeed come to
bow down ourselves to thee to the earth?
11 And his brethren envied him; but his
father observed the saying. 12 And his
brethren went to feed their father's flock

이다 하니라 10 그가 그 꿈으로 부형에게 고
하매 아비가 그를 꾸짖고 그에게 이르되 너
의 꾼 꿈이 무엇이냐 나와 네 모와 네 형제들
이 참으로 가서 땅에 엎드려 네게 절하겠느냐
11 그 형들은 시기하되 그 아비는 그 말을 마
음에 두었더니 12 그 형들이 세겜에 가서 아
비의 양떼를 칠 때에 13 이스라엘이 요셉에게
이르되 네 형들이 세겜에서 양을 치지 아니하
느냐 너를 그들에게로 보내리라 요셉이 아비
에게 대답하되 내가 그리하겠나이다 14 이스
라엘이 그에게 이르되 가서 네 형들과 양떼
가 다 잘 있는 여부를 보고 돌아와 내게 고하
라 하고 그를 헤브론 골짜기에서 보내매 이에
세겜으로 가니라

in Shechem. 13 And Israel said unto Jo-
seph, Do not thy brethren feed the flock
in Shechem? come, and I will send thee
unto them. And he said to him, Here am I.
14 And he said to him, Go, I pray thee, see
whether it be well with thy brethren, and
well with the flocks; and bring me word
again. So he sent him out of the vale of
Hebron, and he came to Shechem.

We must pay attention to the fact that the dream Joseph, a boy of a nomadic tribe, had were of sheaves, something that may be found more easily in an agricultural society. Of course, he lived in a background that had some agricultural activities. However, why did God speak to him in such an awkward symbol instead of through a more familiar topic such as a herd of sheep?

A sheaf cannot stand upright by itself! Sheaves must be bound together to be able to stand up, only after the harvest is complete. Particularly, those sheaves that have their heads and roots cut off must be bound together in an even greater amounts so that they won't be blown away with the wind.

The same goes for a star. The star that emits light by consuming its own body cannot light the darkness of the night by itself. Only when individual stars are formed in groups or in constellations are they able to show bearing and directions of their lights. It is difficult to point the direction of light of a lone star or a comet.

Looking at the divisions of families of the three generations; Abraham, Isaac and Jacob, God's promise to make them as numerous as the stars and to become the sources of blessing to all nations seemed very difficult. Abraham and Lot were divided, Isaac and Ishmael were divided, and so were Esau and Jacob. Finally, in the time of Jacob it seemed that they were forming a decent family, however, when looking at it closely, Leah and Rachel, Zilpah and Bilhah were on the verge of division, as they were born of different mothers.

In the passage, it is written that Joseph had given a 'bad report' of his brothers born of Zilpah and Bilhah. This term translated as 'bad report' has its root on a term called 'la' which is to show signs of division. Therefore, Joseph did not give a bad report of his brother's fault to Jacob purposefully. However, it seemed that he recognized indications of division among brothers who were born of maiden mothers, and to avoid this division he had reported these things to his father.

But, of course, he made a mistake of concentrating too much on himself; bringing further division and destruction among relationships instead of unity by telling his dreams in front of his brothers too boastfully. Little Joseph, lacking experience and knowledge, could not stop this division among themselves. However, ultimately, Joseph will have to have his head and roots cut off, like the sheaves, and suffer at a greater degree in order for him to be developed into someone who will save his brothers from an impending famine.

Anyone calling for an alliance of brothers should strictly be cautioned with the purpose of self honor, power, a selfish cause, to become the head. The self must utterly be broken, cut, and consumed in order to save our brothers from famine

유목 민족인 요셉에게 주신 꿈이 농경문화에 익숙한 곡식단을 상징으로 한 꿈이었다는 점을 주목해서 관찰할 필요가 있다. 물론 농경문화가 전혀 없던 시대는 아니었지만 왜 주님은 굳이 그들이 일상에서 돌보는 양이 아니라 곡식단이라는 상징 매개를 통해 요셉에게 말씀하셔야 했을까?

곡식단은 결코 혼자 설 수 없다! 추수가 끝난 들판에서도 곡식단은 한데 묶여서 서야 한다. 또한, 추수되어 머리와 뿌리가 베인 곡식단은 더 많이 서로 묶여야만 바람이 불더라도 굳건히 설 수 있다. 별도 마찬가지이다. 자신의 몸을 많이 태울수록 더 강한 빛을 내는 별은 혼자서는 어두운 밤에 방향과 방위를 가리키는 기능을 할 수 없다. 별들은 군집과 자리를 이루어 별자리를 만들어내고 이것은 어두운 밤에도 길을 찾을 수 있도록 방위와 방향을 가리키는 역할을 한다. 홀로 존재하는 외성과 혼자 떨어지는 유성으로는 방향을 가리키기 어렵다.

아브라함부터 이삭과 야곱에 이르는 삼대에까지 이들의 가계가 열국의 복의 근원이 되기 위해 뭇별보다 많아지리라는 하나님의 약속은 가계의 분열로 난망해 보였다. 아브라함과 롯이 나뉘고, 이삭과 이스마엘이 나뉘었으며 에서와 야곱이 나뉘었다. 비로소 야곱의 때에 이르러 열두 아들들을 낳아 그럭저럭 한가족으로서 모양을 유지하고 있기는 했지만, 상세히 보면 레아와 라헬, 실바와 빌하라는 각기 다른 어미로부터 난 배다른 형제들에게 분열의 조짐이 있었다. 빌하와 실바로부터 난 형제들의 잘못을 요셉이 아비에게 고했다고 하는데, '잘못'이라 번역된 '라'라는 단

and bring them to the light in the midst of darkness. Through this way brothers will unite and be bound to be raised as one.

어는 분열의 조짐을 나타내는 어원을 가지고 있다. 따라서 요셉은 무조건 형제들의 잘못을 아비에게 말한 것만이 아니라, 몸종의 굴레를 지닌 어미들을 둔 가장 입지가 약한 형제들에게서 불평과 불만의 조짐과 분열의 우를 읽고 이를 막고자 아비에게 고했던 모양이다. 물론 너무 자기 정체에 몰입한 나머지 경륜이 없던 어린 요셉은 자랑하듯 말하여 형제들의 미움을 샀고, 형제들을 연합시키기는커녕 오히려 분열과 서로 죽임의 모양을 일으켜 분열을 막지 못했다. 그러나 이후 성장해 가는 요셉은 결국 형제들을 장차 있을 기근에서 살리고 모으기 위해 미리 이집트에서 더 많이 자신의 뿌리와 머리가 베어지고, 자신을 스스로 희생해 태우는 일을 거듭한다.

자기 정체의 높임을 위해, 권세를 위해, 명분을 위해, 머리가 되기 위해, 형제들의 연합을 부르짖는 자들을 경계해야 한다. 하늘 가족인 형제들을 기근 가운데 먹이고, 어둠 가운데 제자리를 비추게 하려면 당신이 먼저 부서지고 잘리고 태워져야만 연합이 가능해진다. 당신이 예수님처럼 잘리고 베어지며, 태워지고 꺾이면 형제들이 살아나고 진정한 연합으로 묶여 함께 일어설 것이다.

39. 베들레헴에서 나심을 정확히 아는 것과 경배하는 삶

39. KNOWING THE CORRECT PLACE WHERE JESUS WOULD BE BORN AND THE LIFE OF WORSHIPPING HIM

MATTHEW 2:1-12

1 Now when Jesus was born in Bethle-
hem of Judaea in the days of Herod the
king, behold, there came wise men from
the east to Jerusalem, 2 Saying, Where is
he that is born King of the Jews? for we
have seen his star in the east, and are come
to worship him. 3 When Herod the king
had heard these things, he was troubled,
and all Jerusalem with him. 4 And when
he had gathered all the chief priests and
scribes of the people together, he de-
manded of them where Christ should be
born. 5 And they said unto him, In Beth-
lehem of Judaea: for thus it is written by
the prophet, 6 And thou Bethlehem, in
the land of Juda, art not the least among
the princes of Juda: for out of thee shall
come a Governor, that shall rule my peo-
ple Israel. 7 Then Herod, when he had
privily called the wise men, enquired of
them diligently what time the star ap-

마태복음 2:1-12

1 헤롯왕 때에 예수께서 유대 베들레헴에서
나시매 동방으로부터 박사들이 예루살렘에
이르러 말하되 2 유대인의 왕으로 나신 이가
어디 계시뇨 우리가 동방에서 그의 별을 보
고 그에게 경배하러 왔노라 하니 3 헤롯왕과
온 예루살렘이 듣고 소동한지라 4 왕이 모든
대제사장과 백성의 서기관들을 모아 그리스
도가 어디서 나겠느뇨 물으니 5 가로되 유대
베들레헴이오니 이는 선지자로 이렇게 기록
된바 6 또 유대 땅 베들레헴아 너는 유대 고
을 중에 가장 작지 아니하도다 네게서 한 다
스리는 자가 나와서 내 백성 이스라엘의 목자
가 되리라 하였음이니이다 7 이에 헤롯이 가
만히 박사들을 불러 별이 나타난 때를 자세
히 묻고 8 베들레헴으로 보내며 이르되 가서
아기에 대하여 자세히 알아 보고 찾거든 내
게 고하여 나도 가서 그에게 경배하게 하라 9
박사들이 왕의 말을 듣고 갈쌔 동방에서 보던
그 별이 문득 앞서 인도하여 가다가 아기 있
는 곳 위에 머물러 섰는지라 10 저희가 별을
보고 가장 크게 기뻐하고 기뻐하더라 11 집

peared. 8 And he sent them to Bethlehem,
and said, Go and search diligently for the
young child; and when ye have found
him, bring me word again, that I may
come and worship him also. 9 When they
had heard the king, they departed; and, lo,
the star, which they saw in the east, went
before them, till it came and stood over
where the young child was. 10 When they
saw the star, they rejoiced with exceeding
great joy. 11 And when they were come
into the house, they saw the young child
with Mary his mother, and fell down,
and worshipped him: and when they had
opened their treasures, they presented
unto him gifts; gold, and frankincense
and myrrh. 12 And being warned of God
in a dream that they should not return
to Herod, they departed into their own
country another way.

에 들어가 아기와 그 모친 마리아의 함께 있
는 것을 보고 엎드려 아기께 경배하고 보배
합을 열어 황금과 유향과 몰약을 예물로 드리
니라 12 꿈에 헤롯에게로 돌아가지 말라 지
시하심을 받아 다른 길로 고국에 돌아가니라

How many people would get the exact place where Jesus would be born what if Christians now have information only from the Old Testament? Chief priests and teachers of the law got correct information about the place only from the Old Testament where Jesus would be born in Bethlehem! But, the more surprising thing is that they didn't go to confirm or to worship Jesus though they had recognized the prophecy from the Old Testament that Messiah would be born in Bethlehem and had heard the sign of His birth from Magi.

Are you a Christian who knows information of preparing the Lord's way? If you know that, why don't you devote your life to preparing His way? If you don't give your life to Jesus, are you better than chief priests and teachers of the law?

오늘날 성도 중 수많은 유대 지명 가운데 신약의 정보 하나 없이 구약의 정보만 가지고 예수님이 태어날 장소를 정확히 찾아낼 사람이 몇 명이나 될까? 그런데 구약의 대제사장들과 서기관들은 신약의 정보도 없이 예수님이 베들레헴에서 나실 것을 정확히 찾아냈다! 더 놀라운 것은 그들은 메시아가 베들레헴에서 난다는 구약의 예언을 인지하고 있음과 동시에 메시아 탄생의 징조를 동방박사에게 듣고도, 베들레헴에 가서 확인하려고도, 경배하려고도 하지 않는다!

당신은 주의 길을 예비하라는 신약의 정보를 아는 그리스도인인가? 그럼에도 주의 길을 예비하기 위해 삶을 드리려 하지 않는가? 그렇다면 당신이 대제사장과 서기관보다 나음이 무엇인가?

40. 글로에의 고뇌와 용기
40. CHLOE'S AGONY AND COURAGE

1 CORINTHIANS 1:10-17

10 Now I beseech you, brethren, by the name of our Lord Jesus Christ, that ye all speak the same thing, and that there be no divisions among you; but that ye be perfectly joined together in the same mind and in the same judgment. 11 For it hath been declared unto me of you, my brethren, by them which are of the house of Chloe, that there are contentions among you. 12 Now this I say, that every one of you saith, I am of Paul; and I of Apollos; and I of Cephas; and I of Christ. 13 Is Christ divided? was Paul crucified for you? or were ye baptized in the name of Paul? 14 I thank God that I baptized none of you, but Crispus and Gaius; 15 Lest any should say that I had baptized in mine own name. 16 And I baptized also the household of Stephanas: besides, I know not whether I baptized any other. 17 For Christ sent me not to baptize, but

고린도전서 1:10-17

10 형제들아 내가 우리 주 예수 그리스도의 이름으로 너희를 권하노니 다 같은 말을 하고 너희 가운데 분쟁이 없이 같은 마음과 같은 뜻으로 온전히 합하라 11 내 형제들아 글로에의 집 편으로서 너희에게 대한 말이 내게 들리니 곧 너희 가운데 분쟁이 있다는 것이라 12 이는 다름아니라 너희가 각각 이르되 나는 바울에게, 나는 아볼로에게, 나는 게바에게, 나는 그리스도에게 속한 자라 하는 것이니 13 그리스도께서 어찌 나뉘었느뇨 바울이 너희를 위하여 십자가에 못 박혔으며 바울의 이름으로 너희가 세례를 받았느뇨 14 그리스보와 가이오 외에는 너희 중 아무에게도 내가 세례를 주지 아니한 것을 감사하노니 15 이는 아무도 나의 이름으로 세례를 받았다 말하지 못하게 하려 함이라 16 내가 또한 스데바나 집 사람에게 세례를 주었고 그 외에는 다른 아무에게 세례를 주었는지 알지 못하노라 17 그리스도께서 나를 보내심은 세례를 주게 하려 하심이 아니요 오직 복음을 전케 하려 하심이니 말의 지혜로 하지 아니함은 그리스도의 십자

to preach the gospel: not with wisdom of words, lest the cross of Christ should be made of none effect.

가가 헛되지 않게 하려 함이라

Look at agonies and difficulties of a woman Chloe as a pastor! She was in charge of the church in Corinth, the most difficult one among churches in the New Testament mired in division! Moreover, she had to report the situation of the church where she was serving and being troubled ruthlessly by human desires to the apostle Paul, the pioneer of the church. She should profess that the church entrusted to her was out of Christ's control. It was a disgrace like spitting in her face as a person in charge of the church.

Her report about the church of embarrassing matters of the church where members were proud of their identity resulting in disintegration by using names of apostles regarded as big leaders might be very uncomfortable in the eyes of church members. So, it was kind of making herself be given veto by immature members of the church. Despite disgracing herself, she tried to handle troubles of the church with God's Words delivered from the apostle Paul. Also, instead of hiding hardships, she exposed them to solve even by incurring a crisis of being blamed from her sheep.

When pain in the church is entrusted to God by those like Chloe who sacrificed herself like Jesus crucified on the cross, His work produces fruits.

여인 글로에의 목자로서의 고뇌와 어려움을 보라! 글로에는 목자로서 신약에 나타난 교회 가운데 가장 난맥상의 분열이 존재했던 고린도교회를 담임했다. 더구나 개척자였던 사도 바울에게 자신이 섬기는 교회가 형편없이 육체의 일들로 소모되어가고 있으며 자신이 책임진 교회가 그리스도의 다스림에서 벗어나 있음을 자신이 드러내야 했다. 이는 책임자로서 자신의 얼굴에 침을 뱉는 것과 같은 수치를 드러낸 것이다.

또한 영웅과 같이 여기는 사도들의 이름을 사용하는 것도 모자라 개척자인 바울에게 고린도 교회의 치부를 드러내는 글로에의 보고는 자신들을 과시하며 분열하던 고린도 교인들을 매우 불편하게 했을 것이다. 이는 글로에 자신이 성숙하지 못한 고린도 교인에게 비토당하는 것을 자초하는 일이다. 그러나 글로에는 이러한 수치에도 불구하고, 자신이 책임지는 교회를 바울 사도를 통해 말씀으로 다스리고자 했다. 또한, 자신의 양들로부터 비방을 받는 아픈 상황에 처할 위기를 자초하면서라도 교회의 분열을 감춰 곪게 하지 않고 드러내어 고치고자 했다.

십자가에 스스로 못 박히신 예수님과 같은 형상으로, 드러나지 않지만 자신을 희생하는 글로에 같은 인물들을 통해 교회의 아픔이 주님께 맡겨지며 하나님의 역사는 열매 맺는다.

41. 하나님의 작전
41. GOD'S STRATEGY

2 KINGS 22:1-20

1 Josiah was eight years old when he began
to reign, and he reigned thirty and one years
in Jerusalem. And his mother's name was
Jedidah, the daughter of Adaiah of Boscath.
2 And he did that which was right in the
sight of the LORD, and walked in all the
way of David his father, and turned not
aside to the right hand or to the left. 3 And
it came to pass in the eighteenth year of
king Josiah, that the king sent Shaphan the
son of Azaliah, the son of Meshullam, the
scribe, to the house of the LORD, saying,
4 Go up to Hilkiah the high priest, that he
may sum the silver which is brought into
the house of the LORD, which the keepers
of the door have gathered of the people: 5
And let them deliver it into the hand of the
doers of the work, that have the oversight of
the house of the LORD: and let them give
it to the doers of the work which is in the
house of the LORD, to repair the breaches

열왕기하 22:1-20

1 요시야가 위에 나아갈 때에 나이 팔세라 예
루살렘에서 삼십 일년을 치리하니라 그 모친
의 이름은 여디다라 보스갓 아다야의 딸이더
라 2 요시야가 여호와 보시기에 정직히 행하
여 그 조상 다윗의 모든 길로 행하고 좌우로
치우치지 아니하였더라 3 요시야왕 십 팔년
에 왕이 므술람의 손자 아살리야의 아들 서
기관 사반을 여호와의 전에 보내며 가로되 4
너는 대제사장 힐기야에게 올라가서 백성이
여호와의 전에 드린 은 곧 문 지킨 자가 수납
한 은을 계수하여 5 여호와의 전 역사 감독자
의 손에 붙여 저희로 여호와의 전에 있는 공
장에게 주어 전의 퇴락한 것을 수리하게 하되
6 곧 목수와 건축자와 미장이에게 주게 하고
또 재목과 다듬은 돌을 사서 그 전을 수리하
게 하라 하니라 7 그러나 저희 손에 붙인 은을
회계하지 아니하였으니 이는 그 행하는 것이
진실함이었더라 8 대제사장 힐기야가 서기관
사반에게 이르되 내가 여호와의 전에서 율법
책을 발견하였노라 하고 그 책을 사반에게 주
니 사반이 읽으니라 9 서기관 사반이 왕에게

of the house, 6 Unto carpenters, and builders, and masons, and to buy timber and hewn stone to repair the house. 7 Howbeit there was no reckoning made with them of the money that was delivered into their hand, because they dealt faithfully. 8 And Hilkiah the high priest said unto Shaphan the scribe, I have found the book of the law in the house of the LORD. And Hilkiah gave the book to Shaphan, and he read it. 9 And Shaphan the scribe came to the king, and brought the king word again, and said, Thy servants have gathered the money that was found in the house, and have delivered it into the hand of them that do the work, that have the oversight of the house of the LORD. 10 And Shaphan the scribe shewed the king, saying, Hilkiah the priest hath delivered me a book. And Shaphan read it before the king. 11 And it came to pass, when the king had heard the words of the book

돌아가서 복명하여 가로되 왕의 신복들이 전에 있던 돈을 쏟아 여호와의 전 역사 감독자의 손에 붙였나이다 하고 10 또 왕에게 고하여 가로되 제사장 힐기야가 내게 책을 주더이다 하고 왕의 앞에서 읽으매 11 왕이 율법책의 말을 듣자 곧 그 옷을 찢으니라 12 왕이 제사장 힐기야와 사반의 아들 아히감과 미가야의 아들 악볼과 서기관 사반과 왕의 시신 아사야에게 명하여 가로되 13 너희는 가서 나와 백성과 온 유다를 위하여 이 발견한 책의 말씀에 대하여 여호와께 물으라 우리 열조가 이 책의 말씀을 듣지 아니하며 이 책에 우리를 위하여 기록된 모든 것을 준행치 아니하였으므로 여호와께서 우리에게 발하신 진노가 크도다 14 이에 제사장 힐기야와 또 아히감과 악볼과 사반과 아사야가 여선지 훌다에게로 나아가니 저는 할하스의 손자 디과의 아들 예복을 주관하는 살룸의 아내라 예루살렘 둘째 구역에 거하였더라 저희가 더불어 말하매 15 훌다가 저희에게 이르되 이스라엘 하나님 여호와의 말씀이 너희는 너희를 내게 보낸 사

of the law, that he rent his clothes. 12 And the king commanded Hilkiah the priest, and Ahikam the son of Shaphan, and Achbor the son of Michaiah, and Shaphan the scribe, and Asahiah a servant of the king's, saying, 13 Go ye, enquire of the LORD for me, and for the people, and for all Judah, concerning the words of this book that is found: for great is the wrath of the LORD that is kindled against us, because our fathers have not hearkened unto the words of this book, to do according unto all that which is written concerning us. 14 So Hilkiah the priest, and Ahikam, and Achbor, and Shaphan, and Asahiah, went unto Huldah the prophetess, the wife of Shallum the son of Tikvah, the son of Harhas, keeper of the wardrobe; (now she dwelt in Jerusalem in the college;) and they communed with her. 15 And she said unto them, Thus saith the LORD God of Israel, Tell the man that

람에게 고하기를 16 여호와의 말씀이 내가 이 곳과 그 거민에게 재앙을 내리되 곧 유다 왕의 읽은 책의 모든 말대로 하리니 17 이는 이 백성이 나를 버리고 다른 신에게 분향하며 그 손의 모든 소위로 나의 노를 격발하였음이라 그러므로 나의 이곳을 향하여 발한 진노가 꺼지지 아니하리라 하라 하셨느니라 18 너희를 보내어 여호와께 묻게 한 유다 왕에게는 너희가 이렇게 고하라 이스라엘 하나님 여호와의 말씀이 네가 들은 말을 의논컨대 19 내가 이곳과 그 거민에게 대하여 빈 터가 되고 저주가 되리라 한 말을 네가 듣고 마음이 연하여 여호와 앞 곧 내 앞에서 겸비하여 옷을 찢고 통곡하였으므로 나도 네 말을 들었노라 여호와가 말하였느니라 20 그러므로 내가 너로 너의 열조에게 돌아가서 평안히 묘실로 들어가게 하리니 내가 이곳에 내리는 모든 재앙을 네가 눈으로 보지 못하리라 하셨느니라 사자들이 왕에게 복명하니라

sent you to me, 16 Thus saith the LORD,
Behold, I will bring evil upon this place, and
upon the inhabitants thereof, even all the
words of the book which the king of Judah
hath read: 17 Because they have forsaken
me, and have burned incense unto other
gods, that they might provoke me to anger
with all the works of their hands; therefore
my wrath shall be kindled against this place,
and shall not be quenched. 18 But to the
king of Judah which sent you to enquire of
the LORD, thus shall ye say to him, Thus
saith the LORD God of Israel, As touching
the words which thou hast heard; 19 Be-
cause thine heart was tender, and thou hast
humbled thyself before the LORD, when
thou heardest what I spake against this
place, and against the inhabitants thereof,
that they should become a desolation and
a curse, and hast rent thy clothes, and wept
before me; I also have heard thee, saith the

LORD. 20 Behold therefore, I will gather thee unto thy fathers, and thou shalt be gathered into thy grave in peace; and thine eyes shall not see all the evil which I will bring upon this place. And they brought the king word again.

Why did Josiah and his servants want to confirm God's Words through a mere female prophet Huldah though it had already been confirmed by the Law? Moreover, why did they do it just through the nameless prophet rather than well-known Jeremiah and Zephaniah with authority?

It was because she was one of migrants from Israel fallen due to sin of ignoring God's curse considering that she was residing in the Second District in Jerusalem. Therefore, she was the best person to deliver the message of curse of ruin when Judah constantly committed sins by worshipping idols! Some like Josiah and Hilkiah had passion for the Reformation to go back to God's Words. But, people in Judah had a possibility of a riot against such change as they were worshipping idols in the middle of corruption under Manasseh and Amon. Furthermore, the Law was abolished for a long time. So, they preferred to follow subjective spiritual signs and experiences than clear God's Words resulting in wrong patterns of their spiritual lives. Therefore, they needed to listen to His Words already confirmed by the Law through an authentic prophet.

Also, Hilkiah also didn't deliver to the king the Law himself but through a secretary Shaphan when he found it at a temple. Why did he make a detour by sending it through the secretary? This was due to a wise and specific idea that stubborn people might not take king's proposal for the Reformation although the priest Hilkiah had a spiritual power and the king Josiah had a political power. When a report for the Reformation is written in history by a secretary, the Reformation can be kept going on.

God's history is like sports between the Spirit and human desires. Sinful Adam's world deserves to be fallen by God's righteousness. But His blood makes us be exempt from His judgment and shows His strategies to persuade human beings through wise His servants with God's Words. It is like easing tension by making sports rules, not a war among nations. A strategy needs to win in sports. Like this, God's Words and history also need multilateral confirmation, not unilateral proclaim. God can make arrogant human beings accept and understand His word through many people like Hilkiah, Josiah, Shaphan, Huldah and others like the king's method of changing Judah, the nation of worshipping idols. Praise the Lord who sent numerous witnesses from the Old Testament to the New Testaments! And join His strategy for human salvation and verify His word together with others!

왜 요시야와 그 신하들은 말씀인 율법으로 이미 확정된 하나님의 말씀을 고작 여대언자인 훌다에게 확인받으려 했을까? 게다가 당시 유대에는 예레미야와 스바냐가 권위 있는 대언자로 활동을 하고 있었는데 어째서 무명에 불과한 여대언자에게 이미 율법으로 확정된 말씀을 다시 확인받고자 하려는 것일까?

그 이유는 훌다가 예루살렘의 둘째 구역에 거주하고 있던 것에서 유추할 수 있다. 훌다가 거주했던 예루살렘의 둘째 구역은 죄에 대한 하나님의 저주를 경홀히 여겨서 망한 북이스라엘에서 온 사람들이 머물던 곳이기 때문이다. 북이스라엘이 하나님의 경고를 무시하다가 패망한 경험이 있기 때문에 당시 우상숭배와 같은 범죄가 팽배했던 남유다를 향한 경고의 말씀에 북이스라엘 출신 훌다처럼 적합한 인물이 없다! 남유다에는 요시야 왕과 힐기야와 같이 하나님의 말씀으로 돌아가기 위한 종교 개혁의 의지가 충만한 리더들이 있었지만, 므낫세와 아몬 왕의 타락의 절정기를 거쳐 온 백성들에게는 우상숭배가 굳어져 요시야의 종교 개혁에 반발할 가능성이 컸다. 또한, 율법이 폐기된 지 이미 오래되어 이들은 확정된 말씀보다 주관적 영적 현상과 체험을 신뢰하는 왜곡된 신앙생활을 추구해 왔다. 이미 율법으로 확증된 말씀을 공인된 대언자를 통해 선포함으로 영적인 각성을 느끼게 할 필요가 있었다.

한편 힐기야도 성전에서 율법을 발견하지만, 자신이 요시야 왕에게 직접 전달하지 않고 서기관 사반을 통해 전달한다. 왕에게 직접 율법을 전하지 않고 굳이 다른 사람을 거쳐서 돌아가는 절차를 만든 이유가 무엇인가? 제사장인 힐기야에게는 영적 권위가 있었고 요시야 왕에게 정치적 권위가 있었지만, 그것만으로는 완고한 백성들에게 왕의 종교 개혁이 관철되지 못할 수 있다는 현명하고 세밀한 판단에서이다. 서기관 사반을 통해 사료를 남기면 왕의 개혁 의지가 역사에 기록되어 지속하여 개혁 의지를 펼칠 수 있게 된다.

성령과 육체와의 대립 속에서 하나님의 역사는 마치 스포츠와 같다. 하나님의 공의로는 죄악 된 아담의 세계를 당연히 멸해야 하지만, 하나님의 사랑으로는 심판을 피하고 지혜로운 하나님의 종들의 증언을 통해 하나님의 말씀으로 아담들을 설득하시는 작전을 펼치신다. 마치 국가 간에 위험 부담이 큰 전쟁이 아닌 스포츠로 규정을 정해 긴장을 완화하는 이치와 같다. 스포츠를 이기려면 작전이 필요하다. 하나님의 말씀과 역사도 스포츠 경기에서의 작전처럼 단선적인 선포가 아니라 입체적인 공증이 필요하다. 우상숭배의 나라 남유다를 개혁하기 위해 힐기야, 요시야, 사반과 훌다 등의 다양한 인물들의 최적화된 공증을 통해 완고한 인생들에 하나님의 말씀을 설득하고 수용하게 할 수 있다. 구약부터 신약까지 허다한 증인을 보내신 주님을 찬양하라! 그리고 당신도 하나님의 인류 구원을 위한 작전에 동참해 여러 사람과 함께 공증하라!

42. 기드온의 보리떡

42. GIDEON'S BARLEY BREAD

JUDGES 7:1-17

1 Then Jerubbaal, who is Gideon, and all the people that were with him, rose up early, and pitched beside the well of Harod: so that the host of the Midianites were on the north side of them, by the hill of Moreh, in the valley. 2 And the LORD said unto Gideon, The people that are with thee are too many for me to give the Midianites into their hands, lest Israel vaunt themselves against me, saying, Mine own hand hath saved me. 3 Now therefore go to, proclaim in the ears of the people, saying, Whosoever is fearful and afraid, let him return and depart early from mount Gilead. And there returned of the people twenty and two thousand; and there remained ten thousand. 4 And the LORD said unto Gideon, The people are yet too many; bring them down unto the water, and I will try them for thee there: and it shall be, that of whom I say unto thee, This shall go with thee, the

사사기 7:1-17

1 여룹바알이라 하는 기드온과 그를 좇은 모든 백성이 일찌기 일어나서 하롯샘 곁에 진쳤고 미디안의 진은 그들의 북편이요 모레산 앞 골짜기에 있었더라 2 여호와께서 기드온에게 이르시되 너를 좇은 백성이 너무 많은즉 내가 그들의 손에 미디안 사람을 붙이지 아니하리니 이는 이스라엘이 나를 거스려 자긍하기를 내 손이 나를 구원하였다 할까 함이니라 3 이제 너는 백성의 귀에 고하여 이르기를 누구든지 두려워서 떠는 자여든 길르앗산에서 떠나 돌아가라 하라 하시니 이에 돌아간 백성이 이만 이천명이요 남은 자가 일만명이었더라 4 여호와께서 또 기드온에게 이르시되 백성이 아직도 많으니 그들을 인도하여 물가로 내려가라 거기서 내가 너를 위하여 그들을 시험하리라 무릇 내가 누구를 가리켜 이르기를 이가 너와 함께 가리라 하면 그는 너와 함께 갈 것이요 내가 누구를 가리켜 이르기를 이는 너와 함께 가지 말 것이니라 하면 그는 가지 말 것이니라 하신지라 5 이에 백성을 인도하여 물가에 내려가매 여호와께서 기드온에

same shall go with thee; and of whomsoever I say unto thee, This shall not go with thee, the same shall not go. 5 So he brought down the people unto the water: and the LORD said unto Gideon, Every one that lappeth of the water with his tongue, as a dog lappeth, him shalt thou set by himself; likewise every one that boweth down upon his knees to drink. 6 And the number of them that lapped, putting their hand to their mouth, were three hundred men: but all the rest of the people bowed down upon their knees to drink water. 7 And the LORD said unto Gideon, By the three hundred men that lapped will I save you, and deliver the Midianites into thine hand: and let all the other people go every man unto his place. 8 So the people took victuals in their hand, and their trumpets: and he sent all the rest of Israel every man unto his tent, and retained those three hundred men: and

게 이르시되 무릇 개의 핥는것 같이 그 혀로 물을 핥는 자는 너는 따로 세우고 또 무릇 무릎을 꿇고 마시는 자도 그같이 하라 하시더니 6 손으로 움켜 입에 대고 핥는 자의 수는 삼백명이요 그 외의 백성은 다 무릎을 꿇고 물을 마신지라 7 여호와께서 기드온에게 이르시되 내가 이 물을 핥아 먹은 삼백명으로 너희를 구원하며 미디안 사람을 네 손에 붙이리니 남은 백성은 각각 그 처소로 돌아갈 것이니라 하시니 8 이에 백성이 양식과 나팔을 손에 든지라 기드온이 이스라엘의 모든 사람을 각각 그 장막으로 돌려보내고 그 삼백명은 머물러 두니라 미디안 진은 그 아래 골짜기 가운데 있었더라 9 이 밤에 여호와께서 기드온에게 이르시되 일어나 내려가서 적진을 치라 내가 그것을 네 손에 붙였느니라 10 만일 네가 내려가기를 두려워하거든 네 부하 부라를 데리고 그 진으로 내려가서 11 그들의 하는 말을 들으라 그 후에 네 손이 강하여져서 능히 내려가서 그 진을 치리라 기드온이 이에 그 부하 부라를 데리고 군대가 있는 진 가

the host of Midian was beneath him in the
valley. 9 And it came to pass the same night,
that the LORD said unto him, Arise, get
thee down unto the host; for I have deliv-
ered it into thine hand. 10 But if thou fear to
go down, go thou with Phurah thy servant
down to the host: 11 And thou shalt hear
what they say; and afterward shall thine
hands be strengthened to go down unto
the host. Then went he down with Phurah
his servant unto the outside of the armed
men that were in the host. 12 And the
Midianites and the Amalekites and all the
children of the east lay along in the valley
like grasshoppers for multitude; and their
camels were without number, as the sand
by the sea side for multitude. 13 And when
Gideon was come, behold, there was a man
that told a dream unto his fellow, and said,
Behold, I dreamed a dream, and, lo, a cake
of barley bread tumbled into the host of

에 내려간즉 12 미디안 사람과 아말렉 사람과
동방의 모든 사람이 골짜기에 누웠는데 메뚜
기의 중다함 같고 그 약대의 무수함이 해변의
모래가 수다함 같은지라 13 기드온이 그 곳에
이른즉 어떤 사람이 그 동무에게 꿈을 말하여
이르기를 내가 한 꿈을 꾸었는데 꿈에 보리떡
한 덩어리가 미디안 진으로 굴러 들어와서 한
장막에 이르러 그것을 쳐서 무너뜨려 엎드러
뜨리니 곧 쓰러지더라 14 그 동무가 대답하여
가로되 이는 다른 것이 아니라 이스라엘 사람
요아스의 아들 기드온의 칼날이라 하나님이
미디안과 그 모든 군대를 그의 손에 붙이셨느
니라 하더라 15 기드온이 그 꿈과 해몽하는
말을 듣고 경배하고 이스라엘 진중에 돌아와
서 이르되 일어나라 여호와께서 미디안 군대
를 너희 손에 붙이셨느니라 하고 16 삼백명을
세 대로 나누고 각 손에 나팔과 빈 항아리를
들리고 항아리 안에는 횃불을 감추게 하고 17
그들에게 이르되 너희는 나만 보고 나의 하는
대로 하되 내가 그 진 가에 이르러서 하는대
로 너희도 그리하여

Midian, and came unto a tent, and smote it
that it fell, and overturned it, that the tent lay
along. 14 And his fellow answered and said,
This is nothing else save the sword of Gide-
on the son of Joash, a man of Israel: for into
his hand hath God delivered Midian, and
all the host. 15 And it was so, when Gideon
heard the telling of the dream, and the inter-
pretation thereof, that he worshipped, and
returned into the host of Israel, and said,
Arise; for the LORD hath delivered into
your hand the host of Midian. 16 And he
divided the three hundred men into three
companies, and he put a trumpet in every
man's hand, with empty pitchers, and lamps
within the pitchers. 17 And he said unto
them, Look on me, and do likewise: and,
behold, when I come to the outside of the
camp, it shall be that, as I do, so shall ye do.

Why did the Midianites receive a prophecy of barely bread about Gideon's army? Barely flour is difficult to make dough as it is very hard to gather. So, it needs to be dissolved with lots of water and alcohol and then baked for making bread. Thousands of people among Gideon's army forgot the purpose of the war so they went back. Moreover, the rest of them also returned home because they were disqualified due to obsession with their own thirst, not on the great cause of war. Therefore, the core force of Gideon's war was not coming from people who would come apart like barely flour, but from being with the will of God, the Holy Spirit who called them.

Christians' success and failure of following the great cause of God's Kingdom doesn't depend on being one among themselves. It depends on becoming one with God, the Spirit who came to help us according to the Father's will and who is a stream of new wine and life. When you become one with God's will and way, you are bound to see victory. But, when you become with people, you will surely see failure.

왜 미디안 인들은 기드온의 군대가 공격할 것을 보리떡으로 예고 받았을까? 보릿가루는 뭉쳐지는 성질이 약해서 반죽이 어려우므로 보리떡을 만들 때는 물과 술을 많이 타서 걸쭉한 상태로 그릇에 넣어 굽는다. 수만 명이나 되는 기드온의 군대 대부분이 전쟁을 나온 목적도 잊고 돌아갔다. 이렇게 남은 이들 중에도 대부분은 전쟁의 대의에 대한 갈증보다 자기 갈증에만 골몰해서 엎드려 물을 허겁지겁 먹다 결격사유를 얻고 돌아갔다. 따라서 기드온 전쟁의 핵심 전력은 언제든 보릿가루처럼 흩어질 사람의 모양에 있는 것이 아니라 그런 자들이라도 부르신 성령 하나님께서 함께하심에 있었다.

그리스도인들이 하나 되어 하나님 나라의 대의를 추구할 때 성패를 결정짓는 것은 그들끼리의 하나가 됨에 있지 않다. 성부 하나님의 뜻에 따라 연약한 우리를 도우시기 위해 오신, 새 술과 생명의 물줄기가 되시는 성령 하나님과 하나가 됨에 있다. 하나님 나라를 추구함에 하나님의 뜻과 방법에 연합하면 필승이요, 사람과 하나가 되면 필패한다.

43. 야곱의 아내들의 과거와 미래

43. PAST AND PRESENT OF JACOB'S WIVES

GENESIS 29:31-35, 30:8,22–24

29:31 And when the LORD saw that Leah
was hated, he opened her womb: but Ra-
chel was barren. 32 And Leah conceived,
and bare a son, and she called his name
Reuben: for she said, Surely the LORD
hath looked upon my affliction; now there-
fore my husband will love me. 33 And she
conceived again, and bare a son; and said,
Because the LORD hath heard I was hated,
he hath therefore given me this son also:
and she called his name Simeon. 34 And
she conceived again, and bare a son; and
said, Now this time will my husband be
joined unto me, because I have born him
three sons: therefore was his name called
Levi. 35 And she conceived again, and bare
a son: and she said, Now will I praise the
LORD: therefore she called his name Ju-
dah; and left bearing.

30:8 And Rachel said, With great wrestlings

창세기 29:31-35, 30:8, 22–24

29:31 여호와께서 레아에게 총이 없음을 보
시고 그의 태를 여셨으나 라헬은 무자하였더
라 32 레아가 잉태하여 아들을 낳고 그 이름
을 르우벤이라 하여 가로되 여호와께서 나의
괴로움을 권고하셨으니 이제는 내 남편이 나
를 사랑하리로다 하였더라 33 그가 다시 잉태
하여 아들을 낳고 가로되 여호와께서 나의 총
이 없음을 들으셨으므로 내게 이도 주셨도다
하고 그 이름을 시므온이라 하였으며 34 그가
또 잉태하여 아들을 낳고 가로되 내가 그에게
세 아들을 낳았으니 내 남편이 지금부터 나와
연합하리로다 하고 그 이름을 레위라 하였으
며 35 그가 또 잉태하여 아들을 낳고 가로되
내가 이제는 여호와를 찬송하리로다 하고 이
로 인하여 그가 그 이름을 유다라 하였고 그
의 생산이 멈추었더라

30:8 라헬이 가로되 내가 형과 크게 경쟁하여
이기었다 하고 그 이름을 납달리라 하였더라

30:22 하나님이 라헬을 생각하신지라 하나님

have I wrestled with my sister, and I have
prevailed: and she called his name Naph-
tali.

30:22 And God remembered Rachel, and
God hearkened to her, and opened her
womb. 23 And she conceived, and bare
a son; and said, God hath taken away my
reproach: 24 And she called his name Jo-
seph; and said, The LORD shall add to me
another son.

이 그를 들으시고 그 태를 여신고로 23 그가
잉태하여 아들을 낳고 가로되 하나님이 나의
부끄러움을 씻으셨다 하고 24 그 이름을 요
셉이라 하니 여호와는 다시 다른 아들을 내게
더하시기를 원하노라 함이었더라

The birth of Joseph and Judah who had the birthright of taking care of God's family and inheritance happens when human beings are free from hurt, anger, jealousy, envy and competition. But, how? Jacob's family much suffered from human pain caused by competition, jealousy, anger, sigh and lamentation of mothers of all nations. Women fought each other to be loved by Jacob who had original sin as the descendant of Adam, resulting in breaking up the family.

His family was scattered, and maids became a mere vehicle to have more offspring. His wives made deals to take possession of Jacob while sons and daughters were extremely human means related to severe discord and competition. Reuben born as a result of this environment finally took father's concubine while Simeon and Levi slaughtered others. Sons of Jacob's maids and concubines were isolated, disconnected, ignored and became silent among family members. Notice that the names of sons and daughters were influenced by jealousy, envy and competition of Jacob's concubines except Judah and Joseph!

On the other hand, Judah and Joseph born by completely relying on Perfect God became firstborns, sacrificed for their family and inherited property, not those born by imperfect human beings full of jealousy, envy and competition. Judah's name means praising the Lord. Joseph means 'May the Lord add another son.' It is only possible to inherit God's Kingdom forever when we are connected to everlasting God's love and power. Do not expect things of Adam on earth, but only rely on God the Father in heaven.

야곱의 가계를 볼 때 인생 간의 상함과 분노, 시기와 질투, 경쟁으로부터 자유로워져야 비로소 하나님 나라의 유업과 가족을 책임질 장자권을 얻는 유다와 요셉이 탄생한다. 그렇다면 어떻게 인생들이 지닌 오류의 영향력에서 벗어날 수 있는가?

야곱의 가계는 열방의 어미가 될 자들 간에 경쟁과 시기, 분노와 한탄같이 지극히 인간적인 고통의 감정으로 얼룩져 있었다. 아담의 후예로 원죄의 유전(遺傳)을 지닌 야곱의 사랑을 받으려는 시도로 가정은 풍비박산이 났다. 가족은 분열되고, 몸종은 수단으로 전락하였으며 남편을 놓고 거래가 진행되는 등 자녀들은 심각한 불화와 경쟁에 놓이면서 모든 가족 구성원이 지극히 인간적인 통로가 되었다. 이러한 의식 가운데 낳은 르우벤은 결국 아비의 첩을 범하여 빼앗고 시므온과 레위는 사람들을 죽이고 살육한다. 몸종과 첩을 통해 낳은 아들들은 가족 가운데 폄하될 뿐 아니라 소외, 분리되었고 침묵한다. 유다와 요셉을 제외한 자녀 대부분의 이름은 야곱 처첩들의 시기와 질투, 경쟁에 영향을 받아 지어졌음을 주목하라!

반면 불안전한 아담의 후예들끼리 반응하고 의식한 결과로 낳은 자녀들이 아닌 완전한 하나님만을 의지하고 낳은 유다와 요셉과 같은 아들들은 장자가 되어 가족들을 위해 희생하고 기업을 이었다. 유다의 이름은 '하나님을 찬양하다'라는 뜻이고 요셉의 이름은 '하나님이 다시 아들을 주시리라'는 뜻이다. 하나님 나라의 기업이 무궁히 이어지는 일은 무한한 하나님의 사랑과 능력에 접속될 때만 가능하다. 땅에서의 아담의 일들을 기대하지 말고 하늘의 아버지 하나님만 의지하라.

44. 구체화되는 하나님의 약속
44. GOD'S PROMISE BECOMING CLEAR

GENESIS 17:19-21

19 And God said, Sarah thy wife shall bear
thee a son indeed; and thou shalt call his
name Isaac: and I will establish my cov-
enant with him for an everlasting covenant,
and with his seed after him. 20 And as for
Ishmael, I have heard thee: Behold, I have
blessed him, and will make him fruitful,
and will multiply him exceedingly; twelve
princes shall he beget, and I will make him
a great nation. 21 But my covenant will I
establish with Isaac, which Sarah shall bear
unto thee at this set time in the next year.

창세기 17:19-21

19 하나님이 가라사대 아니라 네 아내 사라
가 정녕 네게 아들을 낳으리니 너는 그 이름
을 이삭이라 하라 내가 그와 내 언약을 세우
리니 그의 후손에게 영원한 언약이 되리라 20
이스마엘에게 이르러는 내가 네 말을 들었나
니 내가 그에게 복을 주어 생육이 중다하여
그로 크게 번성케 할찌라 그가 열 두 방백을
낳으리니 내가 그로 큰 나라가 되게 하려니와
21 내 언약은 내가 명년 이 기한에 사라가 네
게 낳을 이삭과 세우리라

God's promise given to Abraham became clearer over time. God's promise that Abram would be a blessing for all nations and have descendants might not be understandable to him. It was because he didn't have any child though he was old and didn't know about when and how the promise would be fulfilled! However, God now personally affirms the name of Abram's son as "Issac" Also, He even talks about the definite time when Abram would have a son.

The journey of true faith beginning from God's promise becomes concrete day by day! Jesus was promised as models and symbols through vague promises in the Old Testament but the promise was completed when Jesus, Son of God, the very nature of God came on the earth in the New Testament. God does everything to keep His promises. If you received God's promise and don't give up your journey of faith, He will make it clearer everyday and fulfill it.

하나님께서 아브라함과 맺으신 언약이 처음보다 나중으로 갈수록 더욱 더 뚜렷해진다. 처음 아브람에게 모든 민족의 복의 근원이 될 것이며 후손이 있으리라 하신 하나님의 약속은 오래도록 자식이 없던 노인 아브람에게는 불가능한 방법이었고, 언제 이루어질 줄 모르는 막연한 약속이었다! 그러나 지금 하나님은 아브람에게 자녀를 약속하시며 직접 그 이름을 '이삭'이라고 명명하고 있다! 또한, 이제는 하나님께서 1년 뒤에 반드시 자녀가 있으리라고 분명한 시기를 단언하고 계신다.

하나님의 약속으로부터 시작된 진정한 믿음의 여정은 시간이 지날수록 점점 구체화된다! 구약의 예수님은 희미한 약속을 통해 모형과 그림자의 상징으로 언약 되었지만 신약에 이르러 하나님의 본체이신 아들 예수님이 실제로 이 땅에 오심으로 약속의 성취가 더 분명해졌다. 하나님은 약속하시면 지키고자 안달하시는 분이시다. 분명한 하나님의 언약을 받았는가? 당신이 믿음의 여정을 포기하지 않는다면, 하나님께서는 매일 더 구체적으로 약속을 지키실 것이다.

45. 신앙고백과 증거, 행전의 능력

45. CONFESSION OF FAITH AND TESTIMONY, POWER OF ACTS

MATTHEW 27:19-26, 55-60

27:19 When he was set down on the judgment seat, his wife sent unto him, saying, Have thou nothing to do with that just man: for I have suffered many things this day in a dream because of him. 20 But the chief priests and elders persuaded the multitude that they should ask Barabbas, and destroy Jesus. 21 The governor answered and said unto them, Whether of the twain will ye that I release unto you? They said, Barabbas. 22 Pilate saith unto them, What shall I do then with Jesus which is called Christ? They all say unto him, Let him be crucified. 23 And the governor said, Why, what evil hath he done? But they cried out the more, saying, Let him be crucified. 24 When Pilate saw that he could prevail nothing, but that rather a tumult was made, he took water, and washed his hands before the multitude, saying, I am innocent of the blood of this just person: see ye to it.

마태복음 27:19-26, 55-60

27:19 총독이 재판 자리에 앉았을 때에 그 아내가 사람을 보내어 가로되 저 옳은 사람에게 아무 상관도 하지 마옵소서 오늘 꿈에 내가 그 사람을 인하여 애를 많이 썼나이다 하더라 20 대제사장들과 장로들이 무리를 권하여 바라바를 달라 하게 하고 예수를 멸하자 하게 하였더니 21 총독이 대답하여 가로되 둘 중에 누구를 너희에게 놓아 주기를 원하느냐 가로되 바라바로소이다 22 빌라도가 가로되 그러면 그리스도라 하는 예수를 내가 어떻게 하랴 저희가 다 가로되 십자가에 못 박혀야 하겠나이다 23 빌라도가 가로되 어찜이뇨 무슨 악한 일을 하였느냐 저희가 더욱 소리질러 가로되 십자가에 못 박혀야 하겠나이다 하는지라 24 빌라도가 아무 효험도 없이 도리어 민란이 나려는 것을 보고 물을 가져다가 무리 앞에서 손을 씻으며 가로되 이 사람의 피에 대하여 나는 무죄하니 너희가 당하라 25 백성이 다 대답하여 가로되 그 피를 우리와 우리 자손에게 돌릴찌어다 하거늘 26 이에 바라바는 저희에게 놓아주고 예수는 채찍질하고 십자

25 Then answered all the people, and said,
His blood be on us, and on our children. 26
Then released he Barabbas unto them: and
when he had scourged Jesus, he delivered
him to be crucified.

55 And many women were there beholding
afar off, which followed Jesus from Galilee,
ministering unto him: 56 Among which was
Mary Magdalene, and Mary the mother of
James and Joses, and the mother of Zebe-
dees children. 57 When the even was come,
there came a rich man of Arimathaea, named
Joseph, who also himself was Jesus' disciple:
58 He went to Pilate, and begged the body of
Jesus. Then Pilate commanded the body to
be delivered. 59 And when Joseph had taken
the body, he wrapped it in a clean linen cloth,
60 And laid it in his own new tomb, which
he had hewn out in the rock: and he rolled a
great stone to the door of the sepulchre, and
departed.

가에 못 박히게 넘겨주니라

55 예수를 섬기며 갈릴리에서 부터 좇아온 많
은 여자가 거기 있어 멀리서 바라보고 있으니
56 그 중에 막달라 마리아와 또 야고보와 요
셉의 어머니 마리아와 또 세베대의 아들들의
어머니도 있더라 57 저물었을 때에 아리마대
부자 요셉이라 하는 사람이 왔으니 그도 예수
의 제자라58 빌라도에게 가서 예수의 시체를
달라 하니 이에 빌라도가 내어주라 분부하거
늘 59 요셉이 시체를 가져다가 정한 세마포로
싸서 60 바위 속에 판 자기 새무덤에 넣어 두
고 큰 돌을 굴려 무덤 문에 놓고 가니

Why did God tell through Pilate's wife instead of him? Isn't it much better for him to clearly listen to what God says through his dream rather than his wife's dream if he had to overcome the pressure for taking an unjust judgment of the Son of God Jesus?

No, it isn't. Lord found the best way to persuade him to obey. He was afraid of losing his social power as a governor by Jewish riot. Therefore, God chose his beloved wife somewhat freer from those social ambition and position than her husband. His wife was the best way to persuade him to call for Jesus' life and relieve Him. But, he was afraid of the power of darkness so he crucified Jesus with a wrong judgment for preserving his great roman power and social position.

Unlike him, although Joseph from Arimathea, a member of the Jewish Sanhedrin, was under the powerful religious binding force about his social position, he made himself public as a disciple to collect the body of Jesus. How could he do it? It could be possible for him to be awakened strongly and decide to confess his faith due to second-class citizens like robbers and women boldly confessing their faith before His cross while following Jesus till the end(56)! Our testimony and confession of faith have enough Heavenly power to quiver the gate of Hades. Act of faith has enough power to complete Heavenly works though we are very weak. Proclaim and preach about God who accomplishes the history of His kingdom through the confession of believers who were robbers and sinners and the act of weak women like Pilate's wife who followed Jesus' cross and made power of darkness and leaders on earth feel dreadful. Proclaim His kingdom publicly and go for it! His Kingdom makes the power of darkness break down through the confession and acts of our faith and finally would come!

왜 하나님은 빌라도에게 직접 말씀하지 않으시고 그의 아내를 통해서 말씀하시는가? 빌라도에게는 하나님의 아들이었던 예수님에 대해 불공정한 재판을 요구하는 이스라엘 민중들의 압력들이 있었고, 이를 극복하기 위해서라면 빌라도 자신이 꿈을 꾸는 편이 아내의 꿈을 간접적으로 전해 듣는 것보다 더 확신이 생기는 방법이지 않았을까?

아니다. 주님은 빌라도가 설득되어 들을 수 있는 최적화된 경로를 찾아내셨다. 빌라도는 유대인들의 폭동 때문에 총독이라는 사회적 입지가 흔들릴 것을 두려워하고 있었다. 이에 다소 사회적 야망과 입지에 자유로웠던 여인 중 가장 사랑하는 아내를 통해 듣게 하신 것이다. 가장 최적화된 경로로 여러 가지 사회적 역학관계로부터 자유로운 그의 아내를 통해 빌라도에게 예수님을 살려줄 것을 증거하고 호소하였음에도 어둠의 권세에 두려움을 느낀 빌라도는 대로마, 대사회적 입지와 보신을 위해 두려워하다가 결국 예수님을 굽어진 재판으로 십자가에 못 박는다.

한편 유대인의 공회원으로서 사회적 신변에 있어 강력한 종교적 구속력의 영향 아래에 있었던 아리마대 요셉은 예수님의 시신을 수습하기 위해 자신이 예수님의 제자라는 것을 결연히 공개한다. 어떻게 그럴 수 있었을까? 예수님이 힘없이 십자가를 지실 때 제자들조차 두려워 숨는 마당에 오히려 사회적 약자인 강도와 여인들이 나서서 예수님의 십자가 앞에서 자기 신앙을 적극적으로 고백하며, 예수님을 끝까지 믿으려는 모습이 그를 결단하게 하였을 것이다(56)! 우리의 증거와 신앙고백에는 음부의 권세를 떨게 하는 천국 권세가 있다. 신앙의 행전은 아무리 미약한 자의 고백이라고 하여도 결국 하늘의 역사를 이루는 능력이 있다. 빌라도의 아내처럼 어둠의 권세와 세상주관자들을 밝히 드러내어 떨게 하며 예수님의 십자가를 끝까지 따르던 힘없는 여인들의 행전과 이전에는 죄인과 강도였지만 죽음 앞에서 용기 있게 구원을 요청했던 이들의 신앙 고백을 통해서 새롭게 역사를 이루시는 하나님을 선포하고 증거하라. 하나님 나라를 공개적으로 선포하고 그의 나라를 위해 행전하라! 그분의 나라는 신앙고백과 행전을 통해 음부의 권세를 드러내어 멸망시키고, 결국 이 땅에 역사된다!

46. 기근이 끊기는 표적, 수넴 여인

46. SIGN OF THE END OF FAMINE, A WOMAN FROM SHUNEM

2 KINGS 8:1-6

1 Then spake Elisha unto the woman,
whose son he had restored to life, saying,
Arise, and go thou and thine household,
and sojourn wheresoever thou canst so-
journ: for the LORD hath called for a
famine; and it shall also come upon the
land seven years. 2 And the woman arose,
and did after the saying of the man of God:
and she went with her household, and so-
journed in the land of the Philistines seven
years. 3 And it came to pass at the seven
years' end, that the woman returned out
of the land of the Philistines: and she went
forth to cry unto the king for her house and
for her land. 4 And the king talked with Ge-
hazi the servant of the man of God, saying,
Tell me, I pray thee, all the great things that
Elisha hath done. 5 And it came to pass,
as he was telling the king how he had re-
stored a dead body to life, that, behold, the
woman, whose son he had restored to life,

열왕기하 8:1-6

1 엘리사가 이전에 아들을 다시 살려준 여인
에게 이르되 너는 일어나서 네 권속과 함께
거할만한 곳으로 가서 거하라 여호와께서 기
근을 명하셨으니 그대로 이 땅에 칠년 동안
임하리라 2 여인이 일어나서 하나님의 사람
의 말대로 행하여 그 권속과 함께 가서 블레
셋 사람의 땅에 칠년을 우거하다가 3 칠년이
다하매 여인이 블레셋 사람의 땅에서 돌아와
서 자기 집과 전토를 위하여 호소하려 하여
왕에게 나아갔더라 4 때에 왕이 하나님의 사
람의 사환 게하시와 서로 말씀하며 가로되 너
는 엘리사의 행한 모든 큰 일을 내게 고하라
하니 5 게하시가 곧 엘리사가 죽은 자를 다시
살린 일을 왕에게 이야기할 때에 그 다시 살
린 아이의 어미가 자기 집과 전토를 위하여
왕에게 호소하는지라 게하시가 가로되 내 주
왕이여 이는 그 여인이요 저는 그 아들이니
곧 엘리사가 다시 살린 자니이다 6 왕이 그 여
인에게 물으매 여인이 고한지라 왕이 저를 위
하여 한 관리를 임명하여 가로되 무릇 이 여
인에게 속한 것과 이 땅에서 떠날 때부터 이

6 And when the king asked the woman, she told him. So the king appointed unto her a certain officer, saying, Restore all that [was] hers, and all the fruits of the field since the day that she left the land, even until now.

제까지 그 밭의 소출을 다 돌려주라 하였더라

A woman from Shunem stayed in the land of Philistines for seven years to escape a severe famine according to Elisha's prophecy. Therefore, there might be little food in Israel at the time. By the way, why did the king say to an official to give back her house and land that belonged to her, including all the income from her land for the past 7 years from the day she had left the country until the day she had came back?

She was a well-to-do woman enough to serve the prophet. So, if she had income from her land, she actually didn't need to go to the Philistines. But, why did she go there? Also, how could the king survive though there was a severe famine prophesied by the prophet? According to the bible, there was an official who managed lands and incomes during a famine. Therefore, it is possible to think that the king could survive and keep his place with the rest income of his people by using his own power even in a famine by God's wrath. On the other hand, the shunammite tried to obey completely God's Words by going away to a foreign land of Philistines, the place where she was hard to live, rather than being survived alone out of a famine by managing her own income for 7 years though she might have some income with her abundant property and vast land. Now, we can know why the corrupted king treated her well. He might hear that she left her place where she could survive with her property and went to the land of Philistines for

7 years to obey God's Words. Therefore, when she came back, the famine would be finished according to God's Words! That is why there was no reason not to welcome her, the symbol of recovering from a famine! Now, the shunammite didn't live as a weak person while worrying about herself anymore but experiencing resurrection from the dead and became a sign for starting and ceasing a famine by giving up her everything for God's promise!

Adam who tries to do best for survival is in vain. The end of human life is certainly a death because they all have the original sin whether they are the rich, the poor, the power or the weak. And, they can't avoid from accidental events like disease, famine, failure and so on. The rich shunammite had everything but experienced a meaningless life and God's practical and clear promise by losing and getting her son's life again. Therefore, she might know that surviving alone by managing her income in the time of a famine in Israel and Judah was less meaningful than giving up everything for God's promise. However, the king tried to live alone by unfairly taking income from his people in the middle of disaster of Israel that had God's everlasting promise and inherit. The shunammite who finished a famine and got the everlasting life and inherit by giving her life, and the king who achieved notoriety as a cruel king from God for keeping his life by using his own power and

수넴 여인은 엘리사의 예언에 따라 기근이 있는 7년 동안 자신이 살던 땅을 떠나 블레셋 땅에 가서 살았다. 7년이라는 시간이 지나 자기 기업의 전토와 땅을 찾으러 온 수넴 여인에게 여호람 왕은 흔쾌히 소출을 돌려주라고 한다. 기근의 때에 무슨 열매가 있어 7년간의 소출을 돌려주라고 하는 것일까?

수넴 여인은 예언자를 공궤할 만큼 부자였고 기근 때에도 그녀의 땅에서 소출이 있었다면 굳이 기근을 피해서 블레셋 땅으로 내려가야 했던 이유가 무엇이었을까? 또한, 예언자가 대언할 만큼 극심한 기근이 7년이나 이어지는데 당시 여호람 왕은 무엇을 가지고 생존했을까? 수넴 여인의 요청으로 드러나듯이 기근 시에도 전토와 남아있는 소출을 계산하는 관리가 있는 것으로 보아 여호람은 하나님의 진노가 7년간 기근으로 임할 때에도 자기의 권력을 이용하여 백성들의 남은 소출을 쥐어짜서 권좌를 지켰던 것 같다.

반면 수넴 여인은 자기의 부유한 재산과 광활한 전토로 기근 시에도 소출을 얻을 수 있었다. 그러나 7년간 자신이 소유한 토지의 열매를 관리하여 요령 있게 기근을 피해 살아남기보다 생면부지 난망의 땅, 이방 블레셋으로 넘어가 하나님의 말씀에 온전히 순종하고자 했다. 이제 왜 부패한 왕이었던 여호람이 수넴여인을 극진히 대했는지 알 수 있다. 왕은 수넴 여인이 근근이 생존을 유지할 수 있는 자기 땅을 버리고 하나님의 말씀에 순종해 7년 기근 동안 살기 어려운 블레셋 땅으로 어떻게 들어갔는지 자세한 자초지종을 들었을 것이다. 그 말씀에 순종한 수넴 여인이 유대로 돌

position even when God's kingdom was on the verge of collapse. Whose life belongs to God as God's real people? Which side are you at?

아온다는 것은 예언된 7년의 기근도 말씀에 따라 끝난다는 것이다! 회복을 약속하는 말씀의 증표인 그녀를 환영하지 않을 이유가 없다! 말씀이 주시는 약속에 모든 것을 걸었던 수넴 여인은 기근 동안 고작 자기 생존을 걱정하는 무력한 인생이 아니라 죽은 자를 부활로 돌려받기도 하며, 기근이 열리기도, 닫히기도 하는 말씀의 증표가 되었다!

구차하게 생존을 유지하고자 애쓰는 아담의 형상은 부질없다. 부한 자나 가난한 자나, 권세자나 비천한 자나 아담의 원죄 아래서 인생의 끝은 쇠락하여 죽음의 종착지로 달려갈 뿐 질병과 기근 등의 돌발변수도 마음대로 피할 수 없다. 많은 땅을 소유하였던 수넴 여인은 모든 것을 가졌지만, 아들의 생명을 잃었다가 되찾으면서 인생의 무상함과 하나님 말씀의 확고한 실제적 약속을 경험했다. 온 유대와 이스라엘 기근의 시기, 미약한 소출이나 관리하여 혼자 살아남으려는 것이 얼마나 부질없는 것인지 잘 알았을 것이다. 그러나 여호람 왕은 하나님의 영원한 약속과 기업이 있는 온 이스라엘이 기근으로 망해갈 때에도 백성들을 쥐어짜서 자기만 살고자 했다. 말씀에 인생을 걸어 기근을 끝내고 영원한 생명과 기업을 모두 얻은 수넴 여인과 한편 하나님 나라가 끝나갈 때에도 권력을 이용해 자기 생존만 구가하다가 하나님으로부터 악한 왕이라는 악평을 받는 여호람, 과연 어떤 삶이 하나님의 말씀에 선 그분의 참 백성의 모습인가? 당신은 어느 편에 설 것인가?

47. 천국과 두 개의 에러 1
47. HEAVEN AND TWO ERRORS 1

REVELATION 7:9-12

9 After this I beheld, and, lo, a great mul-
titude, which no man could number, of
all nations, and kindreds, and people, and
tongues, stood before the throne, and be-
fore the Lamb, clothed with white robes,
and palms in their hands; 10 And cried
with a loud voice, saying, Salvation to our
God which sitteth upon the throne, and
unto the Lamb. 11 And all the angels stood
round about the throne, and about the el-
ders and the four beasts, and fell before the
throne on their faces, and worshipped God,
12 Saying, Amen: Blessing, and glory, and
wisdom, and thanksgiving, and honour,
and power, and might, be unto our God for
ever and ever. Amen.

요한계시록 7:9-12

9 이 일 후에 내가 보니 각 나라와 족속과 백
성과 방언에서 아무라도 능히 셀 수 없는 큰
무리가 흰 옷을 입고 손에 종려 가지를 들고
보좌 앞과 어린 양 앞에 서서 10 큰 소리로 외
쳐 가로되 구원하심이 보좌에 앉으신 우리 하
나님과 어린 양에게 있도다 하니 11 모든 천
사가 보좌와 장로들과 네 생물의 주위에 섰다
가 보좌 앞에 엎드려 얼굴을 대고 하나님께
경배하여12 가로되 아멘 찬송과 영광과 지혜
와 감사와 존귀와 능력과 힘이 우리 하나님께
세세토록 있을찌로다 아멘 하더라

Tongues originally are the result of a fatal error in human history. Men planned to rebel God by building the Babel tower. So, God let them not commit sins with one heart on earth by confusing their language. Therefore, tongues show men's error and failure. But, why did God leave tongues in heaven where God is praised with one heart? Why did he leave the result of a fatal error in human history? How can tongues, men's error, be in perfect heaven? Why? That is for the salvation of all nations. Christians who look forward to the completion of God's Kingdom through the Bible can misunderstand that their job would be done just when many people are saved. If so, they may delude themselves that the condition for the completion of God's kingdom would be fulfilled when they share the gospel only to their many neighbors. But, what matters is that gospel would be preached to all nations in the whole world. Therefore, Christians can obey God's command to preach gospel to all nations in every language without any excuse when they know the Book of Revelation's vision of praising God from every nation, tribe, people and language. The Lord left tongues, the human's error, like a scratch in perfect heaven to share gospel to all nations in every language. Praise the Lord who wants to save all nations!

방언은 근원적으로 인류 역사의 치명적 오점으로 인한 결과물이다. 인류가 한마음으로 바벨탑을 쌓아 하나님을 대적하려 하지만 하나님께서는 그들의 언어를 나누심으로 이 땅에서 한마음으로 죄악을 공모하지 못하게 하셨다. 방언은 인류의 오류와 죄악의 역사를 담고 있다. 그런데 하나님을 한마음으로 찬양하는 천국에도 여전히 방언이 남아있다. 천국에 인류 역사에서도 가장 치명적인 오점의 결과물을 남겨놓으시다니? 완전한 천국에 인류의 에러인 방언이 존재하다니? 그것은 모든 민족의 구원을 위해서이다. 만약 계시록에 방언이 기록되어 있지 않다면 성경을 통해 하나님 나라의 완성을 바라보는 이 땅의 그리스도인들은 수많은 무리만 구원하면 충분하다고 착각할 수 있다. 그들은 자기 주변의 사람들만 복음을 증거 해도 천국이 완성될 조건이 성립한다고 오해할 것이다. 민족들을 각기 다른 언어로 구분하여 천국에서 모든 민족이 각자의 언어로 찬양하는 것을 계시록에서 예언으로 못 박으심으로 천국을 완성하기 위해 이 땅에서 모든 민족의 언어로 복음이 증거될 수 있게 우리가 순종하도록 하셨다. 모든 민족의 언어로 복음이 증거되게 하려고 주님은 완전한 천국에 스크래치같은 인류의 에러, 방언을 남겨 놓으셨다. 모든 민족을 구원하길 원하시는 주님을 찬양하라!

48. 천국과 두 개의 에러 2

48. HEAVEN AND TWO ERRORS 2

REVELATION 5:5-14

5 And one of the elders saith unto me, Weep not: behold, the Lion of the tribe of Juda, the Root of David, hath prevailed to open the book, and to loose the seven seals thereof. 6 And I beheld, and, lo, in the midst of the throne and of the four beasts, and in the midst of the elders, stood a Lamb as it had been slain, having seven horns and seven eyes, which are the seven Spirits of God sent forth into all the earth. 7 And he came and took the book out of the right hand of him that sat upon the throne. 8 And when he had taken the book, the four beasts and four and twenty elders fell down before the Lamb, having every one of them harps, and golden vials full of odours, which are the prayers of saints. 9 And they sung a new song, saying, Thou art worthy to take the book, and to open the seals thereof: for thou wast slain, and hast redeemed us to God by thy blood out of every kindred,

요한계시록 5:5-14

5 장로 중에 하나가 내게 말하되 울지 말라 유대 지파의 사자 다윗의 뿌리가 이기었으니 이 책과 그 일곱 인을 떼시리라 하더라 6 내가 또 보니 보좌와 네 생물과 장로들 사이에 어린 양이 섰는데 일찍 죽임을 당한것 같더라 일곱 뿔과 일곱 눈이 있으니 이 눈은 온 땅에 보내심을 입은 하나님의 일곱 영이더라 7 어린 양이 나아와서 보좌에 앉으신 이의 오른손에서 책을 취하시니라 8 책을 취하시매 네 생물과 이십 사 장로들이 어린 양 앞에 엎드려 각각 거문고와 향이 가득한 금 대접을 가졌으니 이 향은 성도의 기도들이라 9 새 노래를 노래하여 가로되 책을 가지시고 그 인봉을 떼기에 합당하시도다 일찍 죽임을 당하사 각 족속과 방언과 백성과 나라 가운데서 사람들을 피로 사서 하나님께 드리시고 10 저희로 우리 하나님 앞에서 나라와 제사장을 삼으셨으니 저희가 땅에서 왕노릇하리로다 하더라 11 내가 또 보고 들으매 보좌와 생물들과 장로들을 둘러선 많은 천사의 음성이 있으니 그 수가 만만이요 천천이라 12 큰 음성으로 가로되 죽임을

and tongue, and people, and nation; 10
And hast made us unto our God kings and
priests: and we shall reign on the earth.
11 And I beheld, and I heard the voice of
many angels round about the throne and
the beasts and the elders: and the number
of them was ten thousand times ten thou-
sand, and thousands of thousands; 12 Say-
ing with a loud voice, Worthy is the Lamb
that was slain to receive power, and riches,
and wisdom, and strength, and honour,
and glory, and blessing. 13 And every crea-
ture which is in heaven, and on the earth,
and under the earth, and such as are in the
sea, and all that are in them, heard I saying,
Blessing, and honour, and glory, and power,
be unto him that sitteth upon the throne,
and unto the Lamb for ever and ever. 14
And the four beasts said, Amen. And the
four and twenty elders fell down and wor-
shipped him that liveth for ever and ever.

당하신 어린 양이 능력과 부와 지혜와 힘과
존귀와 영광과 찬송을 받으시기에 합당하도
다 하더라 13 내가 또 들으니 하늘 위에와 땅
위에와 땅 아래와 바다 위에와 또 그 가운데
모든 만물이 가로되 보좌에 앉으신 이와 어린
양에게 찬송과 존귀와 영광과 능력을 세세토
록 돌릴찌어다 하니 14 네 생물이 가로되 아멘
하고 장로들은 엎드려 경배하더라

All nations are cured only with leaves of the tree of life in heaven. There is no hurt, pain, curse or scar. Nevertheless, God, the Son Jesus, decided to leave the stigma of the cross on his own body. He is commemorated as the slain Lamb in heaven. He left himself with the mark, imperfectness caused by human's original sin though he saved the world from any stigma of error and imperfectness. Why? It was because Jesus wanted to commemorate the stigma of the cross that saved all nations forever. It is a very big risk for perfect God to have the slain scar in perfect heaven where even all nations and creatures are cured by Him without any hurt. See! He was slain before but now he is alive! Praise the slain Lamb who commemorates the cross for all nations forever with his whole body!

• 천국에서는 생명나무의 잎사귀만으로 모든 민족을 치유한다. 어떤 상함도 고통도 저주도 흔적조차 찾지 못한다. 그럼에도 불구하고 하나님이신 성자 예수님은 자신의 상함을 영원토록 남기기로 하셨다. 천국에서 누가 봐도 명백하게 죽임당한 어린 양으로 기념된다. 천국에 어떤 오류도, 어떤 상함의 흔적도 남기지 않고 구원하신 분이 아담들의 원죄로 인한 에러, 그 상함의 흔적을 자기 자신에게 남겨놓으셨다. 왜냐하면, 예수님은 모든 민족을 위하여 못 박히신 구원의 십자가 흔적을 영원히 기념하기를 원하시기 때문이다. 완전하신 하나님이 천국에서 마치 스크래치 난 것처럼 죽임당한 흔적을 가지고 계시는 것은 어마어마한 감수가 아닐 수 없다. 더구나 모든 민족과 만물을 상처 하나 없이 회복해 놓으신 완전한 천국에서 말이다. 보라! 그는 전에는 죽임당하셨으나 지금은 살아계신다! 모든 민족을 위한 십자가를 온몸으로 영원히 기념하시는 죽임당한 어린 양을 찬양하라!

49. 그리스인들과 빌립 안드레를 한번에 압도한 말씀

49. THE WORDS THAT OVERWHELMED PHILIP, ANDREW AND THE GREEKS

JOHN 12:20-33

20 And there were certain Greeks among them that came up to worship at the feast: 21 The same came therefore to Philip, which was of Bethsaida of Galilee, and desired him, saying, Sir, we would see Jesus. 22 Philip cometh and telleth Andrew: and again Andrew and Philip tell Jesus. 23 And Jesus answered them, saying, The hour is come, that the Son of man should be glorified. 24 Verily, verily, I say unto you, Except a corn of wheat fall into the ground and die, it abideth alone: but if it die, it bringeth forth much fruit. 25 He that loveth his life shall lose it; and he that hateth his life in this world shall keep it unto life eternal. 26 If any man serve me, let him follow me; and where I am, there shall also my servant be: if any man serve me, him will my Father honour. 27 Now is my soul troubled; and what shall I say? Father, save me from this hour: but for this cause came I unto this hour. 28

요한복음 12:20-33

20 명절에 예배하러 올라온 사람 중에 헬라인 몇이 있는데 21 저희가 갈릴리 벳새다 사람 빌립에게 가서 청하여 가로되 선생이여 우리가 예수를 뵈옵고자 하나이다 하니 22 빌립이 안드레에게 가서 말하고 안드레와 빌립이 예수께 가서 여짜온대 23 예수께서 대답하여 가라사대 인자의 영광을 얻을 때가 왔도다 24 내가 진실로 진실로 너희에게 이르노니 한 알의 밀이 땅에 떨어져 죽지 아니하면 한 알 그대로 있고 죽으면 많은 열매를 맺느니라 25 자기 생명을 사랑하는 자는 잃어버릴 것이요 이 세상에서 자기 생명을 미워하는 자는 영생하도록 보존하리라 26 사람이 나를 섬기려면 나를 따르라 나 있는 곳에 나를 섬기는 자도 거기 있으리니 사람이 나를 섬기면 내 아버지께서 저를 귀히 여기시리라 27 지금 내 마음이 민망하니 무슨 말을 하리요 아버지여 나를 구원하여 이 때를 면하게 하여 주옵소서 그러나 내가 이를 위하여 이 때에 왔나이다 28 아버지여 아버지의 이름을 영광스럽게 하옵소서 하시니 이에 하늘에서 소리가 나서 가로되 내

Father, glorify thy name. Then came there
a voice from heaven, saying, I have both
glorified it, and will glorify it again. 29 The
people therefore, that stood by, and heard it,
said that it thundered: others said, An angel
spake to him. 30 Jesus answered and said,
This voice came not because of me, but for
your sakes. 31 Now is the judgment of this
world: now shall the prince of this world be
cast out. 32 And I, if I be lifted up from the
earth, will draw all men unto me. 33 This he
said, signifying what death he should die.

가 이미 영광스럽게 하였고 또 다시 영광스럽
게 하리라 하신대 29 곁에 서서 들은 무리는
우뢰가 울었다고도 하며 또 어떤이들은 천사
가 저에게 말하였다고도 하니 30 예수께서 대
답하여 가라사대 이 소리가 난 것은 나를 위
한 것이 아니요 너희를 위한 것이니라 31 이
제 이 세상의 심판이 이르렀으니 이 세상 임
금이 쫓겨나리라 32 내가 땅에서 들리면 모든
사람을 내게로 이끌겠노라 하시니 33 이렇게
말씀하심은 자기가 어떠한 죽음으로 죽을 것
을 보이심이러라

How many disciples would have guessed a brief encounter with Jesus and words they heard would have changed their entire lives? When Gentiles came and wanted to meet Jesus through Philip and Andrew, Jesus seemed so concentrated on his own cross that he did not even notice them. But who could have guessed this encounter Jesus allowed haphazardly and the words spoken there would change the disciples and the Greek people? It seems like Jesus' short sermon - about a grain of wheat produces much fruit and to follow Jesus is much like it – was spoken to Greeks whom Philip and Andrew brought to him as if they were backdrops, but that is not the case.

This short sermon was also a prophecy that the Greeks in front of him as well as Andrew and Philip, knowing the words would overwhelm them because Philip and Andrew follow the way of the cross and get martyred for the Greeks. Andrew later dies in Greece and Philip also dies in a city that worshipped the two most dominant Greek gods, Zeus and Apollo. The words spoken there conceived a future in which Philip and Andrew were made teacher and apostle of the Greeks to bring them to salvation.

You are considered a disciple when even a fragment of Jesus' words absolutely overwhelm you and lead you – when this process is ordinary. Jesus' words, albeit quiet and short, is so powerful that they're capable of creating the universe, judge all creation, and bring all nations to salvation! To those disciples who follow his words, it is only natural for Jesus' life to appear out of him. If you haven't experienced this, you should be careful to obey even a fragment of the Word and submit yourself to it and not try to control it through self-satisfaction and intellectual game and selectively pick and choose.

예수님의 제자들 중에 스치듯 들었던 예수님의 말씀과 그분과 함께 했던 잠깐의 사건이 자신의 평생을 뒤바꿀만한 것이라고 짐작한 이가 몇 명이나 되었을까? 헬라인이 와서 빌립과 안드레를 통해 예수님을 뵙고자 했을 때 예수님은 헬라인은 안중에도 없고 오로지 자기 십자가에만 몰입되어 있는 것 같다. 그러나 놀랍게도 예수님이 무심한 듯 허락하신 이 만남과 사건 속에서 하신 말씀이 장차 제자들과 그리스 민족을 압도하는 말씀이 되리라고 과연 누가 짐작할 수 있었을까?

한 알의 밀알이 떨어져 여러 열매를 맺는 것처럼 예수님을 섬기고자하면 밀알이 되는 길을 따라야한다는 짧은 설교는 빌립과 안드레가 데려온 그리스인들과는 상관없이 예수님의 십자가에 대해서만 말씀하신 것처럼 보이지만 그것만이 다는 아니다. 이 짧은 설교는 곧 예수님의 십자가의 삶이 앞에 있는 헬라 그리스인과 안드레와 빌립을 엮어 압도하실 것을 예감하시면서 하시는 말씀이자 예언이었다. 왜냐하면 빌립과 안드레는 장차 예수님의 십자가의 길을 따라 밀알이 되어 그리스 민족을 위해 순교하기 때문이다. 안드레는 후에 그리스에서 순교하고, 빌립 또한 장차 헬라 그리스인의 신들 중 가장 주도적인 두 신, 제우스와 아폴로를 섬기던 도시에서 순교하기 때문이다! 이 사건과 말씀은 빌립과 안드레를 결국 그리스 민족의 스승과 사도로 삼아 그리스 민족을 구원하게 하는 미래를 잉태했다!

당신이 만약 단 한 조각의 말씀이라도 들었다면, 그 말씀이 당신의 삶을 압도적으로 인도하는 것이 당연할 때 정상적인 제자의 삶이라 할 수 있다. 아무리 짧고 고요한 말씀이라도 예수님의 말씀은 천지를 창조할 수 있으며 모든 만물을 심판하며 모든 민족을 능히 구원할 압도적인 말씀이다! 말씀을 정상적으로 따르는 제자의 삶에는 예수님이 사셨던 압도적인 삶의 모습이 나타날 수밖에 없다. 만약 당신에게 그런 일이 없다면 당신은 작은 조각의 말씀이라도 순종하여 말씀이 자신을 압도하게 하는지 아니면 적절한 자기만족과 지적 유희로 조립하고 취사선택할 수 있는 부수적인 것으로 통제하려 하는지 살펴보고 주의할 일이다!

50. 에서의 붉은 털의 표지와 희생의 보혈

50. THE SYMBOL OF ESAU'S RED HAIR AND THE BLOOD OF SACRIFICE

GENESIS 25:19-34

19 And these are the generations of Isaac,
Abraham's son: Abraham begat Isaac: 20
And Isaac was forty years old when he took
Rebekah to wife, the daughter of Bethuel the
Syrian of Padanaram, the sister to Laban the
Syrian. 21 And Isaac intreated the LORD
for his wife, because she was barren: and the
LORD was intreated of him, and Rebekah
his wife conceived. 22 And the children
struggled together within her; and she said,
If it be so, why am I thus? And she went to
enquire of the LORD. 23 And the LORD
said unto her, Two nations are in thy womb,
and two manner of people shall be sepa-
rated from thy bowels; and the one people
shall be stronger than the other people; and
the elder shall serve the younger. 24 And
when her days to be delivered were fulfilled,
behold, there were twins in her womb. 25
And the first came out red, all over like an
hairy garment; and they called his name
Esau. 26 And after that came his brother out,
and his hand took hold on Esau's heel; and

창세기 25:19-34

19 아브라함의 아들 이삭의 후예는 이러하니
라 아브라함이 이삭을 낳았고 20 이삭은 사십
세에 리브가를 취하여 아내를 삼았으니 리브
가는 밧단 아람의 아람 족속 중 브두엘의 딸
이요 아람 족속 중 라반의 누이였더라 21 이
삭이 그 아내가 잉태하지 못하므로 그를 위
하여 여호와께 간구하매 여호와께서 그 간구
를 들으셨으므로 그 아내 리브가가 잉태하였
더니 22 아이들이 그의 태 속에서 서로 싸우
는지라 그가 가로되 이같으면 내가 어찌할꼬
하고 가서 여호와께 묻자온대 23 여호와께서
그에게 이르시되 두 국민이 네 태중에 있구나
두 민족이 네 복중에서부터 나누이리라 이 족
속이 저 족속보다 강하겠고 큰 자는 어린 자
를 섬기리라 하셨더라 24 그 해산 기한이 찬
즉 태에 쌍동이가 있었는데 25 먼저 나온 자
는 붉고 전신이 갖옷 같아서 이름을 에서라
하였고 26 후에 나온 아우는 손으로 에서의
발꿈치를 잡았으므로 그 이름을 야곱이라 하
였으며 리브가가 그들을 낳을 때에 이삭이 육
십세이었더라 27 그 아이들이 장성하매 에서

his name was called Jacob: and Isaac was
threescore years old when she bare them. 27
And the boys grew: and Esau was a cunning
hunter, a man of the field; and Jacob was a
plain man, dwelling in tents. 28 And Isaac
loved Esau, because he did eat of his veni-
son: but Rebekah loved Jacob. 29 And Jacob
sod pottage: and Esau came from the field,
and he was faint: 30 And Esau said to Jacob,
Feed me, I pray thee, with that same red pot-
tage; for I am faint: therefore was his name
called Edom. 31 And Jacob said, Sell me this
day thy birthright. 32 And Esau said, Behold,
I am at the point to die: and what profit shall
this birthright do to me? 33 And Jacob said,
Swear to me this day; and he sware unto
him: and he sold his birthright unto Jacob.
34 Then Jacob gave Esau bread and pottage
of lentiles; and he did eat and drink, and rose
up, and went his way: thus Esau despised his
birthright.

는 익숙한 사냥군인고로 들사람이 되고 야곱
은 종용한 사람인고로 장막에 거하니 28 이삭
은 에서의 사냥한 고기를 좋아하므로 그를 사
랑하고 리브가는 야곱을 사랑하였더라 29 야
곱이 죽을 쑤었더니 에서가 들에서부터 돌아
와서 심히 곤비하여 30 야곱에게 이르되 내
가 곤비하니 그 붉은 것을 나로 먹게 하라 한
지라 그러므로 에서의 별명은 에돔이더라 31
야곱이 가로되 형의 장자의 명분을 오늘날 내
게 팔라 32 에서가 가로되 내가 죽게 되었으
니 이 장자의 명분이 내게 무엇이 유익하리요
33 야곱이 가로되 오늘 내게 맹세하라 에서가
맹세하고 장자의 명분을 야곱에게 판지라 34
야곱이 떡과 팥죽을 에서에게 주매 에서가 먹
으며 마시고 일어나서 갔으니 에서가 장자의
명분을 경홀히 여김이었더라

Why was it that Esau did not care about his birthright when he was craving for his brother's stew, but was infuriated to a degree that he wanted to kill his own brother upon realizing that his birthright has been transferred over to Jacob?

It seems that Esau had mistakenly thought he had a permanent birthright thinking his extraordinary red hair was a sign of birthright. It was believed, in the ancient eastern culture, that the color red represented nobility and rights to rule and was considered an identity of kings. Esau had been over confident that his irrevocable birthright may not be sold at Jacob's mere words and actions, as if he had been born a noble kings who wore red clothes.

Surprisingly, there is just once in the bible where an inauspicious red being appears, and that is the red beast in the book of Revelation which is an antitype of the forces of Satan. Satan sacrifices the whole world, except for itself, and prey on the descendants of Adam to rule over this world as king.

Esau was just enjoying his hunting and acted not as someone who was responsible for a household, which was the culture in the nomadic agricultural Middle East. In the middle eastern countries where water and grass were scarce, hunting was considered a masculine pastime that expresses violence, and was not considered appropriate as a means for being responsible for a family's survival, especially in an area where wild animals were hard to come by. Instead, it gave chances of conflict between tribes, as there was possibility for a person to hunt down a stray animal that had belonged to another tribe.

On the other hand, Jacob was strongly attached to taking care of the family tent as a shepherd. In the passage, he is feeding his brother with a stew that he had cooked himself. It is probable that Jacob had put in hard work to cook the stew, as Israel, at the time, had a half-nomadic-half-agricultural way of living. This reminds us of the blood of Christ who had torn himself up on the cross to save our lives with his precious blood.

Later, Esau goes toward his father with an animal that he had hunted, while on the other hand, Jacob goes to his father with food prepared of an animal that had been fostered up for a long period of time and prepared with hard work.

If Esau was to take over Abraham's household, it is most probable that he would have tried to focus on his seize of power over the whole tribe in the self-absorption of his red garment, as kings of the old, instead of taking care of his people and prolonging the lives of his tribe.

Jacob, also, had made a mistake of coveting his brother's birthright in his own way held by greed and lack of inappropriate conduct. Nonetheless, however, God chose him to be the first born because He considered him as someone who

에서는 왜 동생에게서 팥죽을 받아먹으려 할 때는 장자권 따위는 안중에도 없다가 막상 아버지 이삭을 통해 동생 야곱에게 장자권이 안수 되었을 때는 동생을 죽이고 싶어 할 정도로 분개하는가? 아무래도 에서는 자신의 예사롭지 않은 붉은 털을 장자권의 표지로 인식해 어떠한 상황에서도 흔들리지 않는 절대적인 지위로 착각했던 것 같다. 왜냐하면, 동양의 고대 왕들은 붉은 빛을 존귀함과 다스림의 상징으로 여겨 붉은빛이 왕의 정체성을 나타낸다고 믿었다. 에서는 자신의 행실이나 야곱의 몇 마디 말과 행동으로 자신의 장자권에 타격이 있지 않을 것이라 믿으며 붉은 옷을 입은 열왕들처럼 붉은 털옷을 입고 태어난 자신에게 태생적 과신을 가지고 있었다!

놀랍게도 온몸이 붉은빛을 띤 상서롭지 못한 존재가 성경에 단 한 번 상징적으로 등장하는데, 그것은 계시록에서 사단의 세력으로 예표 되는 붉은빛 짐승이다. 사단은 이 세상 임금으로 군림하기 위해 아담의 후예들을 사냥하며 온 세계를 희생시킨다.

에서는 중동 일대에서 가족의 생명을 책임지기 위해 유목과 농경의 자리에서 수고로이 희생하는 대신, 들에서 사냥을 즐겼다. 물과 수풀이 희귀한 중동 일대에서 충분한 야생 동물이 살지 않기 때문에 사냥은 유희를 목적으로 하는 남성적 과시와 잔혹함을 나타낼 뿐 가족의 생계를 책임지는 수단으로 적절하지 못했다. 오히려 다른 부족들이 기르다 잃어버린 방황하는 짐승들을 사냥했을 때 분쟁에 휘말릴 가능성이 높았다. 반면 야곱은 목자로서 가정에서 장막을 돌보며 책임지려고 하는 애착이 강했

would continue the identity of His people, for he took care of his sheep and goat and had the willingness to act as the head of a household and prolong its life. The first-born is the one who, like the sheep, sacrifice himself to feed God's family and it is the brothers that are spread out in all the nations with the bread of word and the wine of the Holy Spirit.

So here I pose a question. Are you like Esau who boast only of the outward appearances of the blood of Christ, or do you resemble the first born Jesus Christ who walks the way of sacrifice of the blood on the inside?

다. 그는 지금 붉은 팥죽을 쑤어 와서 형을 먹이고 있다. 아마도 반농, 반유목의 이스라엘의 환경상 정성스레 기른 곡물을 으깨고 부수어 붉은 팥죽을 만들고 그것을 가져와 형을 먹이고 있다. 마치 예수님이 희생으로 자기 몸을 십자가에서 부수어 모든 민족을 붉은 보혈의 피로 살리시고 생명으로 일으키신 것과 같다.

또한, 후에 에서는 사냥한 짐승으로 아버지에게 나아갔으나 야곱은 유목을 통해 수고하며 희생하여 기른 짐승을 가지고 아버지에게 음식으로 내어놓는다. 만일 에서가 아브라함의 가계를 다스리게 된다면 자신을 희생해서 가계의 생명을 이어가기 위해 섬기기보다, 열왕들처럼 자기를 높이기 위한 붉은 털옷에 심취해 백성과 이웃을 약탈하고 부족 전체를 군림의 대상으로 삼을 가능성이 농후하다. 야곱 역시 욕심 많고 처신이 부족하여 자신의 방법으로 장자권을 넘보는 우를 저질렀다. 그러나 그는 가장으로서 가족의 생명을 이어가기 위해 집안을 먹이고, 양과 염소를 돌보아 목자 민족의 정체를 지켜갈 가능성이 있었고 결국 하나님 가계의 장자로 세워졌다. 장자는 어린 양처럼 자신의 몸을 희생하여 하나님의 형제들과 열방까지 이르는 하나님의 가족들을 말씀의 떡과 성령의 포도주로 먹이는 자들이다.

자, 질문하자. 당신은 에서처럼 겉모양만 예수님의 붉은 보혈을 자랑하는 자인가? 안과 속사람 모두 십자가로 붉은 보혈의 희생의 길을 가신 살아계신 첫 열매, 맏아들 예수를 닮은 사람인가?

51. 영광의 얼굴 안에, 또 영광의 불꽃
51. IN THE FACE OF GLORY AND IN THE FIRE OF GLORY

REVELATION 1:10-20

10 I was in the Spirit on the Lord's day, and heard behind me a great voice, as of a trumpet, 11 Saying, I am Alpha and Omega, the first and the last: and, What thou seest, write in a book, and send it unto the seven churches which are in Asia; unto Ephesus, and unto Smyrna, and unto Pergamos, and unto Thyatira, and unto Sardis, and unto Philadelphia, and unto Laodicea. 12 And I turned to see the voice that spake with me. And being turned, I saw seven golden candlesticks; 13 And in the midst of the seven candlesticks one like unto the Son of man, clothed with a garment down to the foot, and girt about the paps with a golden girdle. 14 His head and his hairs were white like wool, as white as snow; and his eyes were as a flame of fire; 15 And his feet like unto fine brass, as if they burned in a furnace; and his voice as the sound of many waters. 16 And he had in his right hand seven stars: and out

요한계시록 1:10-20

10 주의 날에 내가 성령에 감동하여 내 뒤에서 나는 나팔 소리 같은 큰 음성을 들으니 11 가로되 너 보는 것을 책에 써서 에베소, 서머나, 버가모, 두아디라, 사데, 빌라델비아, 라오디게아 일곱 교회에 보내라 하시기로 12 몸을 돌이켜 나더러 말한 음성을 알아 보려고 하여 돌이킬 때에 일곱 금 촛대를 보았는데 13 촛대 사이에 인자 같은 이가 발에 끌리는 옷을 입고 가슴에 금띠를 띠고 14 그 머리와 털의 희기가 흰 양털 같고 눈 같으며 그의 눈은 불꽃 같고 15 그의 발은 풀무에 단련한 빛난 주석 같고 그의 음성은 많은 물 소리와 같으며 16 그 오른손에 일곱 별이 있고 그 입에서 좌우에 날선 검이 나오고 그 얼굴은 해가 힘있게 비취는것 같더라 17 내가 볼때에 그 발앞에 엎드러져 죽은 자 같이 되매 그가 오른손을 내게 얹고 가라사대 두려워 말라 나는 처음이요 나중이니 18 곧 산 자라 내가 전에 죽었었노라 볼찌어다 이제 세세토록 살아 있어 사망과 음부의 열쇠를 가졌노니 19 그러므로 네 본 것과 이제 있는 일과 장차 될 일을 기록

of his mouth went a sharp twoedged sword:
and his countenance was as the sun shineth
in his strength. 17 And when I saw him, I fell
at his feet as dead. And he laid his right hand
upon me, saying unto me, Fear not; I am the
first and the last: 18 I am he that liveth, and
was dead; and, behold, I am alive for ever-
more, Amen; and have the keys of hell and
of death. 19 Write the things which thou hast
seen, and the things which are, and the things
which shall be hereafter; 20 The mystery of
the seven stars which thou sawest in my right
hand, and the seven golden candlesticks. The
seven stars are the angels of the seven church-
es: and the seven candlesticks which thou
sawest are the seven churches.

하라 20 네 본 것은 내 오른손에 일곱 별의 비밀
과 일곱 금 촛대라 일곱 별은 일곱 교회의 사자
요 일곱 촛대는 일곱 교회니라

The last apostle John had to see the glory of God once more. He confidently witnessed and wrote that we saw the glory as Jesus, the Word, was within us through the book of John. He who wrote about the glory that he had seen through Jesus saw His glory again in the island of Patmos. The glory John had seen during Jesus' ministry and wrote in the book of John was not insufficient. But why did John have to see His glory again?

Furthermore, Jesus John saw in the book of revelation was no longer like the Son of God as he was on earth. He was lifted up to Heaven after being risen and is now the Lord of glory who reigns over the heaven and earth with more power and might. His body didn't only shine but also his eyes shine like blazing fire of more powerful glory. Think about John who was gazing at His blazing eyes. John saw the Lord who controls the whole universe. But it seemed to be hard for the churches in severe darkness and persecution to accept such image of the Lord. They could deny John's witness with doubts because the Lord didn't seem to control the persecution of Rome. Therefore, He showed the glory of his face like the sun to John once again to make him share and teach God's words with confidence. And, He showed the glory of his passion through his blazing eyes one more time to make the apostle confirm living and working Jesus!

He had to gaze at the shining face of the Lord like the sun and

교회에 대한 핍박 아래 마지막으로 남아 있었던 사도 요한은 하나님의 영광을 한 번 더 보아야 했다. 그는 이미 요한복음을 기술하면서 말씀이신 예수님이 우리 가운데 거하고 계시므로 우리가 영광을 보았다고 확신 있게 증언하였다. 예수님을 통한 영광을 보았기에 더욱 확신 있게 요한복음을 기록했던 사도 요한은 밧모섬에서 업그레이드하듯 주님의 영광을 다시 본다. 과거에 요한이 공생애 기간 동안 보았던 예수님의 영광, 나중에 요한복음에서도 확신으로 입증했던 그 영광이 절대로 부족하지 않았을 텐데 주님은 왜 사도 요한에게 영광의 주님을 다시 보게 하셨을까?

더군다나 계시록에서 요한이 본 예수님은 공생애 기간 인자의 모습이 아닌 부활하신 뒤 더욱 강력하고 위엄 있는 모습으로 하늘과 땅을 통치하시는 영광의 주님이시다. 온몸이 영광으로 빛날 뿐 아니라 눈은 더 강력한 영광의 불꽃으로 빛나셔서 영광 위에 한층 더 강력한 영광이 새겨져 있는 모습이었다. 그분의 불꽃같은 눈을 응시하는 사도 요한의 심정을 헤아려보라. 사도 요한은 온 우주를 다스리는 주님을 보았지만, 당시 로마의 핍박으로 말할 수 없는 어둠과 고난에 처한 교회들에게 역설적이게도 우주를 초월하여 역사하시는 주님에 대해 말하기에는 낯설고 먼 이야기나 모순처럼 여겨져 잘 받아들여지지 않았을 것이다. 온 우주를 통치하시는 분이 로마 제국의 핍박을 제어하지 못하는 것에 대해 교회가 의심할 때 요한의 증거를 부인할 수 있었다. 따라서 사도 요한이 하나님의 말씀을 확신 있게 나누고

see the Lord with blazing eyes once again. John already saw the Lord's glory through many events performed by Jesus during His ministry such as the miracle in the mountain of transfiguration, the miracle at the wedding feast in Cana, the miracle of five loaves and two fish and the miracle in Siloam. Of course, he also witnessed the resurrection of Jesus. John who had experienced Jesus' glory so many times was able to handle God's works when he saw the Lord's face and glory one more time. He had to see His shining and glorious eyes through blazing fire on His shining face like the sun. We will have to see the presence and glory of the Lord constantly if we want to keep doing God's works!

가르칠 수 있도록 그분의 해 같은 얼굴의 영광을 실제로 보게 하시고, 거기에 더하여 당신의 눈에 불꽃으로 이글거리는 열정의 영광을 한 번 더 보이셔서 살아 역사하시는 예수님을 확신하게 하신 것이다!

해같이 빛나는 주님의 얼굴을 응시하고, 거기에 한 번 더 영광을 더해 불꽃같은 눈으로 바라보시는 주님을 더 보아야 했다. 이미 요한은 예수님의 공생애 동안 말씀이 영광을 입은 변화산 사건, 혼인 잔치의 기적, 오병이어, 실로암의 은혜 등 주님의 영광을 보았다. 물론 예수님의 부활의 영광도 보았다. 그랬던 사도 요한도 다시 한 번 주님의 얼굴을 보았고, 또다시 주님의 영광을 보고서야 역사를 감당할 수 있었다. 해같이 빛나는 얼굴의 영광 위에 불꽃으로 한 번 더 빛나는 영광의 눈빛을 거듭 보아야 했다. 우리가 주님의 역사를 계속 이루고자 한다면 주님의 임재와 영광에 얼굴을 계속 보아야만 하리라!

52. 엘리야가 산에 있는 이유

52. THE REASON WHY ELIJAH STAYED ON THE MOUNTAIN

2 KINGS 1:1-18

1 Then Moab rebelled against Israel after
the death of Ahab. 2 And Ahaziah fell down
through a lattice in his upper chamber that
was in Samaria, and was sick: and he sent
messengers, and said unto them, Go, en-
quire of Baalzebub the god of Ekron wheth-
er I shall recover of this disease. 3 But the
angel of the LORD said to Elijah the Tish-
bite, Arise, go up to meet the messengers of
the king of Samaria, and say unto them, Is it
not because there is not a God in Israel, that
ye go to enquire of Baalzebub the god of Ek-
ron? 4 Now therefore thus saith the LORD,
Thou shalt not come down from that bed
on which thou art gone up, but shalt surely
die. And Elijah departed. 5 And when the
messengers turned back unto him, he said
unto them, Why are ye now turned back?
6 And they said unto him, There came a
man up to meet us, and said unto us, Go,
turn again unto the king that sent you, and

열왕기하 1:1-18

1 아합이 죽은 후에 모압이 이스라엘을 배반
하였더라 2 아하시야가 사마리아에 있는 그
다락 난간에서 떨어져 병들매 사자를 보내며
저희더러 이르되 가서 에그론의 신 바알세붑
에게 이 병이 낫겠나 물어 보라 하니라 3 여
호와의 사자가 디셉 사람 엘리야에게 이르시
되 너는 일어나 올라가서 사마리아 왕의 사자
를 만나서 저에게 이르기를 이스라엘에 하나
님이 없어서 너희가 에그론의 신 바알세붑에
게 물으러 가느냐 4 그러므로 여호와의 말씀
이 네가 올라간 침상에서 내려오지 못할찌라
네가 반드시 죽으리라 하셨다 하라 엘리야가
이에 가니라 5 사자들이 왕에게 돌아오니 왕
이 이르되 너희는 어찌하여 돌아왔느냐 6 저
희가 고하되 한 사람이 올라와서 우리를 만나
이르되 너희는 너희를 보낸 왕에게로 돌아가
서 저에게 고하기를 여호와의 말씀이 이스라
엘에 하나님이 없어서 네가 에그론의 신 바알
세붑에게 물으려고 보내느냐 그러므로 네가
올라간 침상에서 내려오지 못할찌라 네가 반
드시 죽으리라 하셨다 하라 하더이다 7 왕이

say unto him, Thus saith the LORD, Is it not
because there is not a God in Israel, that thou
sendest to enquire of Baalzebub the god of
Ekron? therefore thou shalt not come down
from that bed on which thou art gone up,
but shalt surely die. 7 And he said unto them,
What manner of man was he which came up
to meet you, and told you these words? 8 And
they answered him, He was an hairy man, and
girt with a girdle of leather about his loins. And
he said, It is Elijah the Tishbite. 9 Then the king
sent unto him a captain of fifty with his fifty.
And he went up to him: and, behold, he sat
on the top of an hill. And he spake unto him,
Thou man of God, the king hath said, Come
down. 10 And Elijah answered and said to the
captain of fifty, If I be a man of God, then let
fire come down from heaven, and consume
thee and thy fifty. And there came down fire
from heaven, and consumed him and his fifty.
11 Again also he sent unto him another cap-

저희에게 이르되 올라와서 너희를 만나 이 말
을 너희에게 고한 그 사람의 모양이 어떠하더
냐 8 저희가 대답하되 그는 털이 많은 사람인데
허리에 가죽 띠를 띠었더이다 왕이 가로되 그
는 디셉 사람 엘리야로다 9 이에 오십부장과 그
오십인을 엘리야에게로 보내매 저가 엘리야에
게로 올라가서 본즉 산 꼭대기에 앉았는지라 저
가 엘리야에게 이르되 하나님의 사람이여 왕의
말씀이 내려오라 하셨나이다 10 엘리야가 오십
부장에게 대답하여 가로되 내가 만일 하나님의
사람이면 불이 하늘에서 내려와서 너와 너의 오
십인을 사를찌로다 하매 불이 곧 하늘에서 내려
와서 저와 그 오십인을 살랐더라 11 왕이 다시
다른 오십부장과 그 오십인을 엘리야에게로 보
내니 저가 엘리야에게 일러 가로되 하나님의 사
람이여 왕의 말씀이 속히 내려오라 하셨나이다
12 엘리야가 저희에게 대답하여 가로되 내가 만
일 하나님의 사람이면 불이 하늘에서 내려와
서 너와 너의 오십인을 사를찌로다 하매 하나
님의 불이 곧 하늘에서 내려와서 저와 그 오십
인을 살랐더라 13 왕이 세번째 오십부장과 그

tain of fifty with his fifty. And he answered
and said unto him, O man of God, thus hath
the king said, Come down quickly. 12 And
Elijah answered and said unto them, If I be a
man of God, let fire come down from heav-
en, and consume thee and thy fifty. And the
fire of God came down from heaven, and
consumed him and his fifty. 13 And he sent
again a captain of the third fifty with his fifty.
And the third captain of fifty went up, and
came and fell on his knees before Elijah, and
besought him, and said unto him, O man
of God, I pray thee, let my life, and the life
of these fifty thy servants, be precious in thy
sight. 14 Behold, there came fire down from
heaven, and burnt up the two captains of the
former fifties with their fifties: therefore let
my life now be precious in thy sight. 15 And
the angel of the LORD said unto Elijah, Go
down with him: be not afraid of him. And
he arose, and went down with him unto the

오십인을 보낸지라 세째 오십부장이 올라가
서 엘리야의 앞에 이르러 꿇어 엎드려 간구
하여 가로되 하나님의 사람이여 원컨대 나의
생명과 당신의 종인 이 오십인의 생명을 당신
은 귀히 보소서
14 불이 하늘에서 내려와서 전번의 오십부장
둘과 그 오십인들을 살랐거니와 나의 생명을
당신은 귀히 보소서 하매 15 여호와의 사자
가 엘리야에게 이르되 너는 저를 두려워 말
고 함께 내려가라 하신지라 엘리야가 곧 일
어나 저와 함께 내려와서 왕에게 이르러 16
고하되 여호와의 말씀이 네가 사자를 보내어
에그론의 신 바알세붑에게 물으려하니 이스
라엘에 그 말을 물을만한 하나님이 없음이냐
그러므로 네가 그 올라간 침상에서 내려오지
못할찌라 네가 반드시 죽으리라 하셨다 하니
라 17 왕이 엘리야의 전한 여호와의 말씀대로
죽고 저가 아들이 없으므로 여호람이 대신하
여 왕이 되니 유다 왕 여호사밧의 아들 여호
람의 제 이년이었더라 18 아하시야의 남은 사
적은 모두 이스라엘 왕 역대지략에 기록되지

king. 16 And he said unto him, Thus saith
the LORD, Forasmuch as thou hast sent
messengers to enquire of Baalzebub the god
of Ekron, is it not because there is no God in
Israel to enquire of his word? therefore thou
shalt not come down off that bed on which
thou art gone up, but shalt surely die. 17 So
he died according to the word of the LORD
which Elijah had spoken. And Jehoram
reigned in his stead in the second year of Je-
horam the son of Jehoshaphat king of Judah;
because he had no son. 18 Now the rest of
the acts of Ahaziah which he did, are they
not written in the book of the chronicles of
the kings of Israel?

아니하였느냐

Why was Elijah on the mountain though he was a prophet of Israel? He might have had to share God's Words to people in a street, or to a king in a palace, not to animals in a mountain. Then, why didn't he want to come out(9)?

It is because Elijah might be disappointed and tired of king Ahab and the king's offspring who never listened to Elijah's continued advice to repent their sins and betrayed God repeatedly and served idols and other gods. So, he seemed to be in a mountain by hiding himself rather than being with people. Under this situation, why did God have to make the prophet fight against descendants of Ahab? Wasn't it better just leaving Elijah alone if people didn't repent their sins though they had listened to God's Words so many times? Didn't God have to show any hopeful result like king Ahaziah's repentance if he made the prophet hiding in a mountain come out and prophesy for the king who was going to send a person for consulting to Baal-Zebub? However, the king still didn't repent. What was the reason for God to do this and show a disappointing outcome to Elijah?

Paradoxically, that was for God to give Elijah a hope. God wanted to show him a hope that there was the remnant generation even though the powerful dynasty didn't repent. Look at the servant who went for consulting to Baal-Zebub, the god of Ekron by Ahaziah's commandment. The man finally didn't go

온 이스라엘을 향한 대언자인 엘리야는 왜 산에 있을까? 하나님의 말씀을 거리의 백성에게나 궁전의 왕들에게 들려줘야 할 텐데 산의 짐승들에게 하나님의 말씀을 대언할 것도 아니면서 그는 왜 산에 틀어박혀서 나오지 않으려 했을까(9)?

엘리야는 아합 왕조에게 거듭 회개를 촉구하여도 아합 왕이나 그 후손이 반복적으로 하나님께 철저히 반역하여 우상과 이방신을 지속해서 섬기는 모습에 실망하여 신물이 난 모양이다. 그래서 그는 세상에 있기보다 산속에 은둔해 있었다. 그런데도 굳이 하나님께서 아합 왕조의 후예들과 엘리야를 대결시키는 이유는 무엇인가? 어차피 말씀을 반복적으로 들어도 회개하지 않을 그들이라면 이미 할 만큼 한 엘리야를 그냥 두셔도 되지 않을까? 산에서 은둔하고 있는 엘리야를 굳이 불러내셔서 바알세붑을 찾아가려는 아하시야 왕 앞에 세워 대언하게 하셨다면 아하시야 왕이 회개하는 결과라도 보이시길 바랐을 것이다. 그러나 여전히 아하시야는 회개하지 않는다. 절망스런 아합 왕조 앞에 은둔해 있는 엘리야를 끌어내어 그들 앞에 대언하게하고 여전히 회개하지 않는 절망스런 모습을 보이시는 이유는 무엇인가?

이는 역설적으로 하나님께서 엘리야에게 소망을 주시기 위해서이다. 권세자인 아하시야 왕조가 회개하지 않아도 하나님이 남겨둔 세대가 있음을 엘리야에게 소망으로 보이기 위해서이다. 아하시야 왕 앞에서 명을 받아 에그론의 신 바알세붑에게 물으러 갔던 신하를 보라. 그는 끝내 에그론 신 앞에서 묻지

to the god but changed his way and told the king God's Words after listening to God's Words from Elijah. He chose God's commandment rather than king's order that had enough power to take the servant's life when he didn't follow. He seemed to risk his life. See again! The third captain with his company of fifty men asked Elijah at the risk of his life for saving lives rather than killing others by saying that the prophet was Man of God. He was awakening the prophet to go back to his previous place of saving lives as God's man. It means that it was allowed for them to use a power when the prophet didn't listen to king's word considering that the king had sent the captain with his company of fifty men and armed force. Nevertheless, the captain didn't follow the unjust king's permission of using violence, but reminded the prophet with respect and plea of his calling of standing on the place of saving people as God's man.

Elijah didn't just make a prophecy that would be rejected by the king. He saw a possibility of the remnant who tried to keep and follow God's Word even in the corrupted dynasty! God's Words never talk about despair. Therefore, God's man always ends up singing for hope when they live by the Word, not by the circumstance, people and emotions.

않고 하나님의 대언자 엘리야를 통한 하나님의 말씀을 듣고 돌이켜 그 말씀을 아하시야 왕에게 전한다. 그는 이방신을 만나고 오라는 왕명을 어기면서 목숨이 달아날 수 있는 위험을 감수하며 여호와의 명령을 전하기를 택했다. 자신의 목숨을 걸고 하나님의 말씀을 들으려는 것이다. 또 보라! 세 번째 오십 부장은 절망으로 은둔하고, 압박으로 분노하고 있는 대언자 엘리야에게 대언자는 하나님의 사람임을 각인시키며 생명을 죽이는 일보다 살리는 일에 설 것을 목숨 걸고 청원했다. 아하시야가 오십부장과 무장병력들을 보냈다면 이는 곧 엘리야가 왕의 말을 듣지 않을시 무력을 사용해도 좋다는 허가이다. 그럼에도 오십부장은 부정한 왕이 허락한 폭력 허가를 부정한 의도로 따르기보다 대언자를 존중하고 간청하며 그가 하나님의 사람으로서 생명의 자리로 나아가야 한다는 것을 일깨우고 있다.

엘리야는 아하시야를 다시 만나 어차피 거절당할 대언을 지시한 것만이 아니었다. 부패한 왕조 속에서도 도처에서 하나님의 말씀을 목숨 걸고 따르려하는 남은 자들의 가능성을 보고 있다! 하나님의 말씀은 절망을 노래하지 않는다. 따라서 상황과 사람, 내면을 따라 살지 않고 말씀을 따라 살 때, 결국 하나님의 사람은 언제나 소망을 노래하게 될 것이다.

53. 질서없이 몸을 찢는 자
53. THE ONE WHO DIVIDES THE BODY

1 CORINTHIANS 11:18-34

18 For first of all, when ye come together
in the church, I hear that there be divisions
among you; and I partly believe it. 19 For
there must be also heresies among you,
that they which are approved may be made
manifest among you. 20 When ye come to-
gether therefore into one place, this is not to
eat the Lord's supper. 21 For in eating every
one taketh before other his own supper:
and one is hungry, and another is drunken.
22 What? have ye not houses to eat and to
drink in? or despise ye the church of God,
and shame them that have not? what shall I
say to you? shall I praise you in this? I praise
you not. 23 For I have received of the Lord
that which also I delivered unto you, that
the Lord Jesus the same night in which he
was betrayed took bread: 24 And when he
had given thanks, he brake it, and said, Take,
eat: this is my body, which is broken for
you: this do in remembrance of me. 25 Af-

고린도전서 11:18-34

18 먼저 너희가 교회에 모일 때에 너희 중에
분쟁이 있다 함을 듣고 어느 정도 믿거니와
19 너희 중에 파당이 있어야 너희 중에 옳다
인정함을 받은 자들이 나타나게 되리라 20 그
런즉 너희가 함께 모여서 주의 만찬을 먹을
수 없으니 21 이는 먹을 때에 각각 자기의 만
찬을 먼저 갖다 먹으므로 어떤 사람은 시장하
고 어떤 사람은 취함이라 22 너희가 먹고 마
실 집이 없느냐 너희가 하나님의 교회를 업신
여기고 빈궁한 자들을 부끄럽게 하느냐 내가
너희에게 무슨 말을 하랴 너희를 칭찬하랴 이
것으로 칭찬하지 않노라 23 내가 너희에게 전
한 것은 주께 받은 것이니 곧 주 예수께서 잡
히시던 밤에 떡을 가지사 24 축사하시고 떼
어 이르시되 이것은 너희를 위하는 내 몸이니
이것을 행하여 나를 기념하라 하시고 25 식
후에 또한 그와 같이 잔을 가지시고 이르시되
이 잔은 내 피로 세운 새 언약이니 이것을 행
하여 마실 때마다 나를 기념하라 하셨으니 26
너희가 이 떡을 먹으며 이 잔을 마실 때마다
주의 죽으심을 그가 오실 때까지 전하는 것이

ter the same manner also he took the cup,
when he had supped, saying, this cup is the
new testament in my blood: this do ye, as
oft as ye drink it, in remembrance of me. 26
For as often as ye eat this bread, and drink
this cup, ye do shew the Lord's death till he
come. 27 Wherefore whosoever shall eat
this bread, and drink this cup of the Lord,
unworthily, shall be guilty of the body and
blood of the Lord. 28 But let a man exam-
ine himself, and so let him eat of that bread,
and drink of that cup. 29 For he that eateth
and drinketh unworthily, eateth and drin-
keth damnation to himself, not discerning
the Lord's body. 30 For this cause many
are weak and sickly among you, and many
sleep. 31 For if we would judge ourselves,
we should not be judged. 32 But when we
are judged, we are chastened of the Lord,
that we should not be condemned with the
world. 33 Wherefore, my brethren, when

니라 27 그러므로 누구든지 주의 떡이나 잔
을 합당하지 않게 먹고 마시는 자는 주의 몸
과 피에 대하여 죄를 짓는 것이니라 28 사람
이 자기를 살피고 그 후에야 이 떡을 먹고 이
잔을 마실지니 29 주의 몸을 분별하지 못하
고 먹고 마시는 자는 자기의 죄를 먹고 마시
는 것이니라 30 그러므로 너희 중에 약한 자
와 병든 자가 많고 잠자는 자도 적지 아니하
니 31 우리가 우리를 살폈으면 판단을 받지
아니하려니와32 우리가 판단을 받는 것은 주
께 징계를 받는 것이니 이는 우리로 세상과
함께 정죄함을 받지 않게 하려 하심이라 33 그
런즉 내 형제들아 먹으러 모일 때에 서로 기
다리라 34 만일 누구든지 시장하거든 집에서
먹을지니 이는 너희의 모임이 판단 받는 모임
이 되지 않게 하려 함이라 그밖의 일들은 내
가 언제든지 갈 때에 바로잡으리라

ye come together to eat, tarry one for an-
other. 34 And if any man hunger, let him eat
at home; that ye come not together unto
condemnation. And the rest will I set in or-
der when I come.

Judas couldn't stay at the last supper with Jesus till the end and betrayed him and left the place. The bread that they took with Jesus that night was Passover bread without yeast. Therefore, unleavened bread can't have yeast in it. If that is bread with yeast, it will make bread rise and go out of it by making a hole. So, it tears bread. Like this, Judas left the group, Jesus's body, by tearing it that night like yeast. The same body and cells can coexist without any reverse reaction. But, pathogens and pollutants produced out of body definitely cause rejection in a body.

Everybody that couldn't take a regular and organized meal is weak and sick. When the parts of body are separated or the body can't take a meal due to disease, it causes a vicious circle of pain. So, when the Corinthian church was trying to disconnect, divide and dispute each other but misuse His supper as the Lord's body, it was natural to make the church weak, fall and die. There is no body part or cell that becomes healthy by separating, tearing itself from body and taking another nourishment.

Those who wander by leaving their body, separate the churches and divide themselves by judging their groups should go back to their groups as soon as possible as the Lord sacrificed for us.

가룟 유다는 예수님의 마지막 만찬을 끝까지 받지 못한 채 배반하고 뛰쳐나갔다. 그 밤 예수님과 같이 먹는 빵이 유월절에 먹는 무교병이기에 무교병에는 누룩이 들어올 수 없다. 하지만 누룩을 넣고 만드는 유교병은 누룩이 부풀면서 공기가 빠져나간 자리가 찢어지고 구멍이 생긴다. 가룟 유다는 자신이 예수님을 배반하던 그 밤에 마치 누룩처럼 예수님의 몸 된 공동체를 찢고 나갔다. 한 몸에 있는 세포는 서로 역반응을 보이지 않고 공존하지만, 밖으로부터 잉태된 병원체나 오염체는 반드시 몸과 거부 반응을 일으키기 마련이다.

주기적으로 만찬이나 식사를 하지 못하면 몸은 허해지고 약해진다. 기관과 기관이 서로 분리되거나, 질병이 오면 먹지 못해 고통의 악순환으로 이어진다. 고린도 교회가 주님의 몸으로서 서로 분쟁하고 단절하려 한 채 주님의 만찬을 오용하였을 때, 몸이 약해지고 쇠락하며 자는 것처럼 죽어지는 것은 당연한 수순이었다.

몸과 분리하여 몸을 찢고 뛰쳐나와 스스로 자양분을 취해 건강해지는 기관이나 세포는 있을 수 없다. 공동체를 뛰쳐나와 부유하는 자마다, 교회를 분열시키는 자마다, 몸을 판단하고 떠돌며 분립하려는 자마다, 다시 주님의 죽으심이 있는 한 몸으로 속히 돌아가야 한다.

54. 사마리아 나병환자, 유대인 예수 메시아께 경배하다

54. SAMARIAN THE LEPER, WORSHIPS THE JEWISH MESSIAH JESUS

LUKE 17:11-20

11 And it came to pass, as he went to Jerusalem, that he passed through the midst of Samaria and Galilee. 12 And as he entered into a certain village, there met him ten men that were lepers, which stood afar off: 13 And they lifted up their voices, and said, Jesus, Master, have mercy on us. 14 And when he saw them, he said unto them, Go shew yourselves unto the priests. And it came to pass, that, as they went, they were cleansed. 15 And one of them, when he saw that he was healed, turned back, and with a loud voice glorified God, 16 And fell down on his face at his feet, giving him thanks: and he was a Samaritan. 17 And Jesus answering said, Were there not ten cleansed? but where are the nine? 18 There are not found that returned to give glory to God, save this stranger. 19 And he said unto him, Arise, go thy way: thy faith hath made thee whole. 20 And when he was demanded of

누가복음 17:11-20

11 예수께서 예루살렘으로 가실 때에 사마리아와 갈릴리 사이로 지나가시다가 12 한 촌에 들어가시니 문둥병자 열 명이 예수를 만나 멀리 서서 13 소리를 높여 가로되 예수 선생님이여 우리를 긍휼히 여기소서 하거늘 14 보시고 가라사대 가서 제사장들에게 너희 몸을 보이라 하셨더니 저희가 가다가 깨끗함을 받은지라 15 그 중에 하나가 자기의 나은 것을 보고 큰 소리로 하나님께 영광을 돌리며 돌아와 16 예수의 발아래 엎드리어 사례하니 저는 사마리아인이라 17 예수께서 대답하여 가라사대 열 사람이 다 깨끗함을 받지 아니하였느냐 그 아홉은 어디 있느냐 18 이 이방인 외에는 하나님께 영광을 돌리러 돌아온 자가 없느냐 하시고 19 그에게 이르시되 일어나 가라 네 믿음이 너를 구원하였느니라 하시더라 20 바리새인들이 하나님의 나라가 어느 때에 임하나이까 묻거늘 예수께서 대답하여 가라사대 하나님의 나라는 볼 수 있게 임하는 것이 아니요

the Pharisees, when the kingdom of God
should come, he answered them and said,
The kingdom of God cometh not with observation:

What is the intention of the Bible when it emphasizes that the only one leper out of the ten lepers who were healed and came back to Jesus and gave glory and thanks, was a Samaritan? If the Bible has the intent to imply that some ethnic groups show more gratitude and glorification than others, it would be a biased view. Therefore, it would be better to deduce the true intent of the Bible that emphasizes he was a Samaritan from various dimensions.

It is certain that the intent of Jesus in sending the healed lepers to the Priest for confirmation of healing and being reaccepted into the society in accordance with the Jewish Law was complete spiritual, physical and social recovery. In those days a leper was subject to more than a pathological quarantine, a disease attributed to a curse due to sin, rendering spiritual and social condemnation. Due to distorted tradition, they had to always suffer discrimination and misunderstanding.

Now that the ten lepers were healed, another problem may have arisen. One of them was a Samaritan! If he was a Jew, he would show himself to the priest and confirm the recovery, and be approved for social reacceptance according to the commandments of the Jewish Law, and return to the Jewish society. However, it was difficult to settle within the Jewish society when you are a Jew and associate with Samaritans.

This is because it was a taboo for Jews to associate with Samaritans. Accordingly, the ten lepers who came forth together to be

열 명의 나병 환자 중 나음을 입고 예수님께 영광과 감사를 돌린 단 한 명의 나병 환자의 출신이 사마리아인임을 강조하는 성경의 의도는 무엇일까? 민족 성분에 따라 누구는 하나님께 더 감사하고 누구는 덜 영광을 돌린다는 의도로 성경이 접근하고 있다면 편협한 견해가 될 수 있으므로 사마리아인을 애써 강조하는 성경의 진정한 의도를 입체적으로 추론해 보는 것이 좋겠다.

유대 율법에 따라 나음을 입은 표지의 확인과 사회적 복귀를 위해 제사장에게 보낸 예수님의 의도는 영적이면서 물리적이었으며 또 사회적인 온전한 회복을 염두에 두었음에 틀림없다. 당시 나병환자는 병리적 격리를 넘어서 죄로 인한 저주의 질병으로 치부되어 영적이고 사회적인 매도를 당했다. 항상 전통의 왜곡으로 인해 편견과 오해에 시달려야했다. 이제 열 명의 나병환자가 나음을 입자 또 다른 문제에 봉착했을 가능성이 있다. 그 중 한명이 사마리아인이었던 것이다! 유대 율법의 명령에 따라 유대인이라면 제사장에게 몸을 보이고 회복을 판정받은 후 사회적 복귀를 허가받아 유대사회로 돌아가면 될 일이지만 유대인으로서 사마리아인과 어울려 지냈다면 유대사회에 안착하기 어렵다. 유대인은 사마리아인과 어울리면 안 된다는 금기가 존재했기 때문이다. 따라서 피부가 문드러지는 나병이 있을 때는 함께 병중의 시간을 보냈던 열 명의 나병환자들이 이제 치유를 입자 또 다른 사회적 편견으로 인해 서로의 행보가 엇갈리고 있다. 사마리아인과 동행하면 유대인으로서 유대사회에 받아들

healed of the skin-wasting leprosy, now that they are healed, another social bias has become a controversial issue. If you are close to a Samaritan as a Jew, then you cannot be accepted to the Jewish society. Therefore, the other nine Jews refused to be with the Samaritan and showed themselves to the priest in pursuit of social reacceptance. If those who as lepers were separated and ostracized by social bias, after being healed physically by Jesus, were creating their own ostracism immediately, would it be appropriate to consider them as having truly received the freedom-giving glory that Jesus gave?

In the meanwhile, look at the Samaritan who were healed from the leprosy and was the only one to return to Jesus and give glory. Look at the freedom and the saving grace! He is worshipping Jesus, who is the Messiah, but came to this world in human form of Jewish decent! The Samaritan may have been rejected first by being a leper, and then by the Jewish lepers as soon as they were healed; but he was not deterred by their prejudice and condemnation, and is worshipping Jesus, the source of healing, even being a Jew!

He was not only healed, but he is walking the way of true freedom and glory. The freeing posture that passes all bias, quarantine, separation and curses of fallen Adams, it is one of the true characteristics of those who encountered God's glory, the fundamental conqueror of darkness.

여질 수 없다. 따라서 나머지 아홉 명은 사마리아인과 동행하기를 거절하고 제사장에게 몸을 보여 사회적 복귀를 추구했던 것 같다. 나병환자로서 사회적 편견으로 격리와 왕따를 당했던 사람들이 예수님으로 물리적 치유를 입고 온전하게 되자마자 또 다른 격리와 왕따를 만들었다면 이들이 과연 진정으로 자유하게 하시는 주님의 영광을 누린 것으로 볼 수 있는가?

예수님께 찾아와 유일하게 영광을 돌리는 사마리아인을 보라. 이 사람의 자유함과 구원의 은혜를 보라! 그는 메시아이지만 유대인의 혈통으로 인간의 몸을 입고 온 예수님께 경배하고 있다! 이때까지 유대사회에서 나병이라는 이유로 격리와 폄하를 당하고 동료 나병환자였던 유대인들에게 나음을 입자마자 버림을 당했을 가능성이 있는 이 사마리아인은 그러한 인생들의 편견과 폄하를 넘어 치유의 근원이신 예수님을 구주로서 경배하고 있다! 그는 치유를 입었을 뿐만 아니라 진정한 자유 속에서 영광의 길로 행하고 있다. 타락한 아담들의 모든 편견과 격리와 분리와 저주를 넘어 자유하게 된 형상이야말로 어둠을 이기는 근원되신 하나님의 영광을 만난 자들의 진정한 특징 중 하나이다.

55. 아버지와 장자

55. FATHER AND THE ELDEST SON

LUKE 15:11-32

11 And he said, A certain man had two sons:
12 And the younger of them said to his fa-
ther, Father, give me the portion of goods
that falleth to me. And he divided unto them
his living. 13 And not many days after the
younger son gathered all together, and took
his journey into a far country, and there wast-
ed his substance with riotous living. 14 And
when he had spent all, there arose a mighty
famine in that land; and he began to be in
want. 15 And he went and joined himself to a
citizen of that country; and he sent him into
his fields to feed swine. 16 And he would fain
have filled his belly with the husks that the
swine did eat: and no man gave unto him.
17 And when he came to himself, he said,
How many hired servants of my father's have
bread enough and to spare, and I perish with
hunger! 18 I will arise and go to my father,
and will say unto him, Father, I have sinned
against heaven, and before thee, 19 And am

누가복음 15:11-32

11 또 가라사대 어떤 사람이 두 아들이 있는
데 12 그 둘째가 아비에게 말하되 아버지여
재산 중에서 내게 돌아올 분깃을 내게 주소서
하는지라 아비가 그 살림을 각각 나눠 주었더
니 13 그 후 며칠이 못되어 둘째 아들이 재물
을 다 모아가지고 먼 나라에 가 거기서 허랑
방탕하여 그 재산을 허비하더니 14 다 없이
한 후 그 나라에 크게 흉년이 들어 저가 비로
소 궁핍한지라 15 가서 그 나라 백성 중 하나
에게 붙여 사니 그가 저를 들로 보내어 돼지
를 치게 하였는데 16 저가 돼지 먹는 쥐엄 열
매로 배를 채우고자 하되 주는 자가 없는지라
17 이에 스스로 돌이켜 가로되 내 아버지에게
는 양식이 풍족한 품군이 얼마나 많은고 나는
여기서 주려 죽는구나 18 내가 일어나 아버지
께 가서 이르기를 아버지여 내가 하늘과 아버
지께 죄를 얻었사오니 19 지금부터는 아버지
의 아들이라 일컬음을 감당치 못하겠나이다
나를 품군의 하나로 보소서 하리라 하고 20 이
에 일어나서 아버지께로 돌아가니라 아직도
상거가 먼데 아버지가 저를 보고 측은히 여겨

no more worthy to be called thy son: make
me as one of thy hired servants. 20 And he
arose, and came to his father. But when he
was yet a great way off, his father saw him,
and had compassion, and ran, and fell on his
neck, and kissed him. 21 And the son said
unto him, Father, I have sinned against heav-
en, and in thy sight, and am no more worthy
to be called thy son. 22 But the father said to
his servants, Bring forth the best robe, and
put it on him; and put a ring on his hand, and
shoes on his feet: 23 And bring hither the fat-
ted calf, and kill it; and let us eat, and be mer-
ry: 24 For this my son was dead, and is alive
again; he was lost, and is found. And they
began to be merry. 25 Now his elder son was
in the field: and as he came and drew nigh
to the house, he heard musick and danc-
ing. 26 And he called one of the servants,
and asked what these things meant. 27 And
he said unto him, Thy brother is come; and

달려가 목을 안고 입을 맞추니 21 아들이 가
로되 아버지여 내가 하늘과 아버지께 죄를 얻
었사오니 지금부터는 아버지의 아들이라 일
컬음을 감당치 못하겠나이다 하나 22 아버지
는 종들에게 이르되 제일 좋은 옷을 내어다가
입히고 손에 가락지를 끼우고 발에 신을 신기
라 23 그리고 살진 송아지를 끌어다가 잡으라
우리가 먹고 즐기자 24 이 내 아들은 죽었다
가 다시 살아났으며 내가 잃었다가 다시 얻었
노라 하니 저희가 즐거워하더라 25 맏아들은
밭에 있다가 돌아와 집에 가까왔을 때에 풍
류와 춤추는 소리를 듣고 26 한 종을 불러 이
무슨 일인가 물은대 27 대답하되 당신의 동생
이 돌아왔으매 당신의 아버지가 그의 건강한
몸을 다시 맞아 들이게 됨을 인하여 살진 송
아지를 잡았나이다 하니 28 저가 노하여 들어
가기를 즐겨 아니하거늘 아버지가 나와서 권
한대 29 아버지께 대답하여 가로되 내가 여러
해 아버지를 섬겨 명을 어김이 없거늘 내게는
염소 새끼라도 주어 나와 내 벗으로 즐기게
하신 일이 없더니 30 이버지의 살림을 창기와

thy father hath killed the fatted calf, because
he hath received him safe and sound. 28 And
he was angry, and would not go in: therefore
came his father out, and intreated him. 29 And
he answering said to his father, Lo, these many
years do I serve thee, neither transgressed I at
any time thy commandment: and yet thou
never gavest me a kid, that I might make merry
with my friends: 30 But as soon as this thy son
was come, which hath devoured thy living with
harlots, thou hast killed for him the fatted calf.
31 And he said unto him, Son, thou art ever
with me, and all that I have is thine. 32 It was
meet that we should make merry, and be glad:
for this thy brother was dead, and is alive again;
and was lost, and is found.

함께 먹어버린 이 아들이 돌아오매 이를 위
하여 살진 송아지를 잡으셨나이다 31 아버지
가 이르되 얘 너는 항상 나와 함께 있으니 내
것이 다 네 것이로되 32 이 네 동생은 죽었다
가 살았으며 내가 잃었다가 얻었기로 우리가
즐거워하고 기뻐하는 것이 마땅하다 하니라

Why did the bible writer write that the father divided his property between two sons in the parable of the prodigal son? Didn't the second son take father's property in advance? Did the first son get something? What is the reason to write that property was divided to them(12)? If the eldest son didn't take anything, it might be very unfair for him.

However, this is an exactly right expression under the concept of the ancient Middle East and Hebrew culture. This is because the firstborn son didn't take the same amount of property in comparison to others but generally took all the rest of them except other brothers'.

In a word, he didn't need to take the divided one because his property was his father's whole property. All property that belonged to his father would be given to him after his father's death though he couldn't actually feel this at the moment as his father was alive. The second son already took his share of the estate and the rest of it would be given to the eldest son. Therefore, the father didn't want the firstborn to compete and fight with the second son due to his share but wanted him to become a father for his family. The father wanted the first son to have the same heart as his in which he wanted to share everything with his family.

We should have the father's heart than a better position and ministry. That seems to give up our every share like Jesus did on the cross. But, that is the way to get precious things to share life

탕자의 비유에서 성경 기자는 왜 재산을 두 아들 각각에게 나누어 주었다고 표현하는가? 둘째 아들만 재산을 미리 가져간 것이 아니었나? 첫째 아들이 무엇을 받았기에 재산을 각기 나누어 주었다고 표현하고 있나(12)? 받은 것이 전혀 없는 첫째 아들 입장에서는 정말 억울한 표현이 아닐 수 없다.

그러나 고대 중동 관념과 히브리 문화 맥락에서 보자면 위 표현은 매우 정확하다. 왜냐하면 장자는 형제들과 재산을 똑같이 분할하여 상속 받는 것이 아니라 형제들이 상속받은 일부를 제외하고 남은 아버지의 모든 재산을 상속으로 받는 경우가 보편적이었기 때문이다. 따라서 나누어 받을 필요도 없이 장자의 몫은 아버지의 전 재산이었다. 아버지가 아직 살아계시기에 자기가 받을 상속을 피부로 느끼지 못했어도 아버지의 사후에 그는 모든 것을 받게 되어 있었다. 따라서 둘째가 이미 상속을 받았기에 둘째에게 주고 난 나머지의 모든 것이 장자의 것이니 아버지는 장자가 형제랑 몫을 놓고 시기하고 경쟁하는 관계가 아니라 집안의 아버지가 되길 원했다. 가족을 위해 모든 것을 나눠주길 원하는 아버지의 마음이 곧 장자의 마음이길 원했다.

우리는 다른 그리스도인보다 탁월한 입지나 사역보다 아버지의 마음을 받아야한다. 그것이 십자가에서처럼 자기의 몫은 다 부서뜨리는 것처럼 보이지만 모든 민족의 아비로서 모든 민족에게 생명의 몫을 흘려보내는 귀한 자리를 얻는 길이다.

아비의 마음을 아는 장자는 어디에 있는가? 자기 몫이 하나님 아버지에게 있으므로 이 땅에서 형제에게 모두 흘려보내는 삶,

with all nations as a father of all nations. Where is the one who knows the Father's heart? Where is the one the Lord is looking for, who gives his every share to brothers and the lost nations in Christ as his share is in God?

자신의 몫을 아버지와 같이 그리스도의 형제와 잃어버린 열방의 형제들에게 흘려보낼 하나님 아버지의 맏아들은 어디에 있는가?

56. 셋과 세대, 계보의 연결

56. SETH AND THE CONNECTION OF GENERATIONS AND FAMILY TREE

GENESIS 4:24-26

24 If Cain shall be avenged sevenfold, truly
Lamech seventy and sevenfold. 25 And
Adam knew his wife again; and she bare a
son, and called his name Seth: For God, said
she, hath appointed me another seed instead
of Abel, whom Cain slew. 26 And to Seth, to
him also there was born a son; and he called
his name Enos: then began men to call upon
the name of the LORD.

창세기 4:24-26

24 가인을 위하여는 벌이 칠배일찐대 라멕을
위하여는 벌이 칠십 칠배이리로다 하였더라
25 아담이 다시 아내와 동침하매 그가 아들을
낳아 그 이름을 셋이라 하였으니 이는 하나님
이 내게 가인의 죽인 아벨 대신에 다른 씨를
주셨다 함이며 26 셋도 아들을 낳고 그 이름
을 에노스라 하였으며 그 때에 사람들이 비로
소 여호와의 이름을 불렀더라

Seth had enough reason not to continue his family tree. His father, Adam, was vanished from the garden of Eden because of sin and his brother, Cain, killed his brother Abel. As a result, Abel was separated from the family and died because of sin of human beings. Would Seth have been able to find reason to inherit Adam's family tree before God if he had been mindful of these negative, painful things and death?

Seth didn't rebel against God like Cain but testified Him by connecting the generation as Adam's descendant. The statement in the Bible that his descendents began to know God shows that he was never disappointed with faults caused by his previous generation in the middle of a severe tragic of the generation of Adam and Cain and testified God. There is a great possibility that many people became negative about the generation, the world and God after Adam's sin and Cain's murder. They might keep in mind of the reason why God had allowed such a tragedy and be absolutely skeptical about finding God to connect fallen Adam's family tree. Also, he could be skeptical about covering Adam's fatal weakness, inheriting his generation and proclaiming God to brothers while dwelling with them after hearing that Cain killed his brother Abel who had served God. However, he didn't leave Adam like Cain but entered Adam's pedigree, covered his father's

셋에게는 세대의 계보를 이어가지 않아도 될 이유가 충분했다. 아버지 아담은 죄를 범함으로 에덴동산에서 살지 못하게 되었고, 형 가인은 형제 아벨을 쳐 죽였으며, 아벨은 인생의 죄악으로 인해 세대에서 끊어졌다. 셋이 이런 부정적이고 고통스런 측면에 착념했다면 아담의 가계를 하나님께로 이어가야 할 이유를 찾을 수 있었을까?

그러나 셋은 가인처럼 구부러지지 않고 아담의 후손으로 세대를 이어 하나님을 증거 했다. 셋으로 이어지는 계보에 이르러 비로소 하나님을 부르게 되었다는 성경의 진술은 아담과 가인을 잇는 인류의 비극적 상황에서 셋이 얼마나 처절하게 전세대의 부정에 절망하지 않고 하나님을 증거 했는지 짐작하게 한다. 아담이 죄를 범하고 가인이 사람을 죽인 이후, 온 세대와 세상이 하나님에 대해 매우 부정적이었을 것이다. 도대체 하나님이 어디에 계시기에 이런 비극을 허락하는가하는 참람한 생각 등에 침륜되어 원죄를 지닌 아담의 계보를 잇기 위하여 사는 삶에 대해 당연히 회의적이었을 것이다. 또한 인류를 망친 아담의 치명적 약점을 덮고 그의 세대를 잇는 일과 자신의 형제이며 하나님을 예배했던 아벨을 쳐 죽인 가인과 같은 형제에게 하나님을 증거하며 동거하는 일에 회의적이었을지 모르겠다. 그럼에도 불구하고 셋은 가인처럼 아담을 떠나지 않고 그의 계보에 들어가 아비 세대의 약점을 가리고 하나님과 이어지는 계보를 믿음으로 복원하고야 만다. 후대에 자녀와 형제들에게 가인과 아벨의 트라우마를 극복하여 결국 하나님을 부르게 한다. 이것이

weakness and finally recovered the family tree connected with God by faith. So, he overcame the trauma stemming from Cain and Abel and let his descendants and brothers know God.

This is the character of the remnants who connect generations and leave inheritance. It could be skeptical to share the Gospel of sacrifice with God's righteousness and love when we see sins of the world and weakness of a generation. Nevertheless, there are some who win the world by believing the power of Gospel that recovers disconnection from God and hope toward God and are not shaken by negative influences of sins and the weakness of a generation.

세대를 이어 유업을 남기는 자들의 특징이다.

세상의 죄악과 세대의 연약함을 바라보면 하나님의 공의와 사랑을 가지고 희생의 복음을 선포하는 일이 회의적으로 보일 수 있다. 그럼에도 세상의 죄악과 세대의 약점의 부정적 영향에 침륜되는 것이 아니라 하나님에 대한 소망, 단절을 회복케 하는 복음의 능력을 더욱 믿고 세상을 이길 자들이 확실히 있다.

57. 빌립보 교회의 다툼과 바울의 기쁨, 면류관

57. TROUBLES OF THE PHILIPPIAN CHURCH AND JOY OF PAUL, CROWN

PHILIPPIANS 4:1-4

1 Therefore, my brethren dearly beloved and longed for, my joy and crown, so stand fast in the Lord, my dearly beloved. 2 I beseech Euodias, and beseech Syntyche, that they be of the same mind in the Lord. 3 And I intreat thee also, true yokefellow, help those women which laboured with me in the gospel, with Clement also, and with other my fellowlabourers, whose names are in the book of life. 4 Rejoice in the Lord alway: and again I say, Rejoice.

빌립보서 4:1-4

1 그러므로 나의 사랑하고 사모하는 형제들, 나의 기쁨이요 면류관인 사랑하는 자들아 이와 같이 주 안에 서라 2 내가 유오디아를 권하고 순두게를 권하노니 주 안에서 같은 마음을 품으라 3 또 참으로 나와 멍에를 같이 한 사네게 구하노니 복음에 나와 함께 힘쓰던 저 부녀들을 돕고 또한 글레멘드와 그 외에 나의 동역자들을 도우라 그 이름들이 생명책에 있느니라 4 주 안에서 항상 기뻐하라 내가 다시 말하노니 기뻐하라

Euodia and Syntyche are written as shameful names in the Bible. Paul briefly told church members to agree with each other to cover their faults(2). But, the issue seemed to be as serious as Paul had to make mediator for the issue. We can also guess how serious it was considering that even Paul in a prison listened about the issue. These two women were breaking the church up. However, Paul recommended them as fellows for the gospel while encouraging church members to help them(3)! How miraculous love it is! These two women might be founding members of this church. Church members seemed to be disappointed on these women and were hardly thinkable to arrange them until Paul suggested. Paul told them to rejoice in this extreme situation though he might be very disappointed considering that they were not just members, but fellows and servants for the gospel and the church. How could he accept their immatureness as his crown of joy and encourage others to rejoice even when the church lost a power of mediating in troubles? This was possible because of the bigger love of Lord's cross than our weakness. Christians will come back to the Lord if we sacrifice ourselves for others in the love of Christ by intervening in troubles and division with encouragement. Paul was sure for them to not to be torn out but to be a crown of him and the church in heaven(1). The law of love in heaven finally wins over sins on earth.

유오디아와 순두게는 성경에 매우 부끄러운 이름으로 기록되어 있다. 바울은 그들의 치부를 덮기 위해 그들에게 같은 마음을 품으라는 온건한 권면으로 간략하게 말한다(2). 그러나 그들의 다툼을 중재할 사람을 빌립보 교회에 세워야 했을 정도로 문제가 심각했던 모양이다. 오죽하면 감옥에 있는 바울의 귀에까지 들어갈 정도였을까.

그럼에도 불구하고 바울은 주님의 몸인 교회를 풍비박산 내고 있는 이 두 여인을 복음의 동료요 일꾼으로 추천하며 오히려 이 둘을 도우라고 하고 있다(3)! 이 얼마나 놀라운 변호요 사랑인가. 다투고 있는 이 두 여인은 빌립보 교회의 창립 멤버였을지도 모르겠다. 이들에게 오죽 실망했으면 바울이 권면할 때까지 빌립보 교회는 감히 이들을 조정할 엄두를 못 내고 있었던 모양이다. 그냥 일개 평신도가 아닌 동료 일꾼, 동료 종이었다는 점은 바울을 더욱 실망스럽게 했을 것임에도 바울은 이런 극단적인 상황 속에서도 기뻐하라고 말한다. 미성숙한 그들도 내 기쁨의 면류관임을 인정하고 그들의 다툼 가운데에서 교회가 조정 능력을 상실한 상황에서 기뻐하라고 권면하며 자신이 기뻐할 수 있는 이유가 무엇일까? 그것은 우리의 약함보다 주님의 십자가의 사랑이 크기 때문이다. 우리가 권면함으로 분열과 다툼에 개입해 그리스도의 사랑으로 희생한다면, 그리스도인인 그들은 다시 주께로 돌아올 것이다. 결국 그들이 서로 충돌하고 떨어져나가는 가지가 아니라 바울과 빌립보 교회의 천국의 면류관이 될 것을 바울은 미리 확신하고 있었다(1). 이 땅의 죄악보다 천국의 사랑의 법이 결국 승리한다.

58. 에녹의 일생

58. ENOCH'S LIFE

JUDAS 1:14-15

14 And Enoch also, the seventh from Adam, prophesied of these, saying, Behold, the Lord cometh with ten thousands of his saints, 15 To execute judgment upon all, and to convince all that are ungodly among them of all their ungodly deeds which they have ungodly committed, and of all their hard speeches which ungodly sinners have spoken against him.

유다서 1:14-15

14 아담의 칠세 손 에녹이 사람들에게 대하여도 예언하여 이르되 보라 주께서 그 수만의 거룩한 자와 함께 임하셨나니 15 이는 뭇 사람을 심판하사 모든 경건치 않은 자의 경건치 않게 행한 모든 경건치 않은 일과 또 경건치 않은 죄인의 주께 거스려 한 모든 강퍅한 말을 인하여 저희를 정죄하려 하심이라 하였느니라

Enoch's life was truly with God who is the alpha and omega. The reason that God wanted Adam to be in the garden of Aden was to be with him. But, God's dream finally came true through Enoch, the seventh generation of Adam, after his failure. God's original purpose of creating man on earth was finally accomplished in the time of Enoch when he fully went with God after the seventh generation, the perfect number, from Adam who was created with the same purpose from the beginning but separated from God by Satan's temptation! Therefore, Enoch can be regarded that he was the one who accomplished the purpose of God's creation, completely being with God. Furthermore, he prepared God's judgment through Noah by witnessing Jesus' second coming with tens of thousands of people that would happen thousands of years later by faith though he was just the seventh generation from Adam. He didn't only accomplished God's first plan but also witnessed God's last plan that so many God's people would be in the His last judgment. So, he is very amazing person! Enoch is a truly great person because he saw Jesus' second coming with his numerous people by faith while accompanying with God alone when all left Him. Who can have such faith like him who experienced all the alpha and omega?

You can be the amazing Enoch's generation if you accompany

with God and don't leave the presence of God, the first purpose of creation Eden. You would be the generation that serves God, the alpha and omega, if you do not lose God's last dream for your whole life that tens of thousands of people would prepare for His way in God's presence!

에녹은 알파와 오메가이신 그분과 참으로 동행한 삶을 살았다. 하나님이 에덴동산에 아담을 두시고 바라셨던 일은 그와 동행하는 것이었다. 아담의 때에 실패한 이 하나님의 꿈은 아담의 칠대 손 에녹에 이르러서야 비로소 성취되었다. 창조의 처음 목적인 아담과 하나님의 동행이 사단의 유혹으로 깨진 후 완전수인 7대가 지나고 나서야 에녹이 하나님과 온전히 동행하므로 이 땅에서 인류 창조의 처음 목적이 성취되었다! 따라서 어떤 의미에서 에녹은 창조의 처음 목적인 하나님과의 동행을 일평생 성취한 세대이다.

또한 에녹은 고작 아담의 7대 손임에도 수천 년 뒤에 있을 예수님의 초림이 아닌 수만 성도와 함께 오실 예수님의 재림을 믿음으로 보았으며 노아를 통해 심판을 예비한 세대다. 에녹은 하나님의 창조의 처음 꿈만 성취한 것이 아니라 마지막 심판 가운데 수많은 성도가 있을 하나님의 마지막 꿈도 보았던 놀라운 인물이다! 모두가 하나님을 떠난 가장 강퍅한 시대에 홀로 하나님과 동행하면서 헤아릴 수 없는 수많은 성도가 예수님과 동행하여 오는 재림의 때를 믿음으로 본 에녹은 실로 놀라운 인물이 아닐 수 없다. 알파와 오메가를 모두 경험한 그의 신앙을 누가 감히 가질 수 있겠는가!

당신이 에덴동산 창조의 처음 목적이었던 하나님과의 동행과 임재를 떠나지 않는다면 당신도 놀라운 에녹의 세대가 될 수 있다. 당신이 하나님과의 동행과 임재를 일평생 떠나지 않으면서 하나님의 마지막 꿈인 모든 민족 가운데 수 만 성도와 주님이 다시 오심을 예비하는 것을 놓치지 않는다면 당신은 알파와 오메가의 하나님을 모신 세대가 될 것이다!

59. 침묵으로 말씀하심, 침묵의 능력
59. THE POWER OF SILENCE, SPEAK THROUGH THE SILENCE

LUKE 1:11-23,57-66

11 And there appeared unto him an angel
of the Lord standing on the right side of
the altar of incense. 12 And when Zacha-
rias saw him, he was troubled, and fear fell
upon him. 13 But the angel said unto him,
Fear not, Zacharias: for thy prayer is heard;
and thy wife Elisabeth shall bear thee a son,
and thou shalt call his name John. 14 And
thou shalt have joy and gladness; and many
shall rejoice at his birth. 15 For he shall be
great in the sight of the Lord, and shall drink
neither wine nor strong drink; and he shall
be filled with the Holy Ghost, even from
his mother's womb. 16 And many of the
children of Israel shall he turn to the Lord
their God.17 And he shall go before him
in the spirit and power of Elias, to turn the
hearts of the fathers to the children, and
the disobedient to the wisdom of the just;
to make ready a people prepared for the
Lord. 18 And Zacharias said unto the angel,

누가복음 1:11-23,57-66

11 주의 사자가 저에게 나타나 향단 우편에
선지라 12 사가랴가 보고 놀라며 무서워하니
13 천사가 일러 가로되 사가랴여 무서워 말라
너의 간구함이 들린지라 네 아내 엘리사벳이
네게 아들을 낳아 주리니 그 이름을 요한이라
하라 14 너도 기뻐하고 즐거워할 것이요 많
은 사람도 그의 남을 기뻐하리니 15 이는 저
가 주 앞에 큰 자가 되며 포도주나 소주를 마
시지 아니하며 모태로부터 성령의 충만함을
입어 16 이스라엘 자손을 주 곧 저희 하나님
께로 많이 돌아오게 하겠음이니라 17 저가 또
엘리야의 심령과 능력으로 주 앞에 앞서 가서
아비의 마음을 자식에게, 거스리는 자를 의인
의 슬기에 돌아오게 하고 주를 위하여 세운
백성을 예비하리라 18 사가랴가 천사에게 이
르되 내가 이것을 어떻게 알리요 내가 늙고
아내도 나이 많으니이다 19 천사가 대답하여
가로되 나는 하나님 앞에 섰는 가브리엘이라
이 좋은 소식을 전하여 네게 말하라고 보내심
을 입었노라 20 보라 이 일의 되는 날까지 네
가 벙어리가 되어 능히 말을 못하리니 이는

Whereby shall I know this? for I am an old
man, and my wife well stricken in years. 19
And the angel answering said unto him, I
am Gabriel, that stand in the presence of
God; and am sent to speak unto thee, and
to shew thee these glad tidings. 20 And,
behold, thou shalt be dumb, and not able to
speak, until the day that these things shall be
performed, because thou believest not my
words, which shall be fulfilled in their sea-
son. 21 And the people waited for Zacha-
rias, and marvelled that he tarried so long
in the temple. 22 And when he came out,
he could not speak unto them: and they
perceived that he had seen a vision in the
temple: for he beckoned unto them, and re-
mained speechless. 23 And it came to pass,
that, as soon as the days of his ministration
were accomplished, he departed to his own
house.

내 말을 네가 믿지 아니함이어니와 때가 이르
면 내 말이 이루리라 하더라 21 백성들이 사가
랴를 기다리며 그의 성소 안에서 지체함을 기
이히 여기더니 22 그가 나와서 저희에게 말을
못하니 백성들이 그 성소 안에서 이상을 본줄
알았더라 그가 형용으로 뜻을 표시하며 그냥
벙어리대로 있더니 23 그 직무의 날이 다 되
매 집으로 돌아가니라

57 엘리사벳이 해산할 기한이 차서 아들을 낳
으니 58 이웃과 친족이 주께서 저를 크게 긍휼
히 여기심을 듣고 함께 즐거워하더라 59 팔일
이 되매 아이를 할례하러 와서 그 부친의 이
름을 따라 사가랴라 하고자 하더니 60 그 모
친이 대답하여 가로되 아니라 요한이라 할 것
이라 하매 61 저희가 가로되 네 친족 중에 이
이름으로 이름한 이가 없다 하고 62 그 부친
께 형용하여 무엇으로 이름하려 하는가 물으
니 63 저가 서판을 달라 하여 그 이름은 요한
이라 쓰매 다 기이히 여기더라 64 이에 그 입
이 곧 열리고 혀가 풀리며 말을 하여 하나님

57 Now Elisabeth's full time came that she
should be delivered; and she brought forth
a son. 58 And her neighbours and her cous-
ins heard how the Lord had shewed great
mercy upon her; and they rejoiced with her.
59 And it came to pass, that on the eighth
day they came to circumcise the child; and
they called him Zacharias, after the name
of his father. 60 And his mother answered
and said, Not so; but he shall be called John.
61 And they said unto her, There is none of
thy kindred that is called by this name. 62
And they made signs to his father, how he
would have him called. 63 And he asked
for a writing table, and wrote, saying, His
name is John. And they marvelled all. 64
And his mouth was opened immediately,
and his tongue loosed, and he spake, and
praised God. 65 And fear came on all that
dwelt round about them: and all these say-
ings were noised abroad throughout all the

을 찬송하니 65 그 근처에 사는 자가 다 두려
워하고 이 모든 말이 온 유대 산중에 두루 퍼
지매 66 듣는 사람이 다 이 말을 마음에 두며
가로되 이 아이가 장차 어찌 될꼬 하니 이는
주의 손이 저와 함께하심이러라

hill country of Judaea. 66 And all they that
heard them laid them up in their hearts,
saying, What manner of child shall this be!
And the hand of the Lord was with him.

Was it possible that Zechariah felt relieved by the situation where he became deaf and mute? Was there any slightest possibility that he considered the punishment severe and cruel? It might have been difficult for him to be certain that the period he would not be able to speak would be limited to 10 months exactly. These 10 months would be the time up until John the Baptist was born. There was no guarantee that he would be able to speak as soon as John was born. This is because it was prophesied that he would be mute until not only the fulfillment of the prophecy in the concluding book of the Old Testament, Malachi, but also that of the prophecy his wife would bear a son, John the Baptist. He might have felt very distressed given the premise of the fulfillment of Malachi.

Even in the midst of his limited situation, Zechariah must have tried to inform his wife of God's will by using every possible hand gestures and writing. How was it possible that he could proclaim God's will in the midst of such hardship without feeling ashamed and uncomfortable. Surely ,this was possible ,not only h expected to have a son , but also he was aware that the 400 years of God's silence was at an end. was as expected by the fulfillment of the prophecy in the concluding book of the Old Testament, Malachi.

The priest who became mute must have known that God was silent during the 400 years between the prophet Malachi, the last of the Old Testament prophets, and the opening of the New Testament with the announcement of Gabriel to Zechariah. Namely,

이제 벙어리 된 사가랴는 안도할 수 있었을까? 조금이라도 가혹하다 여기지 않았을까? 천사는 사가랴에게 아이가 무사히 태어날 때 까지 벙어리로 있을 것이라며 기간을 정해주지 않았다. 왜냐하면 말라기서 마지막 부분의 성취와 아이의 태어남을 같이 예언하고 이 일이 성취되기까지 사가랴가 벙어리가 되리라고 예고했기 때문에 아이가 태어난 후 다시 말문이 열리리라는 보장은 없었다. 말라기서 말씀의 성취를 전제로 했으니 평생 말문이 열리지 않을 수도 있는 위급한 상황이다. 그럼에도 사가랴는 말문이 막힌 제한된 상황에서도 하나님의 뜻을 손짓 발짓을 통해 또한 필담을 통해서라도 알렸던 것임에 틀림없다. 사가랴가 자신의 말문이 막힌 것에 대해 수치스러워하거나 불안해하기는커녕 부지런히 하나님의 뜻을 제한된 상황 속, 침묵 가운데라도 선포할 수 있었던 까닭은 무엇일까?

물론 아들이 태어난다는 기적에 대한 기대도 있었겠지만 하나님께서 침묵을 깨시고 사가랴에게 말라기서의 마지막 말씀의 성취를 말씀하셨다. 이제까지 유대 역사 가운데 침묵하신 채로 400년을 보내셨다는 것을 제사장 출신 사가랴가 모를 리 없다. 다시 말해 천사가 요한에 대한 수태고지를 전하면서 말라기서 마지막 말씀의 성취를 예고함으로써 400년간의 침묵이 깨진 것이다. 하나님은 당신의 말씀을 믿거나 순종하지 않는 유대인들을 향해 자신의 말씀을 400년간이나 닫아오셨다. 자신의 믿음 없음으로 벙어리가 된 사가랴는 천사로부터 말라기 말씀을 듣고 오히려 400년간 벙어리 냉가슴 앓듯 침묵해 오신 하나님의 답답한 심정을

when the Annunciation of the Gabriel to Zechariah happened, the angel prophesied the fulfillment of the concluding book of the Old Testament, Malachi. Hence, the 400 years of silence was broken. God had been silent to the Jews who had not trusted God and showed disobedience. Therefore, he who became deaf and mute because of his disbelief probably had a better understanding of God's frustration during His 400 years of silence.

He was not a person who would feel uneasy doing nothing thinking, thinking that he would not be able to speak forever, because God spoke to him through the Angel Gabriel revealing His will. There are some people who have experienced God's silence. When experiencing his silence one should read His thought rather than appealing one's desires. The silence bears a closer parallel to the 400 years of silence between the Old Testament which showed limited human history and the New Testament that revealed the arrival of Jesus who would come and begin history anew.

God is silent and doesn't listen to your requests when you insist your will and interpret His words according to one's subjective self. He sees the limitation of your ways and gives silence to your needs and prayers. instead, He chooses to change the pattern of your ways in His own way and directly intervene in them. Therefore, God's silence requires you to throw away the pattern of your original sin and seek His own way.

이해했을 것이다. 그리고 그런 하나님께서 침묵을 깨시고 지금 사가랴에게 비로소 말씀하셨는데 어찌 자신의 말문이 영원히 막힐까 불안해하기만 하겠는가!

하나님의 침묵 속에서 살아가는 이들이 있다. 자신의 삶에 더 이상 하나님의 말씀이 없거나 침묵하신다고 느낄 때 돌연 우리는 하나님께 더 호소하기보다 하나님의 침묵을 크게 헤아려볼 필요가 있다. 그것은 구약 시대 통틀어 인간의 한계가 있는 역사로부터, 신약시대 성자 하나님이신 예수님이 직접 오셔서 새로운 역사를 쓰셨던 간극 사이에 놓인 하나님의 400년간의 침묵과 유사할 수 있다. 하나님이 아무리 말씀하셔도 자기주관의 틀에 갇혀 들으려 할 때, 혹은 하나님이 인간의 호소를 듣지 않는 것처럼 보이고 침묵하신다고 느껴질 때가 있다. 그것은 하나님께서 인간의 모든 방법에 한계가 있음을 보시고 하나님의 방법으로 개입하시기 직전 그들의 요구와 응대에 침묵하고 계시는 경우일 수 있다. 그래서 하나님의 침묵은 종종 인간 자신의 원죄의 패턴을 버리고 하나님의 방법을 찾을 것에 대한 주님의 요구이다.

주님이 당신에게 지금 침묵하고 계시다면 그분은 당신을 향한 더 결정적이고 축복된 하나님의 방법과 뜻을 보이시려는 섬세한 계획을 갖고 계실 가능성이 농후하다. 당신이 주님께 외치는 호소를 내려놓고 하나님의 침묵을 이해하고 받아들이며 기다린다면 당신은 당신보다 큰 주님을 새롭게 만나게 될 것이다. 그리고 결국 하나님의 침묵가운데 그분의 침묵의 뜻이 무엇이었는지까지 말할 수 있게 된다. 원죄의 아담인 당신의 가열찬 주장으로 하

It is highly possible that if He is being silent now ,He is intending to show His way and will, which will be ultimately more blessed and decisive to your future. If you put down your own will and accept His silence trying to comprehend His intention, you will meet God in a new way. This ultimately leads you to understand his will in the midst of His silence. If you, the original sin, Adam, await his will in silence rather than fervently insisting your own ways and will, you will truly able to listen and speak His will even if you are in a situation where you are a deaf-mute like Zechariah.

나님의 말문을 막지 않고 도리어 당신이 침묵함으로 하나님의 뜻을 기다린다면 사가랴처럼 벙어리 된 가운데서도 하나님의 뜻을 듣고 말할 수 있게 된다!

60. 산제물의 역설

60. THE PARADOX OF LIVING SACRIFICES

ROMANS 12:1

1 I beseech you therefore, brethren, by the mercies of God, that ye present your bodies a living sacrifice, holy, acceptable unto God, which is your reasonable service.

로마서 12:1

1 그러므로 형제들아 내가 하나님의 모든 자비하심으로 너희를 권하노니 너희 몸을 하나님이 기뻐하시는 거룩한 산 제사로 드리라 이는 너희의 드릴 영적 예배니라

Living sacrifices can't be on an altar according to the law of sacrifice in the Old Testament. Imagine that a living animal would be on an altar for a sacrifice. The altar would be completely devastated by the jumping animal. Then, why was the way of a living sacrifice being recommended in Romans by addressing a sacrifice, a motive from the Old Testament? The answer is unexpectedly simple. See Jesus who upgraded a sacrifice of the Old Testament to a worship of the cross. See Jesus who was offered as a living sacrifice on the cross. Jesus was upon the cross himself as a living sacrifice like a lamb, not by force. The cross was the thing that brutal criminals took. So, he could insist on his innocence or send angels to stop taking the Via Crucis but he himself obeyed God. He didn't make an altar completely devastated by jumping or a plea during the pain of being nailed, pouring blood and being torn out. But, he became a living sacrifice and obeyed the Father's will till the end and soon resurrected. Our worship is a living sacrifice. That is being done lively as a dedication. In this worship, the Holy Spirit comes and works lively by resurrection. Unwilling devotion is a false worship. It is dead. Worship with living sacrifices that take the cross yourself.

구약 제사법에서 산 제물은 제단 위에 올릴 수 없다. 구약의 피 제사 가운데 짐승을 죽이지 않고 살려서 제단 위에 올렸다고 상상해보라. 짐승이 날뛰어 제단은 쑥대밭이 될 것이다. 그런데 왜 로마서의 말씀은 구약의 모티브인 제물을 언급하면서 구약에 없었던 살아있는 제물을 드리라고 할까?

답은 의외로 간단하다. 구약의 제사를 십자가의 예배로 업그레이드 하신 예수님을 보라. 예수님이 십자가에서 산 제물로 드려지심을 보라. 예수님 자신이 어린양과 같은 제물이 되어 억지로가 아니라 살아서 십자가에 오르셨다. 로마의 흉악범이나 지는 십자가의 길을 억울하다고 항변하실 수 있었고, 천사들을 보내 막으실 수도 있었지만 그분은 하나님을 위해 순종하셨다. 못이 박히고, 피가 쏟아지고, 살이 찢기는 아픔 속에서도 하나님 아버지의 뜻을 위해 산 채로 제물이 되셨다. 도살장에 끌려가는 양과 같이 날뛰거나 항변 없이 하나님의 뜻에 끝까지 순종하시고 이내 부활하셨다. 우리의 예배는 산제사이다. 살아서 스스로 드려지는 예배요 헌신이다. 이러한 예배에 성령님께서 임하셔서 부활로 살아있는 역사를 일으키신다. 마지못한 헌신은 가짜 예배요 죽은 예배다. 스스로 십자가를 지는 산제사로 예배하라.

61. 에녹의 처절한 동행

61. ENOCH'S DESPERATE ACCOMPANYING WITH GOD

JUDAS 1:14,15

14 And Enoch also, the seventh from Adam, prophesied of these, saying, Behold, the Lord cometh with ten thousands of his saints, 15 To execute judgment upon all, and to convince all that are ungodly among them of all their ungodly deeds which they have ungodly committed, and of all their hard speeches which ungodly sinners have spoken against him.

유다서 1:14,15

14 아담의 칠세 손 에녹이 사람들에게 대하여도 예언하여 이르되 보라 주께서 그 수만의 거룩한 자와 함께 임하셨나니 15 이는 뭇 사람을 심판하사 모든 경건치 않은 자의 경건치 않게 행한 모든 경건치 않은 일과 또 경건치 않은 죄인의 주께 거스려 한 모든 강퍅한 말을 인하여 저희를 정죄하려 하심이라 하였느니라

Do you think that Enoch only had a honeymoon with God and enjoyed His peaceful presence? Not necessarily so. His name itself shows his terrible life surrounded by sins. This is because his name was originally a symbol of curse. See, his name was the same as the city's name built by Cain who had murdered Abel and left God! So, it describes his life overwhelmed by sins of the time when men were separated from God and completely corrupted and fallen. But, how were people able to know God's Words, blaspheme and go against Him with ungodly words in this time when people are fully separated from God? It was not easy for men to listen to God's Words because of sins like Enoch city at the moment.

How could people who were not able to listen to God disobey Him with harsh words at the time(15)? It was possible due to Enoch who shared and proclaimed God's Words to people. In a word, Enoch didn't only listen to God's sweet Words and was in His presence but also shared His Words for others to make them return to God while taking hardships or bad words that had been spoken against God.

God's heart should not be restricted only to comport those who need rest in a rebellious time. Those who go with God in His presence surely listen to God's heart. And, God wants the times and the world to return to Him. God's presence and accompanying with Him are not about spiritual escape. It is the

에녹이 하나님과의 달콤한 동행과 태평한 임재만을 누렸다고 보는가? 전혀 그렇지 않다. '에녹'이라는 이름 자체가 죄악으로 포위된 에녹의 비극적인 생애를 상징한다. 왜냐하면 '에녹'이라는 이름은 원형 자체가 매우 저주스러운 표상이었기 때문이다. 생각해보라, 가인이 살인이라는 죄악을 저지르고 하나님을 떠나서 낳은 아이와 건설한 도시 이름이 에녹이었다! 따라서 에녹의 이름은 하나님을 완전히 떠나 단절되어 타락과 부패에 젖어있는 시대상에 포위된 에녹의 생애를 암시한다.

이렇게 하나님과 완전히 단절된 인류 가운데 도대체 누가 하나님의 말씀을 알아서 하나님의 말씀을 경건치 않은 말로 거슬러 모독할 수 있을까? 당시에 인류는 가인의 에녹 성처럼 죄악으로 하나님을 완전히 떠남으로 단절되어 스스로 하나님의 말씀을 듣기는 어려웠다. 스스로 들을 수도 없는 하나님의 말씀을 어떻게 당시 전 인류는 참람하게 대항하여 거역할 수 있었을까(15)? 그것은 바로, 스스로 하나님의 음성을 들을 수 없는 인류에게 에녹이 하나님의 말씀을 끊임없이 대언하며 선포했기 때문이다. 즉, 에녹은 자신만을 위한 달콤한 하나님의 음성과 임재의 말씀을 들은 게 아니라, 인류를 하나님께 돌이키기 위해 말씀을 선포하며 참람하게 하나님을 거스르는 그들의 거친 말들을 받아내며 살았다.

패역한 시대 가운데서 지쳐버린 자신만을 위한 위안과 도피로 하나님의 말씀을 취해서는 안 된다. 하나님과의 임재와 동행이 있는 사람은 반드시 하나님의 마음을 듣게 되며, 그 하나님이 시대와 세계를 돌이키기 원하는 마음을 가진 분이라는 것을 알게 된다. 임재와 동행은 영적 도피주의가 아니다. 늘 하나님과 함께하

life always being with God, not spiritual selfishness or self-protectionism. God's presence is accompanying with God's heart so it makes us harbor His heart to save the times.

는 삶이지만 영적 이기주의나 보신주의가 아니다. 임재는 하나님의 마음과 동행하고, 그렇기에 시대를 구원하기 위한 하나님의 마음으로 불타오르게 되는 일이다.

62. 내가 사람에게 좋게하랴
62. DO I PLEASE GOD?

GALATIANS 1:6-17

6 I marvel that ye are so soon removed
from him that called you into the grace of
Christ unto another gospel: 7 Which is
not another; but there be some that trou-
ble you, and would pervert the gospel of
Christ. 8 But though we, or an angel from
heaven, preach any other gospel unto you
than that which we have preached unto
you, let him be accursed. 9 As we said be-
fore, so say I now again, if any man preach
any other gospel unto you than that ye
have received, let him be accursed. 10 For
do I now persuade men, or God? or do
I seek to please men? for if I yet pleased
men, I should not be the servant of
Christ. 11 But I certify you, brethren, that
the gospel which was preached of me is
not after man. 12 For I neither received it
of man, neither was I taught it, but by the
revelation of Jesus Christ. 13 For ye have
heard of my conversation in time past in

갈라디아서 1:6-17

6 그리스도의 은혜로 너희를 부르신 이를 이
같이 속히 떠나 다른 복음 좇는 것을 내가 이
상히 여기노라 7 다른 복음은 없나니 다만 어
떤 사람들이 너희를 요란케 하여 그리스도의
복음을 변하려 함이라 8 그러나 우리나 혹 하
늘로부터 온 천사라도 우리가 너희에게 전한
복음 외에 다른 복음을 전하면 저주를 받을
찌어다 9 우리가 전에 말하였거니와 내가 지
금 다시 말하노니 만일 누구든지 너희의 받은
것 외에 다른 복음을 전하면 저주를 받을찌
어다 10 이제 내가 사람들에게 좋게 하랴 하
나님께 좋게 하랴 사람들에게 기쁨을 구하랴
내가 지금까지 사람의 기쁨을 구하는 것이었
더면 그리스도의 종이 아니니라 11 형제들아
내가 너희에게 알게 하노니 내가 전한 복음
이 사람의 뜻을 따라 된 것이 아니라 12 이는
내가 사람에게서 받은 것도 아니요 배운 것도
아니요 오직 예수 그리스도의 계시로 말미암
은 것이라 13 내가 이전에 유대교에 있을 때
에 행한 일을 너희가 들었거니와 하나님의 교
회를 심히 핍박하여 잔해하고 14 내가 내 동

the Jews' religion, how that beyond meas-
ure I persecuted the church of God, and
wasted it: 14 And profited in the Jews' reli-
gion above many my equals in mine own
nation, being more exceedingly zealous of
the traditions of my fathers. 15 But when
it pleased God, who separated me from
my mother's womb, and called me by his
grace, 16 To reveal his Son in me, that I
might preach him among the heathen;
immediately I conferred not with flesh
and blood: 17 Neither went I up to Jeru-
salem to them which were apostles before
me; but I went into Arabia, and returned
again unto Damascus.

족 중 여러 연갑자보다 유대교를 지나치게 믿
어 내 조상의 유전에 대하여 더욱 열심이 있
었으나 15 그러나 내 어머니의 태로부터 나
를 택정하시고 은혜로 나를 부르신 이가 16
그 아들을 이방에 전하기 위하여 그를 내 속
에 나타내시기를 기뻐하실 때에 내가 곧 혈육
과 의논하지 아니하고 17 또 나보다 먼저 사
도 된 자들을 만나려고 예루살렘으로 가지 아
니하고 오직 아라비아로 갔다가 다시 다메섹
으로 돌아갔노라

Paul, servant of God, used the word "yet" in the bible concerning "For do I now persuade men, or God? Or if I yet pleased men ..." So, this word makes us think that he used to please men before. Did he, exceedingly zealous of the tradition of the Jew's religion, really use to please people? He confessed his previous life of persecuting the gospel through the context. That was his way of confessing that he used to persuade the Jews and himself, not God in the past!

As the law is the knowledge of sin, the Jews who received the law perish with that while the Gentiles perish because of conscience that has a function like the law according to Romans. Our hearts can already distinguish right and wrong. But, that makes us realize that the wages of sin is death. In a word, conscience only distinguishes right and wrong, but not overcome death.

Do we please God by the forgiveness of the gospel? Or, are we busy criticizing or judging yourself and the world because of distinguishing sins by right and wrong in the world full of contradiction? Children can also know what is right and wrong. But, Adults even can't pay for the wages of the forgiveness of the gospel, the sacrifice of the cross for people and the world. Jesus, Son of God, only paid the price for the laws and conscience, sin and death. Do we judge the world by distinguishing right and wrong with the tree of knowledge on the

하나님의 사역자 된 바울은 '내가 하나님께 좋게 하랴 아니면 아직도 사람에게 좋게 하랴'라고 진술하면서 'yet'이라는 '아직도'라는 단어를 썼다(10, KJV). '여전히, 아직까지'라는 단어로 표기한 것으로 볼 때, 이면에는 과거에 사람에게 좋게 한 적이 있었다는 표현을 내포하고 있다고 봐야한다. 그렇다면 하나님의 열심에 사로잡힌 바울은 과거 사람에게 좋게 한 적이 과연 있었던가? 바울은 앞뒤 문맥에 율법의 열심에 사로 잡혀 복음을 핍박했던 자신의 일생을 고백한다. 바로 유대 율법에 사로잡혀 복음을 핍박했던 자신의 과거가 하나님을 기쁘게 한 게 아니라 유대 사람들과 자신을 기쁘게 한 과거였음을 고백하는 것이다!

율법은 죄가 죄임을 구분하는 기준인 바, 로마서에 따르면 율법을 받은 유대인은 율법 때문에 망하고 이방인은 율법과 같은 기능을 가진 양심 때문에 망한다고 말한다. 이미 우리의 양심을 통해 죄와 죄가 아닌 것의 옳고 그름을 분별토록 하였으나 이는 곧 사람 안에서 죄의 삯을 가리키는 사망의 요구를 깨닫게 할 뿐이다. 즉 양심과 율법은 옳고 그름에 구분을 줄 뿐 죄짓는 자가 사망에 이른다는 요구를 이길 힘이 없다.

당신은 복음의 용서로 하나님을 기쁘게 하는가? 아니면 모순투성이인 세상에서 옳고 그름의 죄를 분별하느라 자신과 세상을 비관 정죄하며 비판만하며 사는가? 옳고 그름은 아이도 구분할 수 있으나 세상과 세계를 향한 복음의 용서의 대가, 십자가의 죽음은 성인이라도 대신 치룰 수 없다. 하나님의 아들이신 예수님만이 율법과 양심, 죄의 요구, 사망을 대신 치르심으로 이루셨다. 당신은

side of people's conscience? Or, do we live with the tree of life and the cross that was Jesus' forgiveness and please God by standing on God's side, the forgiveness of the gospel? Our lives will be very troubled since we can't reconcile with God, the world and ourselves if we live with the laws and judgment. But, we will live simply as ambassadors that connect the sinful world, ourselves and God if we side with God's gospel and forgiveness.

사람의 양심에 편에서 선악과로 옳고 그름을 판단하며 세상을 정죄하는가? 하나님의 편, 복음의 용서에 편에 끝까지 서서 하나님을 기쁘시게 한 십자가의 요구와 예수님의 용서의 소식, 생명의 나무, 십자가로 사는가? 아직도 다른복음인 율법과 판단의 정죄로 산다면 당신은 하나님과 세상과 그리고 자신과도 화해하지 못하는 피곤한 갈등의 인생이 될 것이다. 그러나 단순한 하나님의 복음과 용서로 선다면, 아주 간단히, 죄 많은 자신과 세상을 하나님과 화해시키는 하나님의 대사로 살 것이다.

63. 광명체 전에 식물이 창조된 이유

63. THE REASON PLANTS WERE CREATED BEFORE LIGHTS

GENESIS 1:3-16

3 And God said, Let there be light: and there was light. 4 And God saw the light, that it was good: and God divided the light from the darkness. 5 And God called the light Day, and the darkness he called Night. And the evening and the morning were the first day. 6 And God said, Let there be a firmament in the midst of the waters, and let it divide the waters from the waters. 7 And God made the firmament, and divided the waters which were under the firmament from the waters which were above the firmament: and it was so. 8 And God called the firmament Heaven. And the evening and the morning were the second day. 9 And God said, Let the waters under the heaven be gathered together unto one place, and let the dry land appear: and it was so. 10 And God called the dry land Earth; and the gathering together of the waters called he Seas: and God saw that it was good. 11 And

창세기 1:3-16

3하나님이 가라사대 빛이 있으라 하시매 빛이 있었고 4 그 빛이 하나님의 보시기에 좋았더라 하나님이 빛과 어두움을 나누사 5 빛을 낮이라 칭하시고 어두움을 밤이라 칭하시니라 저녁이 되며 아침이 되니 이는 첫째 날이니라 6 하나님이 가라사대 물 가운데 궁창이 있어 물과 물로 나뉘게 하리라 하시고 7 하나님이 궁창을 만드사 궁창 아래의 물과 궁창 위의 물로 나뉘게 하시매 그대로 되니라 8 하나님이 궁창을 하늘이라 칭하시니라 저녁이 되며 아침이 되니 이는 둘째 날이니라 9 하나님이 가라사대 천하의 물이 한곳으로 모이고 뭍이 드러나라 하시매 그대로 되니라 10 하나님이 뭍을 땅이라 칭하시고 모인 물을 바다라 칭하시니라 하나님의 보시기에 좋았더라 11 하나님이 가라사대 땅은 풀과 씨 맺는 채소와 각기 종류대로 씨 가진 열매 맺는 과목을 내라 하시매 그대로 되어 12 땅이 풀과 각기 종류대로 씨 맺는 채소와 각기 종류대로 씨 가진 열매 맺는 나무를 내니 하나님의 보시기에 좋았더라 13 저녁이 되며 아침이 되니 이는 세

God said, Let the earth bring forth grass, the
herb yielding seed, and the fruit tree yield-
ing fruit after his kind, whose seed is in itself,
upon the earth: and it was so. 12 And the
earth brought forth grass, and herb yield-
ing seed after his kind, and the tree yielding
fruit, whose seed was in itself, after his kind:
and God saw that it was good. 13 And the
evening and the morning were the third day.
14 And God said, Let there be lights in the
firmament of the heaven to divide the day
from the night; and let them be for signs,
and for seasons, and for days, and years: 15
And let them be for lights in the firmament
of the heaven to give light upon the earth:
and it was so. 16And God made two great
lights; the greater light to rule the day, and
the lesser light to rule the night: he made the
stars also.

째 날이니라 14 하나님이 가라사대 하늘의 궁
창에 광명이 있어 주야를 나뉘게 하라 또 그
광명으로 하여 징조와 사시와 일자와 연한이
이루라 15 또 그 광명이 하늘의 궁창에 있어
땅에 비취라 하시고 (그대로 되니라) 16 하나
님이 두 큰 광명을 만드사 큰 광명으로 낮을
주관하게 하시고 작은 광명으로 밤을 주관하
게 하시며 또 별들을 만드시고

Were plants created earlier than the sun and the moon? Many people may think that plants can grow under the sun so lights might had been created earlier than plants. However, the bible surely says that plants were created in the third day and the sun and the moon were created in the fourth day. It is because God created the light by His Words before creating lights so plants were able to get the light in the beginning.

The origin is the Lord who created the light of glory with Words. God's promised people, servants and churches are described as the sun, the moon and stars in the book of Genesis and Revelations. Therefore, we should first recognize that our Lord, the beginning and the light has the authority and the beginning of a life rather than claiming a special authority and having an arrogant attitude as a servant of God. Ministers should be more humble like servants instead of calling for their special rights when churches and ministers are not trusted by the world. Jesus, who is the beginning and the light of all creatures and higher than the heaven, is here!

식물이 먼저 창조되었을까? 해와 달의 광명체가 먼저 창조되었을까? 많은 사람들이 상식적으로 해가 있어야 식물이 있을 거라고 생각해 해와 같은 광명체가 먼저 창조되고 그 뒤에 식물이 창조되었을 거라 생각할지 모른다. 그러나 성경은 넷째 날 창조된 해와 달보다 단연코 셋째 날 식물이 먼저 창조되었음을 밝힌다. 왜냐하면 해와 달과 별의 광명체가 있기 전에 하나님의 '빛이 있으라'는 말씀으로 빛이 먼저 있었기 때문에 식물은 해와 달이 아니어도 태초에 빛을 받을 수 있었기 때문이다.

말씀으로 영광의 빛을 창조하신 주님은 근원이시다. 창세기와 계시록을 보면 하나님의 언약의 백성과 사역자와 교회를 해와 달과 별의 영광으로 비긴다. 따라서 우리는 사역자의 특권과 소명 의식의 과잉 이전에 빛과 근원되신 분에게 생명의 시작과 권위가 있음을 알아야한다. 교회와 사역자가 세상으로부터 신뢰받지 못하는 시기일수록 그리스도의 종은 소명의 특권 의식과 권리를 먼저 주장하기보다 종처럼 낮아져야한다. 하늘보다 더 높으신 만물의 빛과 근원 예수님이 여기 계시다!

64. 영적 가족의 존귀함
64. THE PRECIOUSNESS OF THE SPIRITUAL FAMILY

GENESIS 43:27-34

27 And he asked them of their welfare,
and said, Is your father well, the old man
of whom ye spake? Is he yet alive? 28
And they answered, Thy servant our fa-
ther is in good health, he is yet alive. And
they bowed down their heads, and made
obeisance. 29 And he lifted up his eyes,
and saw his brother Benjamin, his moth-
er's son, and said, Is this your younger
brother, of whom ye spake unto me? And
he said, God be gracious unto thee, my
son. 30 And Joseph made haste; for his
bowels did yearn upon his brother: and
he sought where to weep; and he entered
into his chamber, and wept there. 31 And
he washed his face, and went out, and re-
frained himself, and said, Set on bread. 32
And they set on for him by himself, and
for them by themselves, and for the Egyp-
tians, which did eat with him, by them-
selves: because the Egyptians might not

창세기 43:27-34

27 요셉이 그들의 안부를 물으며 가로되 너희
아버지 너희가 말하던 그 노인이 안녕하시냐
지금까지 생존하셨느냐 28 그들이 대답하되
주의 종 우리 아비가 평안하고 지금까지 생존
하였나이다 하고 머리 숙여 절하더라 29 요셉
이 눈을 들어 자기 어머니의 아들 자기 동생
베냐민을 보고 가로되 너희가 내게 말하던 너
희 작은 동생이 이냐 그가 또 가로되 소자여
하나님이 네게 은혜 베푸시기를 원하노라 30
요셉이 아우를 인하여 마음이 타는듯 하므로
급히 울곳을 찾아 안방으로 들어가서 울고 31
얼굴을 씻고 나와서 그 정을 억제하고 음식을
차리라 하매 32 그들이 요셉에게 따로 하고 그
형제들에게 따로 하고 배식하는 애굽 사람에
게도 따로 하니 애굽 사람은 히브리 사람과
같이 먹으면 부정을 입음이었더라 33 그들이
요셉의 앞에 앉되 그 장유의 차서대로 앉히운
바 되니 그들이 서로 이상히 여겼더라 34 요
셉이 자기 식물로 그들에게 주되 베냐민에게
는 다른 사람보다 오배나 주매 그들이 마시며
요셉과 함께 즐거워하였더라

eat bread with the Hebrews; for that is an
abomination unto the Egyptians. 33And
they sat before him, the firstborn accord-
ing to his birthright, and the youngest
according to his youth: and the men mar-
velled one at another. 34 And he took and
sent messes unto them from before him:
but Benjamin's mess was five times so
much as any of their's. And they drank,
and were merry with him.

Why did Joseph divide tables into three for himself, his Hebrew brothers and Egyptians? He would have been seated with Egyptians as a prime minister of Egypt if he had thought that Egyptians couldn't eat with Hebrews, for that was detestable to Egyptians according to the bible. Egyptians couldn't be hateful for Joseph in charge of all people and the entire land of Egypt. Then, was he seated alone at a different table, separated from his Hebrew brothers who had ignored him and from foreign Egyptians, to show that he was superior to them? No, he wasn't. He could have thought that he might cross the line due to his uncontrollable emotion of missing the time when he used to have a table with his brothers at his hometown if he had a table with them. Imagine that Joseph who broke down and wept at the moment when he saw Benjamin had a table with his brothers like before. He could not help offering food to them at the table. If he had done so or moved to the Hebrew's table due to overwhelming emotions, he would have been against Egyptian's culture. Therefore, he had his own table. But, he ended up filling his brothers' plates with food from his own table! He missed his family despite the tragedy of almost killing each other among brothers.

Israel in the Old Testament is likened to spiritual churches in the New Testament. The members of a spiritual family that gather, eat spiritual food and experience God, the Holy Spirit

요셉은 히브리 형제들과 이집트인들의 식탁을 열면서 왜 세 종류의 식탁으로 분리해 상을 차렸을까? 본문의 말씀대로 이집트인들이 히브리인들과 같이 먹는 일들을 가증이 여겼더라면 이집트 총리 대신이 된 요셉이 이집트인들의 상에 앉으면 될 일이다. 감히 이집트인들이 자기 왕의 모든 집안에 총리가 된 요셉의 통치를 받는 상황에서 그를 가증이 여길 수 없다. 요셉은 독상에 앉으므로 과거 자기를 업신여긴 히브리 형제들과 이방 이집트인과 다르게 홀로 독보적인 존재임을 보이기 위해 다른 상에 앉았을까? 아니다. 요셉은 자신의 본향에서 형제들과 함께 먹던 시절이 그리워 정을 억제하지 못하고 상의 경계를 넘어설 자신을 예상했을 수 있다. 이미 베냐민을 본 순간 마음이 무너져 눈물을 쏟은 요셉이 예전에 모든 가족, 형제들과 함께 먹던 상을 본다고 하자, 어찌 그 상에 안거나 서로 음식을 권하며 먹이는 일을 하고 싶지 않겠는가. 만약 정을 억제하지 못하고 이집트인들의 상에 앉았다가 음식을 들어 히브리인에게 권한다던지 이집트인의 상에서 옮겨 히브리인들의 상으로 간다면 이집트인들의 문화적 비위를 손상시키게 된다. 따라서 요셉은 자신 안에 있는 히브리 가족들과 같이 먹고 마시던 시절이 그리워 그 상에서 앉아 서로 권하고 같이 먹는 일들에 참여할까봐 이집트인들의 상에 함께 앉지 않고 혼자 상을 차려 앉은 것이다. 그리고 결국 요셉은 상에서 형제에게 음식을 권하고 먹인다! 서로를 죽일뻔한 가족의 비극이 있었지만, 가족의 존재가 요셉은 너무 그리웠다.

구약의 이스라엘은 신약의 영적 이스라엘 교회로서 서로 통한다. 영적 가족이 함께 있으며, 함께 영적 양식을 먹으며 예배를 통해 같

together through worship services, are precious in spite of their weaknesses. Let's be a spiritual family to each other that is not separated and lonely.

은 성령 하나님의 임재를 누리는 영적 가족은 서로의 약점을 떠나 존재 자체로 소중하다. 서로에게 홀로 있지 않는, 분리되거나 고독하지 않을 영적 가족이 되자.

65. 원망의 함정

65. THE TRAP OF RESENTMENT

JOB 2:3-10

3 And the LORD said unto Satan, Hast thou considered my servant Job, that there is none like him in the earth, a perfect and an upright man, one that feareth God, and escheweth evil? and still he holdeth fast his integrity, although thou movedst me against him, to destroy him without cause. 4 And Satan answered the LORD, and said, Skin for skin, yea, all that a man hath will he give for his life. 5 But put forth thine hand now, and touch his bone and his flesh, and he will curse thee to thy face. 6 And the LORD said unto Satan, Behold, he is in thine hand; but save his life. 7 So went Satan forth from the presence of the LORD, and smote Job with sore boils from the sole of his foot unto his crown. 8 And he took him a potsherd to scrape himself withal; and he sat down among the ashes. 9 Then said his wife unto him, Dost thou still retain thine

욥기 2:3-10

3 여호와께서 사단에게 이르시되 네가 내 종 욥을 유의하여 보았느냐 그와 같이 순전하고 정직하여 하나님을 경외하며 악에서 떠난 자가 세상에 없느니라 네가 나를 격동하여 까닭 없이 그를 치게 하였어도 그가 오히려 자기의 순전을 굳게 지켰느니라 4 사단이 여호와께 대답하여 가로되 가죽으로 가죽을 바꾸오니 사람이 그 모든 소유물로 자기의 생명을 바꾸올찌라 5 이제 주의 손을 펴서 그의 뼈와 살을 치소서 그리하시면 정녕 대면하여 주를 욕하리이다 6 여호와께서 사단에게 이르시되 내가 그를 네 손에 붙이노라 오직 그의 생명은 해하지 말찌니라 7 사단이 이에 여호와 앞에서 물러가서 욥을 쳐서 그 발바닥에서 정수리까지 악창이 나게 한지라 8 욥이 재 가운데 앉아서 기와 조각을 가져다가 몸을 긁고 있더니 9 그 아내가 그에게 이르되 당신이 그래도 자기의 순전을 굳게 지키느뇨 하나님을 욕하고 죽으라 10 그가 이르되 그대의 말이 어리석은 여자 중 하나의 말 같도다 우리가 하나님께 복을 받았은즉 재앙도 받지 아니하겠느뇨 하고

integrity? curse God, and die. 10 But he
said unto her, Thou speakest as one of the
foolish women speaketh. What? shall we
receive good at the hand of God, and shall
we not receive evil? In all this did not Job
sin with his lips.

이 모든 일에 욥이 입술로 범죄치 아니하니라

Isn't it absolutely shocking that Job's wife exactly reiterated Satan's words, "Are you still holding onto your integrity? Curse God and die!" We see in Job's wife an incredible case of Satan's thoughts sync almost entirely to human thoughts. No, in a way, it's worse than Satan. Satan was limited by God to not take Job's life but his wife crosses that limitation and curses God, urging him to "die".

When Adam and Cain sinned, God never directly, permanently cursed mankind, only the ground that belonged to Adam and taught the consequences of sin; he never cursed man, who is the image of God, and kept his plan to bring mankind to salvation.

However, God immediately cursed the snake, also known as Satan, who tempted Adam, the image of God when the fall of man took place. Perhaps Satan resented the curse he received for his rebellion and fall and tried to curse the image of God because he can't dare curse God himself. See how Job's wife, like Satan, urges to boldly curse God. How presumptuous! Of course, the pain of losing her children would have driven her mind to chaos and nursing her husband suffering a fatal illness would have hardened her heart. But how come she told her husband to die, as if he is responsible, when she knows better than anyone that the unknown suffering Satan brought was not the fault of her sinless, holy husband? Wasn't it her who

욥과 가장 가까운 관계인 그의 아내에게서 사탄이 했던 말과 똑같이 "아직도 순전함을 지키느냐 하나님을 저주하고 죽으라."는 말이 나온 것이 소스라치게 놀랍지 아니한가? 사탄의 생각과 사람의 생각의 싱크로율이 거의 100퍼센트와 같아지는 놀라운 경우를 우리는 욥의 아내에게서 본다. 아니 어떤 면에서 사탄보다 더하다. 사탄은 하나님에게서 욥의 생명은 빼앗지 못하도록 제한을 받고 있는데, 욥의 아내는 그 제한마저 넘어서 욥으로 하여금 "죽으라."고까지 강권하며 하나님을 저주한다.

태초에 하나님은 아담이 범죄하고 가인이 죄를 범했을 때도 결단코 사람을 직접적으로 그리고 항구적으로 저주하신 적이 없다. 다만 아담에게 속한 땅을 저주하고, 죄에 대한 결과를 가르쳤을 뿐 끝끝내 하나님의 형상인 사람을 저주하지 않고 구원하실 계획을 열어놓으셨다. 그렇지만 하나님의 형상인 아담을 유혹한 옛 뱀, 사탄은 에덴의 타락이 발생하자 즉각적으로 신속히 저주하셨다. 사탄은 자신의 반역과 타락으로 인한 저주를 원망하고, 스스로 감히 하나님을 저주할 수 없기에 하나님을, 하나님의 형상인 사람을 저주하려 하는지 모른다. 보라! 욥의 아내는 담대히 하나님을 저주하라고 사탄과 같이 욥을 부추긴다! 이 얼마나 참람한가! 물론 욥의 아내가 당한 자녀까지 잃은 슬픔은 그녀의 정신을 혼돈으로 몰아갔을 것이며, 피고름을 쏟는 치명적인 질병이 든 남편에 대한 간호는 그녀의 마음을 매우 강퍅하게 했을 수 있다. 그러나 그녀는 사탄으로부터 온 알 수 없는 질고의 원인이 무죄하고 경건한 남편에게 있지 않았음을 누구보다 잘 알면서 왜 남편에게 책임이 있는 양, 욥더러 죽으라하는가! 욥

was closest to him and knew better than anyone, who was his wife and living together? Resentment directs the blame to outside and places one in the position to judge. It comes from the perception that things are the way they are because of someone's fault and he did not pay the appropriate price for it. Job's wife's resentment was way past the line because her resentment was towards God. Sin is responsible for curse; cursing God is a direct rebellion from the perception that God is at fault and therefore, resentment toward Him.

Do you resent God and other people who are the image of God in situations of unexpected misfortunes? If you place yourself on the path of cursing God, it is becoming the likes of Satan. Although you may suffer from life's ailments, God is the only one who saves you and he can bless you again any time. Love and blessing is fitting to man who is the image of God; cursing and resentment is not.

In Job's lifetime, God opened a bath of blessing for all nations through Abraham and manifested his plan to save them through resurrection. Satan tried to mock and curse Job through his wife. He tries to get mankind to deny God and curse Him through resentment but on the other hand, God receives the curse with suffering by giving his Son and wants to bless mankind. You, sons and daughters of God, are children of blessing.

의 경건을 누구보다 근거리에서 보았을 사람도 바로 같이 살았던 욥의 아내가 아니던가? 원망은 잘못의 책임을 외부로 돌리며 결국 정죄를 담아 심판하는 자리에 앉는 일과 궤를 같이한다. '누구 잘못 때문에 이렇게 되었는데…….'라는 말과 같이 그 주체가 잘못에 합당한 대가를 치르지 않았다는 상황 인식에서 원망이 기인한다. 욥의 아내의 원망은 도가 지나쳤다. 책임전가와 정죄가 하나님께 향해 있기 때문이다. 저주는 죄의 책임이다. 하나님을 저주하는 것은 곧 하나님이 잘못했다는 왜곡된 인식에서 온 적극적인 거역이며, 곧 하나님에 대한 원망이다.

당신은 뜻하지 않은 불행한 상황 속에서 하나님의 형상인 다른 사람들과 하나님을 원망하는가? 당신이 하나님을 저주하는 궤와 같은 궤적에 스스로를 위태롭게 놓고 있다면 그것은 바로 사탄과 같아지는 일이다. 당신이 간혹 인생의 질고에 빠질 수 있어도 건져내실 유일한 이는 하나님이며, 하나님은 언제든 다시 당신을 축복할 수 있다. 사랑과 축복이 하나님의 형상인 사람들에게 합당한 바요, 저주와 원망은 하나님의 형상으로서 해서는 안 될 일이다. 욥이 살았던 족장 시대의 동시대성 속에서 하나님은 아브라함을 택해 모든 민족의 복의 근원의 통로를 열어 모든 사람들을 축복하시므로 온 민족을 부활로 구원케 할 계획을 다시 표명하셨다. 사탄은 욥의 아내를 통해 고난 받는 욥을 비웃고 저주하고자 했다. 사탄은 원망을 들어 인류가 하나님을 믿지 못하게 함으로 하나님을 저주하고자 하고, 하나님은 아들을 주심으로 저주를 고난으로 받아내시고 인류를 축복하고자 하신다. 하나님의 자녀, 당신은 축복의 아들이요 축복의 딸들이다!

66. 왕과 옥

66. KING AND JADE

REVELATION 4:2-5, 21:18-21

4:2 And immediately I was in the spirit:
and, behold, a throne was set in heaven,
and [one] sat on the throne. 3 And he
that sat was to look upon like a jasper
and a sardine stone: and [there was] a
rainbow round about the throne, in sight
like unto an emerald. 4 And round about
the throne [were] four and twenty seats:
and upon the seats I saw four and twenty
elders sitting, clothed in white raiment;
and they had on their heads crowns of
gold. 5 And out of the throne proceeded
lightnings and thunderings and voices:
and [there were] seven lamps of fire burning before the throne, which are the seven
Spirits of God.

21:18 And the building of the wall of it
was [of] jasper: and the city [was] pure
gold, like unto clear glass. 19 And the
foundations of the wall of the city [were]
garnished with all manner of precious

요한계시록 4:2-5, 21:18-21

4:2 내가 곧 성령에 감동하였더니 보라 하늘
에 보좌를 베풀었고 그 보좌 위에 앉으신 이
가 있는데 3 앉으신 이의 모양이 벽옥과 홍보
석 같고 또 무지개가 있어 보좌에 둘렸는데
그 모양이 녹보석 같더라 4 또 보좌에 둘려
이십 사 보좌들이 있고 그 보좌들 위에 이십
사 장로들이 흰 옷을 입고 머리에 금 면류관
을 쓰고 앉았더라 5 보좌로부터 번개와 음성
과 뇌성이 나고 보좌 앞에 일곱 등불 켠것이
있으니 이는 하나님의 일곱 영이라

21:18 그 성곽은 벽옥으로 쌓였고 그 성은 정
금인데 맑은 유리 같더라 19 그 성의 성곽의
기초석은 각색 보석으로 꾸몄는데 첫째 기초
석은 벽옥이요 둘째는 남보석이요 세째는 옥
수요 네째는 녹보석이요 20 다섯째는 홍마노
요 여섯째는 홍보석이요 일곱째는 황옥이요
여덟째는 녹옥이요 아홉째는 담황옥이요 열
째는 비취옥이요 열 한째는 청옥이요 열 둘
째는 자정이라 21 그 열 두 문은 열 두 진주
니 문마다 한 진주요 성의 길은 맑은 유리 같
은 정금이더라

stones. The first foundation [was] jasper;
the second, sapphire; the third, a chalced-
ony; the fourth, an emerald; 20 The fifth,
sardonyx; the sixth, sardius; the seventh,
chrysolite; the eighth, beryl; the ninth, a
topaz; the tenth, a chrysoprasus; the elev-
enth, a jacinth; the twelfth, an amethyst.
21 And the twelve gates [were] twelve
pearls; every several gate was of one pearl:
and the street of the city [was] pure gold,
as it were transparent glass.

See how heaven is described in Revelation. The place where a king stays is always decorated with every kind of precious stones. In Chinese character, there is only one different character between a king(王) and Jade(玉). (In its radical, they are same.)

Why is the king's place studded with jade, gold and jewels? It is because where a king is present is beautiful like a precious stone.

The place where you serve a king could be a paradise adorned with every kind of jewel, gold and jade whether you are in joy, sadness, peace, pain, heaven, Jerusalem or a troubled nation. Where a king seats on the throne is the very heaven.

계시록의 천국 묘사를 보라! 왕이 계신 곳은 언제나 보석으로 존귀하게 아로새겨진 자리이다. 한자로 왕(王)과 옥(玉)은 한 끝 차이일 뿐이다. (부수로 쓸 때는 아예 같다.)

왜 왕을 모신 곳은 옥과 금과 보석으로 아로새겨진 자리인가? 왕의 임재가 있는 곳은 우주적으로 그곳이 어디든 보물과 같이 아름다운 자리이기 때문이다. 당신이 기쁨 가운데 있건, 슬픔 가운데 있건, 또 평안 가운데 있건, 고난 가운데 있건 그곳이 하늘의 예루살렘이든, 이 땅에 고통 받는 열방의 자리이든 당신이 왕을 모신 자라면 그곳은 곧 각양 보석과 금길과 옥으로 아로새겨진 천국이 될 수 있다. 왕의 보좌가 있고 왕이 앉으신 곳이 곧 천국이다.

67. 결정적 차이
67. DECISIVE DIFFERENCE

2 SAMUEL 6:8-23

8 And David was displeased, because
the LORD had made a breach upon Uz-
zah: and he called the name of the place
Perezuzzah to this day. 9 And David was
afraid of the LORD that day, and said,
How shall the ark of the LORD come to
me? 10 So David would not remove the
ark of the LORD unto him into the city
of David: but David carried it aside into
the house of Obededom the Gittite. 11
And the ark of the LORD continued in
the house of Obededom the Gittite three
months: and the LORD blessed Obede-
dom, and all his household. 12 And it was
told king David, saying, The LORD hath
blessed the house of Obededom, and all
that pertaineth unto him, because of the
ark of God. So David went and brought
up the ark of God from the house of
Obededom into the city of David with
gladness. 13 And it was so, that when they

사무엘하 6:8-23

8 여호와께서 웃사를 충돌하시므로 다윗이 분
하여 그곳을 베레스웃사라 칭하니 그 이름이 오
늘까지 이르니라 9 다윗이 그 날에 여호와를 두
려워하여 가로되 여호와의 궤가 어찌 내게로 오
리요 하고 10 여호와의 궤를 옮겨 다윗성 자기
에게로 메어 가기를 즐겨하지 아니하고 치우쳐
가드 사람 오벧에돔의 집으로 메어 간지라 11
여호와의 궤가 가드 사람 오벧에돔의 집에 석달
을 있었는데 여호와께서 오벧에돔과 그 온 집에
복을 주시니라 12 혹이 다윗왕에게 고하여 가로
되 여호와께서 하나님의 궤를 인하여 오벧에돔
의 집과 그 모든 소유에 복을 주셨다 한지라 다
윗이 가서 하나님의 궤를 기쁨으로 메고 오벧
에돔의 집에서 다윗성으로 올라갈쌔 13 여호와
의 궤를 멘 사람들이 여섯 걸음을 행하매 다윗
이 소와 살진 것으로 제사를 드리고 14 여호와
앞에서 힘을 다하여 춤을 추는데 때에 베 에봇
을 입었더라 15 다윗과 온 이스라엘 족속이 즐
거이 부르며 나팔을 불고 여호와의 궤를 메어
오니라 16 여호와의 궤가 다윗성으로 들어올 때
에 사울의 딸 미갈이 창으로 내다보다가 다윗

that bare the ark of the LORD had gone
six paces, he sacrificed oxen and fatlings.
14 And David danced before the LORD
with all his might; and David was girded
with a linen ephod. 15 So David and all
the house of Israel brought up the ark of
the LORD with shouting, and with the
sound of the trumpet. 16 And as the ark
of the LORD came into the city of David,
Michal Saul's daughter looked through
a window, and saw king David leaping
and dancing before the LORD; and she
despised him in her heart. 17 And they
brought in the ark of the LORD, and set it
in his place, in the midst of the tabernacle
that David had pitched for it: and David
offered burnt offerings and peace offer-
ings before the LORD. 18 And as soon as
David had made an end of offering burnt
offerings and peace offerings, he blessed
the people in the name of the LORD

왕이 여호와 앞에서 뛰놀며 춤추는 것을 보고
심중에 저를 업신여기니라 17 여호와의 궤를
메고 들어가서 다윗이 위하여 친 장막 가운
데 그 예비한 자리에 두매 다윗이 번제와 화
목제를 여호와 앞에 드리니라 18 다윗이 번제
와 화목제 드리기를 마치고 만군의 여호와의
이름으로 백성에게 축복하고 19 모든 백성 곧
온 이스라엘 무리의 무론 남녀하고 떡 한개와
고기 한 조각과 건포도떡 한덩이씩 나눠주매
모든 백성이 각기 집으로 돌아가니라 20 다윗
이 자기의 가족에게 축복하러 돌아오매 사울
의 딸 미갈이 나와서 다윗을 맞으며 가로되
이스라엘 왕이 오늘날 어떻게 영화로우신지
방탕한 자가 염치 없이 자기의 몸을 드러내는
것처럼 오늘날 그 신복의 계집종의 눈 앞에서
몸을 드러내셨도다 21 다윗이 미갈에게 이르
되 이는 여호와 앞에서 한 것이니라 저가 네
아비와 그 온 집을 버리시고 나를 택하사 나
로 여호와의 백성 이스라엘의 주권자를 삼으
셨으니 내가 여호와 앞에서 뛰놀리라 22 내가

of hosts. 19 And he dealt among all the
people, even among the whole multitude
of Israel, as well to the women as men,
to every one a cake of bread, and a good
piece of flesh, and a flagon of wine. So
all the people departed every one to his
house. 20 Then David returned to bless
his household. And Michal the daughter
of Saul came out to meet David, and said,
How glorious was the king of Israel to day,
who uncovered himself to day in the eyes
of the handmaids of his servants, as one of
the vain fellows shamelessly uncovereth
himself! 21 And David said unto Michal,
It was before the LORD, which chose me
before thy father, and before all his house,
to appoint me ruler over the people of
the LORD, over Israel: therefore will I
play before the LORD. 22 And I will yet
be more vile than thus, and will be base in
mine own sight: and of the maidservants

이보다 더 낮아져서 스스로 천하게 보일찌라
도 네가 말한바 계집종에게는 내가 높임을 받
으리라 한지라 23 그러므로 사울의 딸 미갈이
죽는 날까지 자식이 없으니라

which thou hast spoken of, of them shall
I be had in honour. 23 Therefore Michal
the daughter of Saul had no child unto the
day of her death.

What was a decisive difference between Saul and David in the eyes of God? Saul was a great warrior and so was David. Saul was anointed and David was too. Saul tried to take care of the Israelites and so did David. The decisive difference between two of them was their attitude and aspiration about worshipping God to meet Him through the ark of the Covenant!

Saul was satisfied with the ark of God to be left in Kiriath Jearim where Philistines governed. Although the Israelites meant the glory of God's Kingdom, he didn't bring the ark to their land where all people could worship. In his time, the ark would be used for human's profit like a victory of wars, a king and priest' status.

Unlike him, David risked his life to bring it back. God did not allow the Israelites to take it as they tried to bring it in their way in Perez Uzzah. But, David, wearing a linen ephod, danced with joy before God to bring His glory, the ark, back to Israel at the hazard of his own life. Actually, all people might be afraid of being near the ark of God after the deadly event because of possibility of losing their life by mistake. But, David declared his will to his people that he would bring the ark at the risk of his life as their leader.

Michal, daughter of Saul, was uneasy about maintaining her position as a queen so she despised him dancing and disrob-

하나님 앞에서 사울과 다윗의 결정적 차이가 무엇이라고 보는가? 사울도 전쟁에 능한 용사였고 다윗도 그렇다. 사울도 기름부음 받았고 다윗도 그렇다. 사울도 이스라엘을 세우고자 했고 다윗도 그랬다. 다만 오직 다윗과 사울의 결정적 차이는 언약궤를 통해 하나님을 만나는 예배의 자리에 나아가고자하는 열망과 태도였다!

사울은 기럇여아림, 아직 블레셋의 재해통치권이 미치는 땅에 언약궤를 방치하는 것에 만족했다. 이스라엘 왕국이 하나님의 영광의 왕국을 상징하는 바, 왕과 백성이 모두 예배할 수 있는 이스라엘의 중심으로 언약궤를 가져오지 않았다. 그저 전쟁의 승리를 위해, 왕권의 위상을 위해, 제사장의 모양만을 취해 언약궤를 인간적인 입장때문에 이용가치로 폄하하는 일이 종종 일어났다.

하지만 다윗은 사울이 가져오지 않은 언약궤를 목숨을 걸고 가져오고자 한다. 베레스웃사로 언약궤가 인간적인 방법의 운반을 거절해 사람들과 충돌한 뒤에도 다윗은 목숨을 걸어서 에봇옷을 입고 하나님의 영광을 이스라엘로 가져오기 위해 스스로 기쁨의 춤을 추며 궤를 모신다. 베레사웃사 사건 이후 언약궤 근처에 있는 일을 누구든 두려워했을 것이다. 왜냐하면 잘못 예배하다가 또 죽을 수도 있기 때문이다. 그런 상황 가운데 다윗이 스스로 나서서 언약궤 앞에 에봇옷을 입고 춤춘 것은 리더로서 먼저 목숨을 걸고서라도 언약궤를 결단코 모시겠다는 의지를 공동체 전체에 표명하는 일이었다.

사울의 왕가에서 난 미갈은 왕비로서의 자기 입지가 불안하다고 느낀 나머지 신하들의 권속의 여인들 앞에서 춤을 추는 다윗을 못마땅했다. 미갈은 하나님의 영광을 주목하기보다, 여인들의 주목

ing in the sight of the slave girls of his servants. She was jealous of David who had great attention from women with a focus on people's eyes, not God's glory. She learned a wrong worship like her father who sought a human's heart than God's, being aware of the eyes of other people.

God is the beginning. And, people cause grave consequences when they treat the root wrongly. The root can't be used in other ways for other purposes. There is no way to satisfy God and fallen human beings at the same time. Our desire should be removed when we worship Him. Worshipping God is a pure, holy and glorious place where we meet God.

을 받는 다윗에 대해, 곧 사람들을 의식한 질투를 보이고 있는 것이다. 하나님의 영광 앞에 하나님 그 한 분보다 사람들을 의식하여 사람의 마음을 더 얻고자했던 그 아비 사울처럼 미갈은 예배를 잘못 배웠다.

하나님은 근원이시다. 근원을 잘못 대하면 엄청난 결과를 초래한다. 근원은 수단이 될 수 없고 이용거리도 될 수 없다. 근원이신 여호와와 타락한 아담들을 동시에 만족시키는 예배는 없다. 예배에는 무조건 육체가 죽어야한다. 예배는 근원 되신 하나님과 만나는 티 없고 거룩하고 영광된 자리다.

68. 성만찬의 일상성과 기념
68. ORDINARINESS AND COMMEMORATION OF THE HOLY EUCHARIST

1 CORINTHIANS 11:23-29

23 For I have received of the Lord that which also I delivered unto you, That the Lord Jesus the same night in which he was betrayed took bread: 24 And when he had given thanks, he brake it, and said, Take, eat: this is my body, which is broken for you: this do in remembrance of me. 25 After the same manner also he took the cup, when he had supped, saying, This cup is the new testament in my blood: this do ye, as oft as ye drink it, in remembrance of me. 26 For as often as ye eat this bread, and drink this cup, ye do shew the Lord's death till he come. 27Wherefore whosoever shall eat this bread, and drink this cup of the Lord, unworthily, shall be guilty of the body and blood of the Lord. 28 But let a man examine himself, and so let him eat of that bread, and drink of that cup. 29 For he that eateth and drinketh unworthily, eateth and drinketh damnation to himself, not discerning the Lord's body.

고린도전서 11:23-29

23 내가 너희에게 전한 것은 주께 받은 것이니 곧 주 예수께서 잡히시던 밤에 떡을 가지사 24 축사하시고 떼어 가라사대 이것은 너희를 위하는 내 몸이니 이것을 행하여 나를 기념하라 하시고 25 식후에 또한 이와 같이 잔을 가지시고 가라사대 이 잔은 내 피로 세운 새 언약이니 이것을 행하여 마실 때마다 나를 기념하라 하셨으니 26 너희가 이 떡을 먹으며 이 잔을 마실 때마다 주의 죽으심을 오실 때까지 전하는 것이니라 27 그러므로 누구든지 주의 떡이나 잔을 합당치 않게 먹고 마시는 자는 주의 몸과 피를 범하는 죄가 있느니라 28 사람이 자기를 살피고 그 후에야 이 떡을 먹고 이 잔을 마실찌니 29 주의 몸을 분변치 못하고 먹고 마시는 자는 자기의 죄를 먹고 마시는 것이니라

Jesus normally used an ordinary motive to teach his disciples. But, there was a deep and extraordinary meaning. See Jesus' purpose that he likened his body to daily bread and wine that the Hebrews used to have.

Although those materials were too ordinary to find religious gravity, they took on a more serious meaning than anything else. See! Wine was used for daily drinks like water in the Middle East where water was hardly found. But, grape has to be squashed and totally deformed in a wine press to ferment to make wine. Bread was also daily food there but grain should be reaped, threshed and fully grinded to be a fine powder!

Are there any other suitable symbols than this in commemorating Jesus' cross on which Jesus broke his body himself? That was not just a religious event or meaning, but an extraordinary and powerful symbol for disciples. Because they couldn't forget Jesus' death and resurrection as long as they had daily bread and wine, everyday food in the Middle East. Following Jesus' cross is not just being very religious or replicating a serious mood, but breaking away from one-time religiosity in remembering His love on the cross every day.

제자들과 함께한 예수님의 가르침은 일상적인 모티브를 상징으로 사용하는 경우가 흔하지만 그 의미의 울림은 비범하고 심오한 데가 있다. 히브리인들이 평소에 먹는 일상적 음식인 빵과 포도주를 자신의 몸으로 비유하신 주님의 원초적 의도를 보라. 평소에 먹는 우리로 치자면 밥과 물과 같은 히브리인들의 음식이라는 점에서 종교적 엄숙함을 찾을 수 없을 만큼 일상적이고 평범한 소재지만, 그 비유는 어느 종교성보다도 깊고 심오한 울림을 준다. 보라! 포도주는 깨끗한 물을 찾기 어려운 중동에서 일상적인 물처럼 음용되었지만, 그 일상적으로 음용되는 포도주가 만들어지기 위해선 포도가 으깨어지고 포도즙 틀에서 형체를 다 부서야만 포도주로 만들어지고 발효될 수 있다! 중동의 식사였던 빵 역시 매일 먹는 일상적인 밥이었지만 곡식이 베이고 탈곡되어 고운 가루가 되기 위해서는 몸을 다 깨뜨려야만 한다!

자신의 몸을 떼어 부수고 깨뜨린 예수님의 십자가를 기념할 때 이만큼 적합한 상징이 있겠는가? 또한, 이는 이후 제자들에게 그저 하나의 종교적 이벤트나 예식의 의미를 뛰어넘어, 중동의 밥과 물인 빵과 포도주를 식탁에서 매일 먹는 한 예수님의 죽으심과 부활을 잊으려야 잊을 수가 없다는 점에서 심도 있는 일상적인 각인이 아닐 수 없다. 예수님의 십자가를 따르는 일은 단지 종교적 심취나 엄숙한 분위기의 모사가 아니라 매일 그분의 십자가 지신 사랑을 일상적으로 기념케 한다는 점에서 일회적이고 단속적인 종교성을 배제하는 파격이다.

69. 자리의 전복

69. OVERTURN OF SEATS

LUKE 14:1-14

1 And it came to pass, as he went into
the house of one of the chief Pharisees
to eat bread on the sabbath day, that they
watched him. 2 And, behold, there was a
certain man before him which had the
dropsy. 3 And Jesus answering spake unto
the lawyers and Pharisees, saying, Is it
lawful to heal on the sabbath day? 4 And
they held their peace. And he took him,
and healed him, and let him go; 5 And
answered them, saying, Which of you
shall have an ass or an ox fallen into a pit,
and will not straightway pull him out on
the sabbath day? 6 And they could not
answer him again to these things. 7 And
he put forth a parable to those which
were bidden, when he marked how they
chose out the chief rooms; saying unto
them. 8 When thou art bidden of any
man to a wedding, sit not down in the
highest room; lest a more honourable

누가복음 14:1-14

1 안식일에 예수께서 바리새인의 한 두령의
집에 떡 잡수시러 들어가시니 저희가 엿보고
있더라 2 주의 앞에 고창병 든 한 사람이 있
는지라 3 예수께서 대답하여 율법사들과 바
리새인들에게 일러 가라사대 안식일에 병 고
쳐주는 것이 합당하냐 아니하냐 4 저희가 잠
잠하거늘 예수께서 그 사람을 데려다가 고쳐
보내시고 5 또 저희에게 이르시되 너희 중에
누가 그 아들이나 소나 우물에 빠졌으면 안
식일에라도 곧 끌어내지 않겠느냐 하시니 6
저희가 이에 대하여 대답지 못하니라 7 청함
을 받은 사람들의 상좌 택함을 보시고 저희
에게 비유로 말씀하여 가라사대 8 네가 누구
에게나 혼인 잔치에 청함을 받았을 때에 상
좌에 앉지 말라 그렇지 않으면 너보다 더 높
은 사람이 청함을 받은 경우에 9 너와 저를 청
한 자가 와서 너더러 이 사람에게 자리를 내
어 주라 하리니 그 때에 네가 부끄러워 말석
으로 가게 되리라 10 청함을 받았을 때에 차
라리 가서 말석에 앉으라 그러면 너를 청한
자가 와서 너더러 벗이여 올라 앉으라 하리니

man than thou be bidden of him; 9 And
he that bade thee and him come and say
to thee, Give this man place; and thou be-
gin with shame to take the lowest room.
10 But when thou art bidden, go and sit
down in the lowest room; that when he
that bade thee cometh, he may say unto
thee, Friend, go up higher: then shalt thou
have worship in the presence of them that
sit at meat with thee. 11 For whosoever
exalteth himself shall be abased; and he
that humbleth himself shall be exalted.
12 Then said he also to him that bade
him, When thou makest a dinner or a
supper, call not thy friends, nor thy breth-
ren, neither thy kinsmen, nor thy rich
neighbours; lest they also bid thee again,
and a recompence be made thee. 13 But
when thou makest a feast, call the poor,
the maimed, the lame, the blind: 14 And
thou shalt be blessed; for they cannot rec-

그 때에야 함께 앉은 모든 사람 앞에 영광이
있으리라 11 무릇 자기를 높이는 자는 낮아지
고 자기를 낮추는 자는 높아지리라 12 또 자
기를 청한 자에게 이르시되 네가 점심이나 저
녁이나 베풀거든 벗이나 형제나 친척이나 부
한 이웃을 청하지 말라 두렵건대 그 사람들이
너를 도로 청하여 네게 갚음이 될까 하라 13
잔치를 배설하거든 차라리 가난한 자들과 병
신들과 저는 자들과 소경들을 청하라 14 그
리하면 저희가 갚을 것이 없는고로 네게 복이
되리니 이는 의인들의 부활시에 네가 갚음을
받겠음이니라 하시더라

ompense thee: for thou shalt be recompensed at the resurrection of the just.

The chiefs of Pharisees seemed to invite Jesus politely but they actually intended to insult him. It was because they made a man suffering from dropsy whose body swelled like a balloon seated in front of Jesus.According to the Jewish customs, a person's seat is arranged by their social positions. So, it was not possible for the sick man to come into the Pharisee's house. It was natural for them to isolate him for religious and social reasons. Therefore, they wanted to injure the authority of Jesus who got along with the sick and prostitutes by placing his seat alongside the sick while making their seats high to show off their religious superiority. But, Jesus didn't care of his transcendental position. Rather, he brought the sick man near, healed and befriended him.

See. Although Jesus did not mind where he was seated, his position was totally switched. All people must have been full of amazement and admiration due to his healing with such emotions spreading to the head table. Then, the highest seat became a place where people listen and learn. And, the lowest Jesus' became a place where he taught. The Pharisees couldn't utter a word about Jesus' radical teaching of bringing a life back by healing a fatal disease. If one's high fame, religious knowledge and his position that shows off his identification are higher than Jesus' serving at a low place, all are not for a life, but for his own self. And the place makes a human high in a religious

바리새인들의 우두머리들은 예수님을 정중히 집으로 초대한 것처럼 보이지만, 실상은 예수님을 모욕주려는 데 그 의도가 있었다. 왜냐하면 배가 풍선처럼 불러오는 수종병 즉, 고창병 환자 앞자리에 예수님을 앉혔기 때문이다. 철저히 사회적 지위에 따라 자리가 배치되는 유대 종교지도자들의 관례상, 바리새인들의 총수 집안에 고창병 환자가 들어오는 것은 사실상 불가능하다. 신체에 치명적 질병을 가진 병자들에 대한 종교적, 사회적 격리를 당연시해온 것이 유대 종교지도자들의 유전이었다. 따라서 창기들과 병자들과 어울린다는 예수님이 앉을 자리에 의도적으로 고창병 환자를 동석케 하고, 자신들은 높은 자리에 앉음으로써 자신들의 사회적, 종교적 지위의 우월성을 관철시켜 예수님을 초라하게 만들 의도였다. 그러나 예수님은 자신의 초월적 지위를 위해 자리에 연연해하지 않는다. 도리어 예수님은 고창병 환자를 데려다가 고치심으로 그와 동류와 친구가 되셨다.

자, 보라. 예수님은 꿈쩍도 안하셨지만 자리는 오히려 완전히 스위치, 전복되고 있다. 고창병환자의 풍선만한 배가 꺼져 정상적인 모습으로 돌아오는 모습은 잔치에 모여든 사람들에게 놀람과 경탄의 파고를 일으켜 제일 상석에까지 전해졌을 것이다. 이제 높은 상석은 경청과 배움의 자리가 되고, 예수님이 앉았던 가장 낮은 자리는 강대상이 되어 가르침이 전해지는 곳이 된다. 바리새인들은 치명적인 질병을 고쳐 생명을 온전케 돌린 예수님의 파격적인 가르침 앞에 아무 소리 하지 못한다. 예수님이 베푸신 섬김의 낮은 자리보다 높아진 사역적 명예나 종교적 지식, 자기 정체를 드러내기 위한 사역적 입지는 모두 생명의 지평이 아니고 자기 그라운드일 뿐이다. 그곳은 아담의 정체성

way so that makes Jesus' place narrow. Therefore, every place higher than that of the cross is risky as it is near a religious stronghold.

이 종교적으로 높아져 예수님의 자리가 협소해진다. 예수님의 생명을 섬기기 위한 십자가의 보좌보다 높아진 모든 자리는 종교적 아성에 접근하고 있는 위태한 자리다.

70. 예수님 옆구리에 창을 받으심

70. JESUS PIERCED WITH A SPEAR

JOHN 19:32-36

32 Then came the soldiers, and brake the legs of the first, and of the other which was crucified with him. 33 But when they came to Jesus, and saw that he was dead already, they brake not his legs: 34 But one of the soldiers with a spear pierced his side, and forthwith came there out blood and water. 35 And he that saw it bare record, and his record is true: and he knoweth that he saith true, that ye might believe. 36 For these things were done, that the scripture should be fulfilled, A bone of him shall not be broken.

요한복음 19:32-36

32 군병들이 가서 예수와 함께 못 박힌 첫째 사람과 또 그 다른 사람의 다리를 꺾고 33 예수께 이르러는 이미 죽은 것을 보고 다리를 꺾지 아니하고 34 그 중 한 군병이 창으로 옆구리를 찌르니 곧 피와 물이 나오더라 35 이를 본 자가 증거하였으니 그 증거가 참이라 저가 자기의 말하는 것이 참인줄 알고 너희로 믿게 하려함이니라 36 이 일이 이룬 것은 그 뼈가 하나도 꺾이우지 아니하리라 한 성경을 응하게 하려함이라

Why did God allow Jesus' side to be pierced with a spear after finding that he was already dead? Isn't it wrong if Jesus' body was kept under the ground with his legs unbroken? Jesus who came as the second Adam might have deeply thought of his bride, the church, who was born from Adam's side. Being pierced, Jesus poured blood and water even after his death. They mean troubles that church members, Jesus' body, had to go through and the Holy Spirit who was sent to help them according to the Letters of John(1 John 5:6) and Paul(Colossians 1:24). In a word, he prophesied that the Spirit would help his bride, the church, and the church would go through hardships by pouring his blood and water from his side where the wife of the first Adam was created. He showed his everlasting love for his bride, the church, that lasts till the end of time and after his death!

Who is willing to undergo hardships of the Lord on his body to testify His love for the bride like Paul? Those who will feed the church with the living water of the Holy Spirit, endure hardships till the end and show His bride the victory of Jesus' resurrection through the Spirit are desperately needed in this time. They must know the Lord's love for His bride.

도대체 이미 숨이 멎으신 예수님께 창에 옆구리를 찔리게 허용하심은 무슨 뜻인가? 다리도 꺾이지 않게 하시리라는 말씀이 응하심으로 예수님의 시신을 보존하셨더라면 옆구리도 찔리지 않게 하심이 옳지 않을까?

둘째 아담으로 오신 예수님은 첫째 아담의 옆구리에서 난 그 배필인 신부 곧 교회를 깊이 생각하신 모양이다. 예수님은 죽으신 뒤에도 창에 찔리심으로 옆구리에서 물과 피를 쏟으신다. 요한서신(요일5:6)과 바울서신(골1:24)의 말씀대로 물과 피는 교회를 돕기 위해 보내지신 성령님과 예수님의 몸을 위한 남은 고난을 상징한다. 즉, 예수님은 죽으심의 고난을 치르신 뒤에도 첫째 아담의 배필을 창조한 자리, 옆구리에 창을 받으시고 물과 피를 쏟으심으로 신부인 교회를 도울 성령님과 남은 고난을 몸을 통해 계속 치르실 것을 예고하신다. 자신의 신부된 교회를 사랑하심에 끝까지, 그리고 죽음의 순간 그 이후까지 사랑하심을 나타낸 것이다!

바울처럼 주님의 신부에 사랑을 증거하기 위해 자신의 몸에 주님의 남은 고난을 채울 자 누구인가! 성령의 생명수로 교회를 먹이고 살리며 죽기까지의 고난 뒤에도 성령님을 통한 부활의 승리를 그분의 몸, 신부인 교회에 나타낼 자들이 이 시대에 간절히 필요하다. 그들은 참으로 주님의 신부를 향한 사랑을 아는 자들이다!